가상 면접 사례로 배우는
대규모 시스템 설계 기초

System Design Interview

SYSTEM DESIGN INTERVIEW

가상 면접 사례로 배우는 대규모 시스템 설계 기초

초판 1쇄 발행 2021년 7월 28일 **5쇄 발행** 2024년 7월 1일 **지은이** 알렉스 쉬 **옮긴이** 이병준 **펴낸이** 한기성 **펴낸곳** (주)도서출판인사이트 **편집** 백혜영 **영업마케팅** 김진불 **제작 · 관리** 이유현 **용지** 월드페이퍼 **출력 · 인쇄** 예림인쇄 **제본** 예림원색 **등록번호** 제2002-000049호 **등록일자** 2002년 2월 19일 **주소** 서울특별시 마포구 연남로5길 19-5 **전화** 02-322-5143 **팩스** 02-3143-5579 **이메일** insight@insightbook.co.kr **ISBN** 978-89-6626-315-8 책값은 뒤표지에 있습니다. 잘못 만들어진 책은 바꾸어 드립니다. 이 책의 정오표는 https://blog.insightbook.co.kr에서 확인하실 수 있습니다.

프로그래밍 인사이트

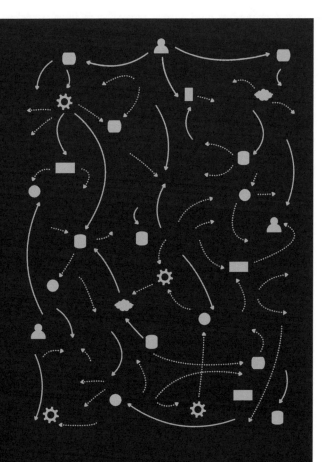

가상 면접 사례로 배우는
대규모 시스템 설계 기초

알렉스 쉬 지음 | 이병준 옮김

인사이트

차례

옮긴이의 글

직업을 구한다는 것은 어려운 일이다. 새로운 기회를 위해 전직을 하는 것 또한 어렵기는 마찬가지다. 역자가 13년간 잘 다니던 직장을 그만두고 새로운 기회를 찾아다니기 시작한 것은 지금 생각해 보면 한편으로는 축복이었으나 다른 한편으로는 고통이었다. 새로운 직무와 직책으로 나아가고자 할 때마다 면접이라는 관문이 나를 시험했다. 그 과정을 그나마 수월하게 했던 것은 좋은 안내서였다. 아마존에 면접을 볼 때는 인사이트 출판사와 함께 번역 작업을 했던 《코딩 인터뷰 완전 분석》을 비롯한 많은 안내서의 도움을 받았다. 지금 생각해도 참으로 다행스러운 일이다.

하지만 시스템 설계 면접을 도와주는 지침서는 드물었다. 유튜브에 올라오는 면접 사례들을 보며 준비하기도 했지만, 잘 정리된 책자가 있다면 더 좋지 않을까 하는 생각을 떨칠 수 없었다. 그러다 이 책을 만났다. 나 같은 고민을 하는 많은 분께 도움이 되지 않을까 하는 생각에 번역 출간을 제안드렸고, 흔쾌히 허락해 주신 덕에 또 한 권의 결과물을 낼 수 있었다.

혼자 힘으로 자기 앞날을 개척했노라 말할 수 있는 사람은 축복받은 사람이다. 그러나 돌아보면 그 모든 발걸음을 혼자 걷는 경우는 흔하지 않다. 여러분이 구입한 이 책만 해도 그렇다. 책을 쓴 사람의 노고, 교정한 사람의 수고, 기획한 사람의 고민이 주춧돌로 촘촘히 놓여져 있다. 그런 뜻에서, 이 책이 나오기까지 물심양면 지원을 아끼지 않은 출판사 직원 여러분께 다시 한번 감사드린다. 역자의 경력은 인사이트라는 출판사 덕에 바뀌었다 말해도 과언이 아니다. 한 번도 제대로 된 인사를 드릴 기회가 없었으나, 이 지면을 빌려 다시 한번 고개 숙여 감사드린다.

시애틀에서
이병준 드림

지은이의 글

시스템 디자인 면접 기법을 배우기로 결정한 여러분, 환영한다. 시스템 디자인 면접에 나오는 문제들은 기술 면접에 나오는 문제들 가운데서도 가장 까다롭다. 지원자들은 어떤 소프트웨어 시스템의 아키텍처를 설계해야 한다. 이 시스템은 뉴스 피드일 수도 있고, 구글 검색 시스템일 수도 있고, 채팅 시스템일 수도 있다. 무섭기까지 한 질문들이고, 어떤 패턴도 따르지 않는다. 질문 범위도 보통 아주 크고 모호하다. 표준적이고 정확한 답이라는 것이 없어서 답변 절차도 정형화되어 있지 않고(open ended) 불분명하다.

기업들은 시스템 설계 면접을 광범위하게 시행하고 있는데, 이런 면접에서 확인할 수 있는 의사소통 및 문제 해결 능력이 소프트웨어 엔지니어가 업무상 필요로 하는 능력과 비슷해서다. 지원자를 평가할 때는 모호한 문제를 어떻게 분석하고 단계적으로 해결하는지를 살펴보게 된다. 문제 해결 아이디어를 어떻게 설명하고 토론하는지, 그리고 그 아이디어를 어떻게 평가하고 개선하는지도 중요하게 따진다.

시스템 설계 면접 문제는 정형화되어 있지 않다고 말했는데, 실세계에서 그렇듯이 시스템에 따라 차이나 변이(variation)가 많아서다. 지원자는 설계 목표에 부합하는 아키텍처를 내놓는 데 집중해야 한다. 면접자가 누구냐에 따라 토론 과정도 각기 다른 방향으로 진행될 수 있다. 시스템의 거의 모든 측면을 다루는 높은 레벨(high-level)의 아키텍처를 요구하는 면접관도 있고, 특정 영역에만 집중하라고 요구하는 면접관도 있다. 어느 쪽이건 간에, 매끄러운 토론이 이루어지기 위해서는 시스템 요구사항, 제약사항, 그리고 성능 병목 지점을 잘 이해해야 한다.

이 책의 목적은 시스템 설계 면접 문제를 푸는 데 안정적으로 적용할 수 있는 전략을 제시하는 것이다. 면접을 성공적으로 마치려면 올바른 전략과 지식을 갖추는 것이 무엇보다 중요하다.

이 책은 규모 확장성(scalability)을 갖춘 시스템을 만들기 위해 필수적인 지식도 제공한다. 그 지식들로 무장하면 시스템 설계 면접 문제들에 더 잘 대응할 수 있게 될 것이다.

또한 이 책에서는 시스템 설계 면접 문제들을 공략하는 단계적 접근법도 다룬다. 아울러, 해당 접근법을 실제로 따라하면서 배울 수 있도록 많은 예제를 상세한 설명과 함께 제공한다. 이 예제들과 함께 꾸준히 연습하다 보면, 시스템 설계 면접을 성공적으로 치를 준비가 끝나 있을 것이다.

추가자료

각 장(chapter) 말미에는 참고 자료에 대한 링크가 수록되어 있다. 아래 깃허브(GitHub) 저장소에 가면 그 모든 링크를 실제로 클릭하여 방문해 볼 수 있을 것이다.

https://bit.ly/systemDesignLinks

1장

사용자 수에 따른 규모 확장성

수백만 사용자를 지원하는 시스템을 설계하는 것은 도전적인 과제이며, 지속적인 계량과 끝없는 개선이 요구되는 여정이다. 이번 장에서는 한 명의 사용자를 지원하는 시스템에서 시작하여, 최종적으로는 몇백만 사용자를 지원하는 시스템을 설계해 볼 것이다. 이번 장을 통해, 규모 확장성과 관계된 설계 문제를 푸는 데 쓰일 유용한 지식들을 마스터할 수 있을 것이다.

단일 서버

천 리 길도 한 걸음부터라는 말이 있듯, 복잡한 시스템을 만드는 것도 그와 크게 다르지 않다. 모든 컴포넌트가 단 한 대의 서버에서 실행되는 간단한 시스템부터 설계해 보자. 그림 1-1은 이 구성의 실제 사례다. 웹 앱, 데이터베이스, 캐시 등이 전부 서버 한 대에서 실행된다.

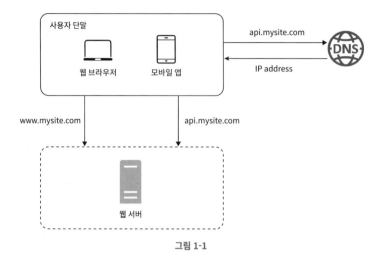

그림 1-1

이 그림의 시스템 구성을 이해하기 위해서는 사용자의 요청이 처리되는 과정과 요청을 만드는 단말에 대해서 이해할 필요가 있다. 사용자 요청 처리 흐름부터 살펴보자(그림 1-2).

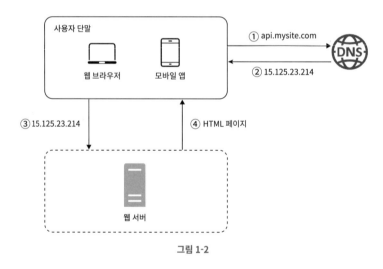

그림 1-2

1. 사용자는 도메인 이름(api.mysite.com)을 이용하여 웹사이트에 접속한다. 이 접속을 위해서는 도메인 이름을 도메인 이름 서비스(Domain Name Service, DNS)에 질의하여 IP 주소로 변환하는 과정이 필요하다. DNS는 보

통 제3 사업자(third party)가 제공하는 유료 서비스를 이용하게 되므로, 우리 시스템의 일부는 아니다.

2. DNS 조회 결과로 IP 주소가 반환된다. 여기 예제에서는 그 주소가 15.125.23.214라고 하겠다. 이 주소는 그림 1-2에 나온 웹 서버의 주소이다.

3. 해당 IP 주소로 HTTP(HyperText Transfer Protocol) 요청이 전달된다.

4. 요청을 받은 웹 서버는 HTML 페이지나 JSON 형태의 응답을 반환한다.

이제 실제 요청이 어디로부터 오는지를 살펴보자. 이 요청들은 두 가지 종류의 단말로부터 오는데, 하나는 웹 앱이고 다른 하나는 모바일 앱이다.

- 웹 애플리케이션: 비즈니스 로직, 데이터 저장 등을 처리하기 위해서는 서버 구현용 언어(자바, 파이썬 등)를 사용하고, 프레젠테이션용으로는 클라이언트 구현용 언어(HTML, 자바스크립트 등)를 사용한다.
- 모바일 앱: 모바일 앱과 웹 서버 간 통신을 위해서는 HTTP 프로토콜[1]을 이용한다. HTTP 프로토콜을 통해서 반환될 응답 데이터의 포맷으로는 보통 JSON(JavaScript Object Notation)이 그 간결함 덕에 널리 쓰인다. 아래는 그 예제다.

GET /users/12 - id가 12인 사용자 데이터 접근
```
{
  "id": 12,
  "firstName": "John",
  "lastName": "Smith",
  "address": {
    "streetAddress": "21 2nd Street",
    "city": "New Tork",
    "state": "NY",
    "postalCode": 10021
  },
  "phoneNumbers": [
    "212 555-1234",
    "646 555-4567"
  ]
}
```

데이터베이스

사용자가 늘면 서버 하나로는 충분하지 않아서 여러 서버를 두어야 한다. 하나는 웹/모바일 트래픽 처리 용도고, 다른 하나는 데이터베이스용이다(그림 1-3). 웹/모바일 트래픽 처리 서버(웹 계층)와 데이터베이스 서버(데이터 계층)를 분리하면 그 각각을 독립적으로 확장해 나갈 수 있게 된다.

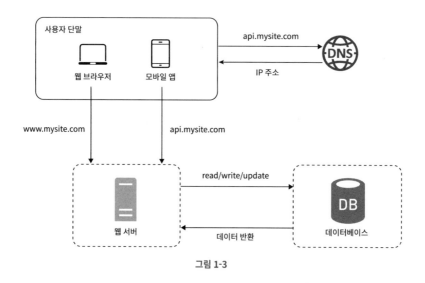

그림 1-3

어떤 데이터베이스를 사용할 것인가?

전통적인 관계형 데이터베이스(relational database)와 비-관계형 데이터베이스 사이에서 고를 수 있다. 그 차이를 알아보자.

관계형 데이터베이스는 관계형 데이터베이스 관리 시스템(Relational Database Management System, RDBMS)이라고도 부른다. RDBMS 가운데 가장 유명한 것으로는 MySQL, 오라클 데이터베이스, PostgreSQL 등이 있다. 관계형 데이터베이스는 자료를 테이블과 열, 칼럼으로 표현한다. SQL을 사용하면 여러 테이블에 있는 데이터를 그 관계에 따라 조인(join)하여 합칠 수 있다.

비 관계형 데이터베이스는 NoSQL이라고도 부른다. 대표적인 것으로는 CouchDB, Neo4j, Cassandra, HBase, Amazon DynamoDB 등이 있다.[2] NoSQL은 다시 네 부류로 나눌 수 있는데, 키-값 저장소(key-value store), 그래프 저장소(graph store), 칼럼 저장소(column store), 그리고 문서 저장소(document store)가 그것이다. 이런 비-관계형 데이터베이스는 일반적으로 조인 연산은 지원하지 않는다.

대부분의 개발자에게는 관계형 데이터베이스가 최선일 것인데, 40년 이상 시장에서 살아남아 잘 사용되어 온 시스템이라서다. 하지만 여러분이 구축하려는 시스템에 적합하지 않은 경우에는 관계형 데이터베이스 이외의 저장소도 살펴보아야 한다. 아래와 같은 경우에는 비-관계형 데이터베이스가 바람직한 선택일 수 있다.

- 아주 낮은 응답 지연시간(latency)이 요구됨
- 다루는 데이터가 비정형(unstructured)이라 관계형 데이터가 아님
- 데이터(JSON, YAML, XML 등)를 직렬화하거나(serialize) 역직렬화(deserialize) 할 수 있기만 하면 됨
- 아주 많은 양의 데이터를 저장할 필요가 있음

수직적 규모 확장 vs 수평적 규모 확장

소위 '스케일 업(scale up)'이라고도 하는 수직적 규모 확장(vertical scaling) 프로세스는 서버에 고사양 자원(더 좋은 CPU, 더 많은 RAM 등)을 추가하는 행위를 말한다. 반면 '스케일 아웃(scale out)'이라고도 하는 수평적 규모 확장 프로세스는 더 많은 서버를 추가하여 성능을 개선하는 행위를 말한다.

서버로 유입되는 트래픽의 양이 적을 때는 수직적 확장이 좋은 선택이며, 이 방법의 가장 큰 장점은 단순함이다. 그러나 불행하게도 이 방법에는 몇 가지 심각한 단점이 있다.

- 수직적 규모 확장에는 한계가 있다. 한 대의 서버에 CPU나 메모리를 무한대로 증설할 방법은 없다.
- 수직적 규모 확장법은 장애에 대한 자동복구(failover) 방안이나 다중화(redundancy) 방안을 제시하지 않는다. 서버에 장애가 발생하면 웹사이트/앱은 완전히 중단된다.

이런 단점 때문에, 대규모 애플리케이션을 지원하는 데는 수평적 규모 확장법이 보다 적절하다.

　앞서 본 설계에서 사용자는 웹 서버에 바로 연결된다. 웹 서버가 다운되면 사용자는 웹 사이트에 접속할 수 없다. 또한, 너무 많은 사용자가 접속하여 웹 서버가 한계 상황에 도달하게 되면 응답 속도가 느려지거나 서버 접속이 불가능해질 수도 있다. 이런 문제를 해결하는 데는 부하 분산기 또는 로드밸런서(load balancer)를 도입하는 것이 최선이다.

로드밸런서

로드밸런서는 부하 분산 집합(load balancing set)에 속한 웹 서버들에게 트래픽 부하를 고르게 분산하는 역할을 한다. 그림 1-4는 로드밸런서가 어떻게 동작하는지 보여주고 있다.

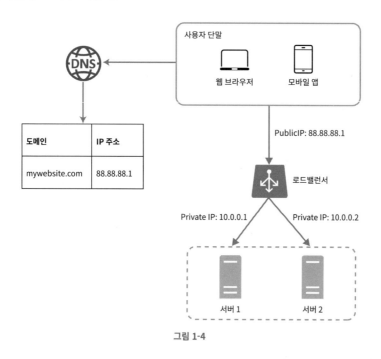

그림 1-4

그림 1-4와 같이, 사용자는 로드밸런서의 공개 IP 주소(public IP address)로 접속한다. 따라서 웹 서버는 클라이언트의 접속을 직접 처리하지 않는다. 더 나

은 보안을 위해, 서버 간 통신에는 사설 IP 주소(private IP address)가 이용된다. 사설 IP 주소는 같은 네트워크에 속한 서버 사이의 통신에만 쓰일 수 있는 IP 주소로, 인터넷을 통해서는 접속할 수 없다. 로드밸런서는 웹 서버와 통신하기 위해 바로 이 사설 주소를 이용한다.

그림 1-4에 나온 대로, 부하 분산 집합에 또 하나의 웹 서버를 추가하고 나면 장애를 자동복구하지 못하는 문제(no failover)는 해소되며, 웹 계층의 가용성(availability)은 향상된다. 좀 더 구체적으로 살펴보면 다음과 같다.

- 서버 1이 다운되면(offline) 모든 트래픽은 서버 2로 전송된다. 따라서 웹 사이트 전체가 다운되는 일이 방지된다. 부하를 나누기 위해 새로운 서버를 추가할 수도 있다.
- 웹사이트로 유입되는 트래픽이 가파르게 증가하면 두 대의 서버로 트래픽을 감당할 수 없는 시점이 오는데, 로드밸런서가 있으므로 우아하게 대처할 수 있다. 웹 서버 계층에 더 많은 서버를 추가하기만 하면 된다. 그러면 로드밸런스가 자동적으로 트래픽을 분산하기 시작할 것이다.

이제 웹 계층은 괜찮아 보이는데, 그렇다면 데이터 계층은 어떤가? 현재 설계안에는 하나의 데이터베이스 서버뿐이고, 역시 장애의 자동복구나 다중화를 지원하는 구성은 아니다. 데이터베이스 다중화는 이런 문제를 해결하는 보편적인 기술이다. 한번 살펴보자.

데이터베이스 다중화

위키피디아에 따르면, "많은 데이터베이스 관리 시스템이 다중화를 지원한다. 보통은 서버 사이에 주(master)-부(slave) 관계를 설정하고 데이터 원본은 주 서버에, 사본은 부 서버에 저장하는 방식이다."[3]

쓰기 연산(write operation)은 마스터에서만 지원한다. 부 데이터베이스는 주 데이터베이스로부터 그 사본을 전달받으며, 읽기 연산(read operation)만을 지원한다. 데이터베이스를 변경하는 명령어들, 가령 insert, delete, update 등은 주 데이터베이스로만 전달되어야 한다. 대부분의 애플리케이션은 읽기 연산의 비중이 쓰기 연산보다 훨씬 높다. 따라서 통상 부 데이터베이스의 수가

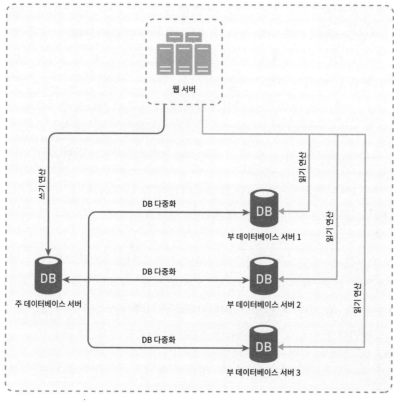

그림 1-5

주 데이터베이스의 수보다 많다. 그림 1-5는 이 구성을 보여주고 있다.

데이터베이스를 다중화하면 다음과 같은 이득이 있다.

- 더 나은 성능: 주-부 다중화 모델에서 모든 데이터 변경 연산은 주 데이터베이스 서버로만 전달되는 반면 읽기 연산은 부 데이터베이스 서버들로 분산된다. 병렬로 처리될 수 있는 질의(query)의 수가 늘어나므로, 성능이 좋아진다.
- 안정성(reliability): 자연 재해 등의 이유로 데이터베이스 서버 가운데 일부가 파괴되어도 데이터는 보존될 것이다. 데이터를 지역적으로 떨어진 여러 장소에 다중화시켜 놓을 수 있기 때문이다.

- 가용성(availability): 데이터를 여러 지역에 복제해 둠으로써, 하나의 데이터 베이스 서버에 장애가 발생하더라도 다른 서버에 있는 데이터를 가져와 계속 서비스할 수 있게 된다.

앞 절에서 우리는 로드밸런서가 시스템 가용성을 어떻게 높이는지 살펴보았다. 데이터베이스에 대해서도 같은 질문을 던져보자. 데이터베이스 서버 가운데 하나가 다운되면 무슨 일이 벌어지는가? 그림 1-5에 제시한 설계는 이런 상황을 감당할 수 있다.

- 부 서버가 한 대 뿐인데 다운된 경우라면, 읽기 연산은 한시적으로 모두 주 데이터베이스로 전달될 것이다. 또한 즉시 새로운 부 데이터베이스 서버가 장애 서버를 대체할 것이다. 부 서버가 여러 대인 경우에 읽기 연산은 나머지 부 데이터베이스 서버들로 분산될 것이며, 새로운 부 데이터베이스 서버가 장애 서버를 대체할 것이다.
- 주 데이터베이스 서버가 다운되면, 한 대의 부 데이터베이스만 있는 경우 해당 부 데이터베이스 서버가 새로운 주 서버가 될 것이며, 모든 데이터베이스 연산은 일시적으로 새로운 주 서버상에서 수행될 것이다. 그리고 새로운 부 서버가 추가될 것이다. 프로덕션(production) 환경에서 벌어지는 일은 이것보다는 사실 더 복잡한데, 부 서버에 보관된 데이터가 최신 상태가 아닐 수 있기 때문이다. 없는 데이터는 복구 스크립트(recovery script)를 돌려서 추가해야 한다. 다중 마스터(multi-masters)나 원형 다중화(circular replication) 방식을 도입하면 이런 상황에 대처하는 데 도움이 될 수도 있지만 해당 구성은 훨씬 복잡하며 그에 대한 논의는 이 책에서 다룰 수 있는 내용의 범위를 넘어선다. 관심 있는 독자들은 참고 문헌 [4][5]를 살펴보기 바란다.

그림 1-6은 로드밸런서와 데이터베이스 다중화를 고려한 설계안이다.

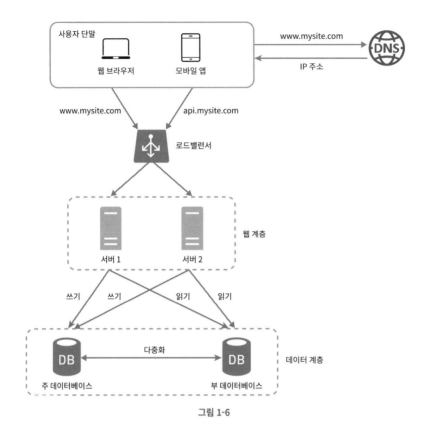

그림 1-6

이 설계안은 다음과 같이 동작한다.

- 사용자는 DNS로부터 로드밸런서의 공개 IP 주소를 받는다.
- 사용자는 해당 IP 주소를 사용해 로드밸런서에 접속한다.
- HTTP 요청은 서버 1이나 서버 2로 전달된다.
- 웹 서버는 사용자의 데이터를 부 데이터베이스 서버에서 읽는다.
- 웹 서버는 데이터 변경 연산은 주 데이터베이스로 전달한다. 데이터 추가, 삭제, 갱신 연산 등이 이에 해당한다.

이제 웹 계층과 데이터 계층에 대해 충분히 이해하게 되었으니, 응답시간(la-tency)을 개선해 볼 순서다. 응답 시간은 캐시(cache)를 붙이고 정적 콘텐츠를 콘텐츠 전송 네트워크(Content Delivery Network, CDN)로 옮기면 개선할 수 있다.

캐시

캐시는 값비싼 연산 결과 또는 자주 참조되는 데이터를 메모리 안에 두고, 뒤이은 요청이 보다 빨리 처리될 수 있도록 하는 저장소다. 그림 1-6에서 살펴본바와 같이, 웹 페이지를 새로고침 할 때마다 표시할 데이터를 가져오기 위해한 번 이상의 데이터베이스 호출이 발생한다. 애플리케이션의 성능은 데이터베이스를 얼마나 자주 호출하느냐에 크게 좌우되는데, 캐시는 그런 문제를 완화할 수 있다.

캐시 계층

캐시 계층(cache tier)은 데이터가 잠시 보관되는 곳으로 데이터베이스보다 훨씬 빠르다. 별도의 캐시 계층을 두면 성능이 개선될 뿐 아니라 데이터베이스의부하를 줄일 수 있고, 캐시 계층의 규모를 독립적으로 확장시키는 것도 가능해진다. 그림 1-7은 캐시 서버를 두는 방법 중 하나다.

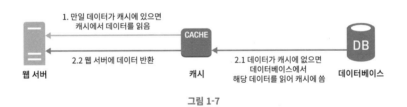

그림 1-7

요청을 받은 웹 서버는 캐시에 응답이 저장되어 있는지를 본다. 만일 저장되어있다면 해당 데이터를 클라이언트에 반환한다. 없는 경우에는 데이터베이스질의를 통해 데이터를 찾아 캐시에 저장한 뒤 클라이언트에 반환한다. 이러한캐시 전략을 캐시 우선 읽기 전략(read-through caching strategy)이라고 부른다. 이것 이외에도 다양한 캐시 전략이 있는데, 캐시할 데이터 종류, 크기, 액세스 패턴에 맞는 캐시 전략을 선택하면 된다. 캐시 전략에 대한 비교 연구 결과는 [6]을 참조하기 바란다.

　캐시 서버를 이용하는 방법은 간단한데 대부분의 캐시 서버들이 일반적으로 널리 쓰이는 프로그래밍 언어로 API를 제공하기 때문이다. 다음 쪽 코드는memcached API의 전형적 사용 예다.

```
SECONDS = 1
cache.set('myKey', 'hi there', 3600 * SECONDS)
cache.get('myKey')
```

캐시 사용 시 유의할 점

캐시를 사용할 때는 아래 사항들을 고려하여야 한다.

- 캐시는 어떤 상황에 바람직한가? 데이터 갱신은 자주 일어나지 않지만 참조는 빈번하게 일어난다면 고려해볼 만하다.

- 어떤 데이터를 캐시에 두어야 하는가? 캐시는 데이터를 휘발성 메모리에 두므로, 영속적으로 보관할 데이터를 캐시에 두는 것은 바람직하지 않다. 예를 들어, 캐시 서버가 재시작되면 캐시 내의 모든 데이터는 사라진다. 중요 데이터는 여전히 지속적 저장소(persistent data store)에 두어야 한다.

- 캐시에 보관된 데이터는 어떻게 만료(expire)되는가? 이에 대한 정책을 마련해 두는 것은 좋은 습관이다. 만료된 데이터는 캐시에서 삭제되어야 한다. 만료 정책이 없으면 데이터는 캐시에 계속 남게 된다. 만료 기한은 너무 짧으면 곤란한데, 데이터베이스를 너무 자주 읽게 될 것이기 때문이다. 너무 길어도 곤란한데, 원본과 차이가 날 가능성이 높아지기 때문이다.

- 일관성(consistency)은 어떻게 유지되는가? 일관성은 데이터 저장소의 원본과 캐시 내의 사본이 같은지 여부다. 저장소의 원본을 갱신하는 연산과 캐시를 갱신하는 연산이 단일 트랜잭션으로 처리되지 않는 경우 이 일관성은 깨질 수 있다. 여러 지역에 걸쳐 시스템을 확장해 나가는 경우 캐시와 저장소 사이의 일관성을 유지하는 것은 어려운 문제가 된다. 이에 대해서는 페이스북에서 내놓은 논문 〈Scaling Memcache at Facebook〉[7]을 참고하기 바란다.

- 장애에는 어떻게 대처할 것인가? 캐시 서버를 한 대만 두는 경우 해당 서버는 단일 장애 지점(Single Point of Failure, SPOF)이 되어버릴 가능성이 있다. 위키피디아에 따르면 단일 장애 지점의 정의는 다음과 같다. "어떤 특정 지점에서의 장애가 전체 시스템의 동작을 중단시켜버릴 수 있는 경우, 우리

는 해당 지점을 단일 장애 지점이라고 부른다."[8] 결과적으로, SPOF를 피하려면 여러 지역에 걸쳐 캐시 서버를 분산시켜야 한다.

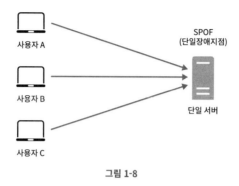

그림 1-8

• 캐시 메모리는 얼마나 크게 잡을 것인가? 캐시 메모리가 너무 작으면 액세스 패턴에 따라서는 데이터가 너무 자주 캐시에서 밀려나버려(eviction) 캐시의 성능이 떨어지게 된다. 이를 막을 한 가지 방법은 캐시 메모리를 과할당(overprovision)하는 것이다. 이렇게 하면 캐시에 보관될 데이터가 갑자기 늘어났을 때 생길 문제도 방지할 수 있게 된다.

• 데이터 방출(eviction) 정책은 무엇인가? 캐시가 꽉 차버리면 추가로 캐시에 데이터를 넣어야 할 경우 기존 데이터를 내보내야 한다. 이것을 캐시 데이터 방출 정책이라 하는데, 그 가운데 가장 널리 쓰이는 것은 LRU(Least Recently Used - 마지막으로 사용된 시점이 가장 오래된 데이터를 내보내는 정책)이다. 다른 정책으로는 LFU(Least Frequently Used - 사용된 빈도가 가장 낮은 데이터를 내보내는 정책)나 FIFO(First In First Out - 가장 먼저 캐시에 들어온 데이터를 가장 먼저 내보내는 정책) 같은 것도 있으며, 경우에 맞게 적용 가능하다.

콘텐츠 전송 네트워크(CDN)

CDN은 정적 콘텐츠를 전송하는 데 쓰이는, 지리적으로 분산된 서버의 네트워크이다. 이미지, 비디오, CSS, JavaScript 파일 등을 캐시할 수 있다.

동적 콘텐츠 캐싱은 상대적으로 새로운 개념으로서, 이 책에서 다룰 수 있는 범위 밖이다. 간단하게만 요약하면, 요청 경로(request path), 질의 문자열(query string), 쿠키(cookie), 요청 헤더(request header) 등의 정보에 기반하여 HTML 페이지를 캐시하는 것이다. 이에 대해 더 자세히 알고 싶으면 [9]를 참고하기 바란다. 이 책에서는 CDN을 사용하여 정적 콘텐츠를 캐시하는 방법에만 집중할 것이다.

CDN이 어떻게 동작하는지를 개략적으로만 살펴보면 다음과 같다. 어떤 사용자가 웹사이트를 방문하면, 그 사용자에게 가장 가까운 CDN 서버가 정적 콘텐츠를 전달하게 된다. 직관적으로도 당연하겠지만, 사용자가 CDN 서버로부터 멀면 멀수록 웹사이트는 천천히 로드될 것이다. 예를 들어, CDN 서버가 샌프란시스코에 있다면 LA에 있는 사용자는 유럽 사용자보다 빠른 웹 사이트를 보게 될 것이다. 그림 1-9는 CDN이 사이트 로딩 시간을 어떻게 개선하는지를 보여주는 좋은 예다.

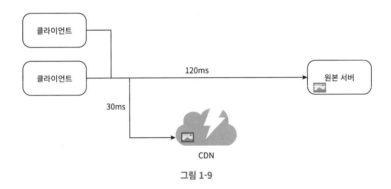

그림 1-9

그림 1-10은 CDN이 어떻게 동작하는지를 설명한다.

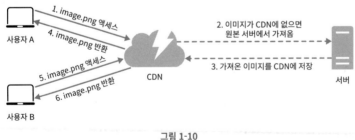

그림 1-10

1. 사용자 A가 이미지 URL을 이용해 image.png에 접근한다. URL의 도메인은 CDN 서비스 사업자가 제공한 것이다. 아래의 두 URL은 클라우드프론트(Cloudfront)와 아카마이(Akamai) CDN이 제공하는 URL의 예제다.
   - *https://mysite.cloudfront.net/logo.jpg*
   - *https://mysite.akamai.com/image-manager/img/logo.jpg*

2. CDN 서버의 캐시에 해당 이미지가 없는 경우, 서버는 원본(origin) 서버에 요청하여 파일을 가져온다. 원본 서버는 웹 서버일 수도 있고 아마존(Amazon) S3 같은 온라인 저장소일 수도 있다.

3. 원본 서버가 파일을 CDN 서버에 반환한다. 응답의 HTTP 헤더에는 해당 파일이 얼마나 오래 캐시될 수 있는지를 설명하는 TTL(Time-To-Live) 값이 들어 있다.

4. CDN 서버는 파일을 캐시하고 사용자 A에게 반환한다. 이미지는 TTL에 명시된 시간이 끝날 때까지 캐시된다.

5. 사용자 B가 같은 이미지에 대한 요청을 CDN 서버에 전송한다.

6. 만료되지 않은 이미지에 대한 요청은 캐시를 통해 처리된다.

CDN 사용 시 고려해야 할 사항

- 비용: CDN은 보통 제3 사업자(third-party providers)에 의해 운영되며, 여러분은 CDN으로 들어가고 나가는 데이터 전송 양에 따라 요금을 내게 된다. 자주 사용되지 않는 콘텐츠를 캐싱하는 것은 이득이 크지 않으므로, CDN에서 빼는 것을 고려하도록 하자.

- 적절한 만료 시한 설정: 시의성이 중요한(time-sensitive) 콘텐츠의 경우 만료 시점을 잘 정해야 한다. 너무 길지도 않고 짧지도 않아야 하는데, 너무 길면 콘텐츠의 신선도는 떨어질 것이고, 너무 짧으면 원본 서버에 빈번히 접속하게 되어서 좋지 않다.

- CDN 장애에 대한 대처 방안: CDN 자체가 죽었을 경우 웹사이트/애플리케이션이 어떻게 동작해야 하는지 고려해야 한다. 가령 일시적으로 CDN이 응

답하지 않을 경우, 해당 문제를 감지하여 원본 서버로부터 직접 콘텐츠를 가져오도록 클라이언트를 구성하는 것이 필요할 수도 있다.

- 콘텐츠 무효화(invalidation) 방법: 아직 만료되지 않은 콘텐츠라 하더라도 아래 방법 가운데 하나를 쓰면 CDN에서 제거할 수 있다.
  - CDN 서비스 사업자가 제공하는 API를 이용하여 콘텐츠 무효화
  - 콘텐츠의 다른 버전을 서비스하도록 오브젝트 버저닝(object versioning) 이용. 콘텐츠의 새로운 버전을 지정하기 위해서는 URL 마지막에 버전 번호를 인자로 주면 된다. 예를 들어, image.png?v=2와 같은 식이다.

그림 1-11은 CDN과 캐시가 추가된 설계다.

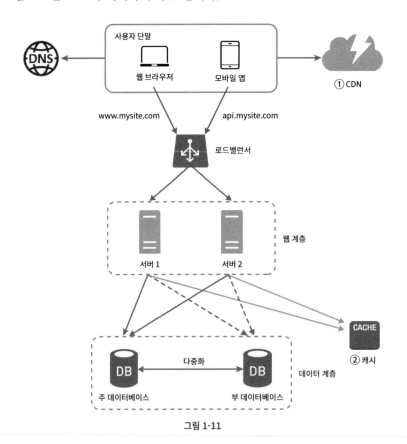

그림 1-11

변화된 부분은 다음과 같다.

1. 정적 콘텐츠(JS, CSS, 이미지 등)는 더 이상 웹 서버를 통해 서비스하지 않으며, CDN을 통해 제공하여 더 나은 성능을 보장한다.
2. 캐시가 데이터베이스 부하를 줄여준다.

무상태(stateless) 웹 계층

이제 웹 계층을 수평적으로 확장하는 방법을 고민해 볼 순서다. 이를 위해서는 상태 정보(사용자 세션 데이터와 같은)를 웹 계층에서 제거하여야 한다. 바람직한 전략은 상태 정보를 관계형 데이터베이스나 NoSQL 같은 지속성 저장소에 보관하고, 필요할 때 가져오도록 하는 것이다. 이렇게 구성된 웹 계층을 무상태 웹 계층이라 부른다.

상태 정보 의존적인 아키텍처

상태 정보를 보관하는 서버와 그렇지 않은 서버 사이에는 몇 가지 중요한 차이가 있다. 상태 정보를 보관하는 서버는 클라이언트 정보, 즉 상태를 유지하여 요청들 사이에 공유되도록 한다. 무상태 서버에는 이런 장치가 없다.

그림 1-12는 상태 정보 의존적인 아키텍처를 보여준다.

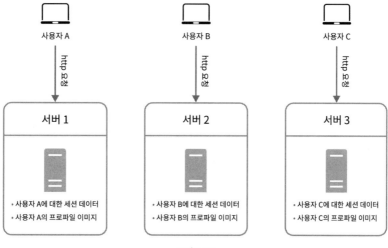

그림 1-12

그림 1-12에서 사용자 A의 세션 정보나 프로파일 이미지 같은 상태 정보는 서버 1에 저장된다. 사용자 A를 인증하기 위해 HTTP 요청은 반드시 서버 1로 전송되어야 한다. 요청이 서버 2로 전송되면 인증은 실패할 것인데, 서버 2에 사용자 A에 관한 데이터는 보관되어 있지 않기 때문이다. 마찬가지로, 사용자 B로부터의 HTTP 요청은 전부 서버 2로 전송되어야 하고, 사용자 C로부터의 요청은 전부 서버 3으로 전송되어야 한다.

문제는 같은 클라이언트로부터의 요청은 항상 같은 서버로 전송되어야 한다는 것이다. 대부분의 로드밸런서가 이를 지원하기 위해 고정 세션(sticky session)이라는 기능을 제공하고 있는데[10], 이는 로드밸런서에 부담을 준다. 게다가 로드밸런서 뒷단에 서버를 추가하거나 제거하기도 까다로워진다. 이들 서버의 장애를 처리하기도 복잡해진다.

무상태 아키텍처

그림 1-13은 무상태 아키텍처를 보여준다.

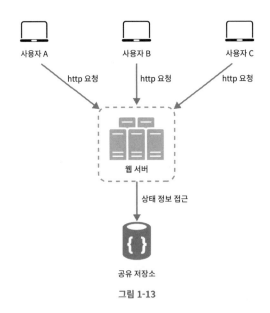

그림 1-13

이 구조에서 사용자로부터의 HTTP 요청은 어떤 웹 서버로도 전달될 수 있다. 웹 서버는 상태 정보가 필요할 경우 공유 저장소(shared storage)로부터 데이터를 가져온다. 따라서 상태 정보는 웹 서버로부터 물리적으로 분리되어 있다. 이런 구조는 단순하고, 안정적이며, 규모 확장이 쉽다.

그림 1-14는 무상태 웹 계층을 갖도록 기존 설계를 변경한 결과다.

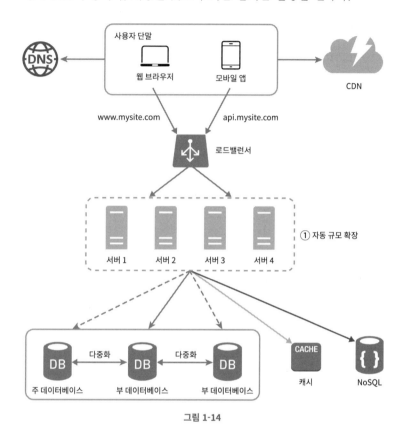

그림 1-14

그림 1-14에서 우리는 세션 데이터를 웹 계층에서 분리하고 지속성 데이터 보관소에 저장하도록 만들었다. 이 공유 저장소는 관계형 데이터베이스일 수도 있고, Memcached/Redis 같은 캐시 시스템일 수도 있으며, NoSQL일 수도 있다. 여기서는 NoSQL을 사용하였는데, 규모 확장이 간편해서다. ①의 자동 규모 확장(autoscaling)은 트래픽 양에 따라 웹 서버를 자동으로 추가하거나 삭제하는 기능을 뜻한다. 상태 정보가 웹 서버들로부터 제거되었으므로, 트래픽 양에 따라 웹 서버를 넣거나 빼기만 하면 자동으로 규모를 확장할 수 있게 되었다.

여러분의 웹사이트가 매우 빨리 성장하여 전 세계 사용자의 이목을 받는 시점이 왔다고 해 보자. 가용성을 높이고 전 세계 어디서도 쾌적하게 사용할 수 있도록 하기 위해서는 여러 데이터 센터(data center)를 지원하는 것이 필수다.

데이터 센터

그림 1-15는 두 개의 데이터 센터를 이용하는 사례다. 장애가 없는 상황에서 사용자는 가장 가까운 데이터 센터로 안내되는데, 통상 이 절차를 지리적 라우팅(geoDNS-routing 또는 geo-routing)이라고 부른다. 지리적 라우팅에서의 geoDNS는 사용자의 위치에 따라 도메인 이름을 어떤 IP 주소로 변환할지 결정할 수 있도록 해 주는 DNS 서비스다. 이 예제의 경우, 그 결과로 x% 사용자는 US-East 센터로, 그리고 $(100-x)$%의 사용자는 US-West 센터로 안내된다고 하자.

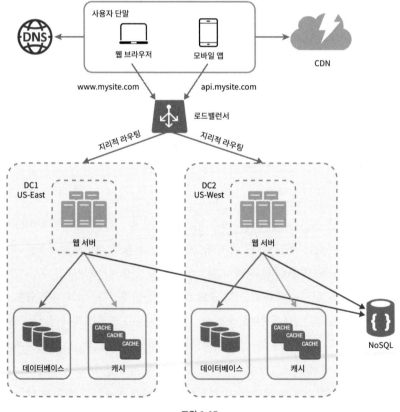

그림 1-15

이들 데이터 센터 중 하나에 심각한 장애가 발생하면 모든 트래픽은 장애가 없는 데이터 센터로 전송된다. 그림 1-16은 데이터센터2(US-West)에 장애가 발생하여 모든 트래픽이 데이터센터1(US-East)로 전송되는 상황을 보여준다.

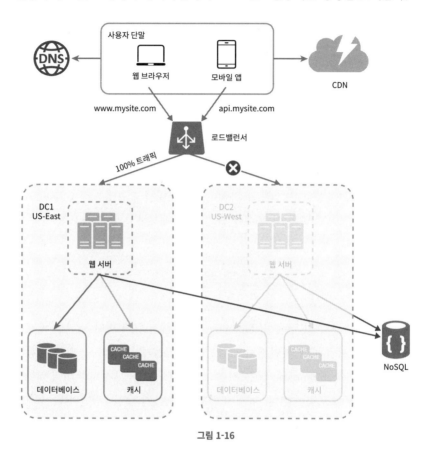

그림 1-16

이 사례와 같은 다중 데이터센터 아키텍처를 만들려면 몇 가지 기술적 난제를 해결해야 한다.

- 트래픽 우회: 올바른 데이터 센터로 트래픽을 보내는 효과적인 방법을 찾아야 한다. GeoDNS는 사용자에게서 가장 가까운 데이터센터로 트래픽을 보낼 수 있도록 해 준다.

- 데이터 동기화(synchronization): 데이터 센터마다 별도의 데이터베이스

를 사용하고 있는 상황이라면, 장애가 자동으로 복구되어(failover) 트래픽이 다른 데이터베이스로 우회된다 해도, 해당 데이터센터에는 찾는 데이터가 없을 수 있다. 이런 상황을 막는 보편적 전략은 데이터를 여러 데이터센터에 걸쳐 다중화하는 것이다. 넷플릭스(Netflix)가 여러 데이터센터에 걸쳐 데이터를 어떻게 다중화하는지 관심이 있다면 [11]을 읽어보기 바란다.

- 테스트와 배포(deployment): 여러 데이터 센터를 사용하도록 시스템이 구성된 상황이라면 웹 사이트 또는 애플리케이션을 여러 위치에서 테스트해보는 것이 중요하다. 한편, 자동화된 배포 도구는 모든 데이터 센터에 동일한 서비스가 설치되도록 하는 데 중요한 역할을 한다.[11]

시스템을 더 큰 규모로 확장하기 위해서는 시스템의 컴포넌트를 분리하여, 각기 독립적으로 확장될 수 있도록 하여야 한다. 메시지 큐(message queue)는 많은 실제 분산 시스템이 이 문제를 풀기 위해 채용하고 있는 핵심적 전략 가운데 하나다.

메시지 큐

메시지 큐는 메시지의 무손실(durability, 즉 메시지 큐에 일단 보관된 메시지는 소비자가 꺼낼 때까지 안전히 보관된다는 특성)을 보장하는, 비동기 통신(asynchronous communication)을 지원하는 컴포넌트다. 메시지의 버퍼 역할을하며, 비동기적으로 전송한다. 메시지 큐의 기본 아키텍처는 간단하다. 생산자또는 발행자(producer/publisher)라고 불리는 입력 서비스가 메시지를 만들어메시지 큐에 발행(publish)한다. 큐에는 보통 소비자 혹은 구독자(consumer/subscriber)라 불리는 서비스 혹은 서버가 연결되어 있는데, 메시지를 받아 그에 맞는 동작을 수행하는 역할을 한다. 그림 1-17은 이 구조를 보여준다.

그림 1-17

메시지 큐를 이용하면 서비스 또는 서버 간 결합이 느슨해져서, 규모 확장성
이 보장되어야 하는 안정적 애플리케이션을 구성하기 좋다. 생산자는 소비자
프로세스가 다운되어 있어도 메시지를 발행할 수 있고, 소비자는 생산자 서비
스가 가용한 상태가 아니더라도 메시지를 수신할 수 있다.

사용 예로는 다음과 같은 것을 들 수 있다. 가령 이미지의 크로핑(cropping),
샤프닝(sharpening), 블러링(blurring) 등을 지원하는 사진 보정 애플리케이션
을 만든다고 해 보자. 이러한 보정은 시간이 오래 걸릴 수 있는 프로세스이므
로 비동기적으로 처리하면 편리하다. 그림 1-18에서 웹 서버는 사진 보정 작업
(job)을 메시지 큐에 넣는다. 사진 보정 작업(worker) 프로세스들은 이 작업을
메시지 큐에서 꺼내어 비동기적으로 완료한다. 이렇게 하면 생산자와 소비자
서비스의 규모는 각기 독립적으로 확장될 수 있다. 큐의 크기가 커지면 더 많
은 작업 프로세스를 추가해야 처리 시간을 줄일 수 있다. 하지만 큐가 거의 항
상 비어 있는 상태라면, 작업 프로세스의 수는 줄일 수 있을 것이다.

그림 1-18

로그, 메트릭 그리고 자동화

몇 개 서버에서 실행되는 소규모 웹 사이트를 만들 때는 로그나 메트릭(met-
ric), 자동화(automation) 같은 것은 하면 좋지만 꼭 할 필요는 없었다. 하지만
일단 웹 사이트와 함께 사업 규모가 커지고 나면, 그런 도구에 필수적으로 투
자해야 한다.

- 로그: 에러 로그를 모니터링하는 것은 중요하다. 시스템의 오류와 문제들을
  보다 쉽게 찾아낼 수 있도록 하기 때문이다. 에러 로그는 서버 단위로 모니
  터링 할 수도 있지만, 로그를 단일 서비스로 모아주는 도구를 활용하면 더

편리하게 검색하고 조회할 수 있다.

- 메트릭: 메트릭을 잘 수집하면 사업 현황에 관한 유용한 정보를 얻을 수도 있고, 시스템의 현재 상태를 손쉽게 파악할 수도 있다. 메트릭 가운데 특히 유용한 것을 몇 가지 살펴보면 다음과 같다.
  - 호스트 단위 메트릭: CPU, 메모리, 디스크 I/O에 관한 메트릭이 여기 해당한다.
  - 종합(aggregated) 메트릭: 데이터베이스 계층의 성능, 캐시 계층의 성능 같은 것이 여기 해당한다.
  - 핵심 비즈니스 메트릭: 일별 능동 사용자(daily active user), 수익(revenue), 재방문(retention) 같은 것이 여기 해당한다.
- 자동화: 시스템이 크고 복잡해지면 생산성을 높이기 위해 자동화 도구를 활용해야 한다. 가령 지속적 통합(continuous integration)을 도와주는 도구를 활용하면 개발자가 만드는 코드가 어떤 검증 절차를 자동으로 거치도록 할 수 있어서 문제를 쉽게 감지할 수 있다. 이 외에도 빌드, 테스트, 배포 등의 절차를 자동화할 수 있어서 개발 생산성을 크게 향상시킬 수 있다.

메시지 큐, 로그, 메트릭, 자동화 등을 반영하여 수정한 설계안

그림 1-19은 이들 도구들과 메시지 큐를 적용하여 수정한 설계다. 지면 관계상 하나의 데이터센터만 그림에 포함시켰다.

1. 메시지 큐는 각 컴포넌트가 보다 느슨히 결합(loosely coupled)될 수 있도록 하고, 결함에 대한 내성을 높인다.
2. 로그, 모니터링, 메트릭, 자동화 등을 지원하기 위한 장치를 추가하였다.

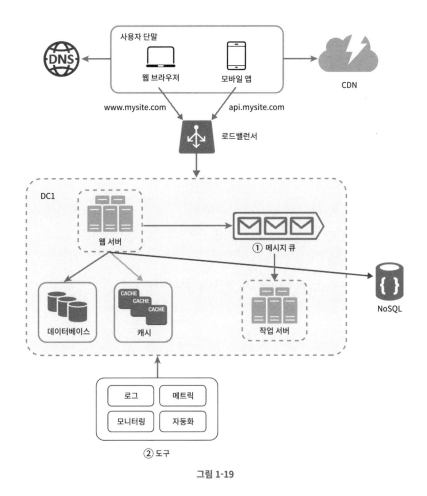

그림 1-19

데이터베이스의 규모 확장

저장할 데이터가 많아지면 데이터베이스에 대한 부하도 증가한다. 그때가 오면 데이터베이스를 증설할 방법을 찾아야 한다.

데이터베이스의 규모를 확장하는 데는 두 가지 접근법이 있다. 하나는 수직적 규모 확장법이고 다른 하나는 수평적 규모 확장법이다.

수직적 확장

스케일 업이라고도 부르는 수직적 규모 확장법은 기존 서버에 더 많은, 또는

고성능의 자원(CPU, RAM, 디스크 등)을 증설하는 방법이다. 가령 아마존 AWS
의 RDS(Relational Database Service)는 24TB RAM을 갖춘 서버도 상품으로 제
공하고 있다. 이 정도 수준의 고성능 데이터베이스 서버는 많은 양의 데이터
를 보관하고 처리할 수 있다. 예를 들어 스택오버플로(stackoverflow.com)는
2013년 한 해 동안 방문한 천만 명의 사용자 전부를 단 한 대의 마스터 데이터
베이스로 처리하였다.[13] 하지만 이러한 수직적 접근법에는 몇 가지 심각한 약
점이 있다.

- 데이터베이스 서버 하드웨어에는 한계가 있으므로 CPU, RAM 등을 무한 증
  설할 수는 없다. 사용자가 계속 늘어나면 한 대 서버로는 결국 감당하기 어
  렵게 될 것이다.
- SPOF(Single Point of Failure)로 인한 위험성이 크다.
- 비용이 많이 든다. 고성능 서버로 갈수록 가격이 올라가게 마련이다.

수평적 확장

데이터베이스의 수평적 확장은 샤딩(sharding)이라고도 부르는데, 더 많은 서
버를 추가함으로써 성능을 향상시킬 수 있도록 한다. 그림 1-20은 수직적 확장
법과 수평적 확장법이 어떻게 다른지 보여준다.

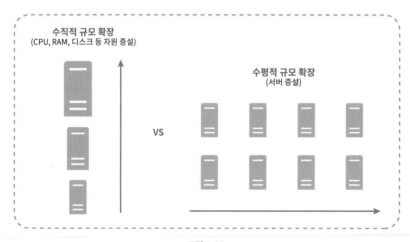

그림 1-20

샤딩은 대규모 데이터베이스를 샤드(shard)라고 부르는 작은 단위로 분할하는 기술을 일컫는다. 모든 샤드는 같은 스키마를 쓰지만 샤드에 보관되는 데이터 사이에는 중복이 없다.

그림 1-21은 샤드로 분할된 데이터베이스의 예다. 사용자 데이터를 어느 샤드에 넣을지는 사용자 ID에 따라 정한다. 이 사례에서는 user_id % 4를 해시 함수로 사용하여 데이터가 보관되는 샤드를 정한다. 결과가 0이면 0번 샤드에, 1이면 1번 샤드에 보관하는 방식이다.

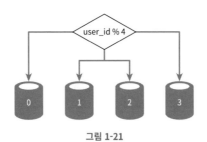

그림 1-21

그림 1-22는 각 샤드 노드에 사용자 데이터가 어떻게 보관되는지를 보여준다.

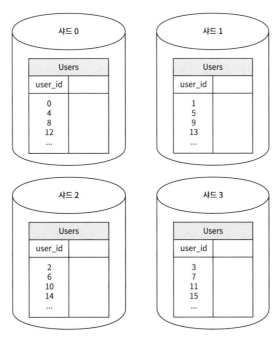

그림 1-22

샤딩 전략을 구현할 때 고려해야 할 가장 중요한 것은 샤딩 키(sharding key)를 어떻게 정하느냐 하는 것이다. 샤딩 키는 파티션 키(partition key)라고도 부르는데, 데이터가 어떻게 분산될지 정하는 하나 이상의 칼럼으로 구성된다. 그림 1-22의 경우, 샤딩 키는 user_id이다. 샤딩 키를 통해 올바른 데이터베이스에 질의를 보내어 데이터 조회나 변경을 처리하므로 효율을 높일 수 있다. 샤딩 키를 정할 때는 데이터를 고르게 분할 할 수 있도록 하는 게 가장 중요하다.

샤딩은 데이터베이스 규모 확장을 실현하는 훌륭한 기술이지만 완벽하진 않다. 샤딩을 도입하면 시스템이 복잡해지고 풀어야 할 새로운 문제도 생긴다.

- 데이터의 재 샤딩(resharding): 재 샤딩은 다음과 같은 경우에 필요하다. (1) 데이터가 너무 많아져서 하나의 샤드로는 더 이상 감당하기 어려울 때. (2) 샤드 간 데이터 분포가 균등하지 못하여 어떤 샤드에 할당된 공간 소모가 다른 샤드에 비해 빨리 진행될 때. 샤드 소진(shard exhaustion)이라고도 부르는 이런 현상이 발생하면 샤드 키를 계산하는 함수를 변경하고 데이터를 재배치하여야 한다. 5장에서 다룰 안정 해시(consistent hashing) 기법을 활용하면 이 문제를 해결할 수 있다.

- 유명인사(celebrity) 문제: 핫스팟 키(hotspot key) 문제라고도 부르는데, 특정 샤드에 질의가 집중되어 서버에 과부하가 걸리는 문제다. 가령 케이티 페리(Katy Perry), 저스틴 비버(Justin Bieber), 레이디 가가(Lady Gaga) 같은 유명인사가 전부 같은 샤드에 저장되는 데이터베이스가 있다고 해 보자. 이 데이터로 사회 관계망 애플리케이션(social application)을 구축하게 되면 결국 해당 샤드에는 read 연산 때문에 과부하가 걸리게 될 것이다. 이 문제를 풀려면 위에 나열한 유명인사 각각에 샤드 하나씩을 할당해야 할 수도 있고, 심지어는 더 잘게 쪼개야 할 수도 있다.

- 조인과 비정규화(join and de-normalization): 일단 하나의 데이터베이스를 여러 샤드 서버로 쪼개고 나면, 여러 샤드에 걸친 데이터를 조인하기가 힘들어진다. 이를 해결하는 한 가지 방법은 데이터베이스를 비정규화하여 하나의 테이블에서 질의가 수행될 수 있도록 하는 것이다.

그림 1-23은 데이터베이스 샤딩을 적용한 아키텍처다. 아울러, 데이터베이스

에 대한 부하를 줄이기 위해 굳이 관계형 데이터베이스가 요구되지 않는 기능
들은 NoSQL로 이전하였다. NoSQL의 다양한 활용 사례에 대해서는 [14]를 참
고하기 바란다.

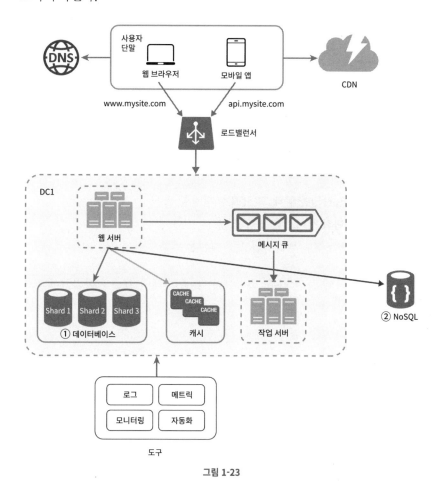

그림 1-23

백만 사용자, 그리고 그 이상

시스템의 규모를 확장하는 것은 지속적이고 반복적(iterative)인 과정이다. 이
번 장에서 다룬 내용을 반복하다 보면 우리는 원하는 규모의 시스템을 달성할
수 있게 된다. 그러나 수백만 사용자 이상을 지원하려면 새로운 전략을 도입해

야 하고 지속적으로 시스템을 가다듬어야 할 것이다. 예를 들어, 시스템을 최적화하고 더 작은 단위의 서비스로 분할해야 할 수도 있다.

이번 장에서 다룬 모든 기술은 새롭게 등장하는 도전적 과제를 해결하기 위한 훌륭한 자양분이 되어 줄 것이다. 이번 장을 맺으며, 시스템 규모 확장을 위해 살펴본 기법들을 다시 한번 정리해 보면 다음과 같다.

- 웹 계층은 무상태 계층으로
- 모든 계층에 다중화 도입
- 가능한 한 많은 데이터를 캐시할 것
- 여러 데이터 센터를 지원할 것
- 정적 콘텐츠는 CDN을 통해 서비스할 것
- 데이터 계층은 샤딩을 통해 그 규모를 확장할 것
- 각 계층은 독립적 서비스로 분할할 것
- 시스템을 지속적으로 모니터링하고, 자동화 도구들을 활용할 것

지금까지 잘 따라와 준 여러분, 축하한다. 훌륭히 해낸 자신을 아낌없이 격려하도록 하자!

참고문헌

[1] Hypertext Transfer Protocol: *https://en.wikipedia.org/wiki/Hypertext_Transfer_Protocol*

[2] Should you go Beyond Relational Databases?: *https://blog.teamtreehouse.com/should-you-go-beyond-relational-databases*

[3] Replication: *https://en.wikipedia.org/wiki/Replication_(computing)*

[4] Multi-master replication: *https://en.wikipedia.org/wiki/Multi-master_replication*

[5] NDB Cluster Replication: Multi-Master and Circular Replication: *https://dev.mysql.com/doc/refman/5.7/en/mysql-cluster-replication-multi-master.html*

[6]   Caching Strategies and How to Choose the Right One: *https://codeahoy. com/2017/08/11/caching-strategies-and-how-to-choose-the-right-one/*

[7]   R. Nishtala, "Facebook, Scaling Memcache at," 10th USENIX Symposium on Networked Systems Design and Implementation (NSDI '13).

[8]   Single point of failure: *https://en.wikipedia.org/wiki/Single_point_of_failure*

[9]   Amazon CloudFront Dynamic Content Delivery: *https://aws.amazon.com/ cloudfront/dynamic-content/*

[10]   Configure Sticky Sessions for Your Classic Load Balancer: *https://docs. aws.amazon.com/elasticloadbalancing/latest/classic/elb-sticky-sessions. html*

[11]   Active-Active for Multi-Regional Resiliency: *https://netflixtechblog.com/ active-active-for-multi-regional-resiliency-c47719f6685b*

[12]   Amazon EC2 High Memory Instances: *https://aws.amazon.com/ec2/in stance-types/high-memory/*

[13]   What it takes to run Stack Overflow: *http://nickcraver.com/blog/2013/11/ 22/what-it-takes-to-run-stack-overflow*

[14]   What The Heck Are You Actually Using NoSQL For: *http://highscalabil ity.com/blog/2010/12/6/what-the-heck-are-you-actually-using-nosql-for. html*

2장

S y s t e m   D e s i g n   I n t e r v i e w

개략적인 규모 추정

시스템 설계 면접을 볼 때, 때로는 시스템 용량이나 성능 요구사항을 개략적으로 추정해 보라는 요구를 받게 된다. 구글의 시니어 펠로(Senior Fellow) 제프 딘(Jeff Dean)에 따르면, "개략적인 규모 추정(back-of-the-envelope estimation)은 보편적으로 통용되는 성능 수치상에서 사고 실험(thought experiments)을 행하여 추정치를 계산하는 행위로서, 어떤 설계가 요구사항에 부합할 것인지 보기 위한 것"[1]이다.

개략적 규모 추정을 효과적으로 해 내려면 규모 확장성을 표현하는 데 필요한 기본기에 능숙해야 한다. 특히, 2의 제곱수[2]나 응답지연(latency) 값, 그리고 가용성에 관계된 수치들을 기본적으로 잘 이해하고 있어야 한다.

2의 제곱수

분산 시스템에서 다루는 데이터 양은 엄청나게 커질 수 있으나 그 계산법은 기본을 크게 벗어나지 않는다. 제대로 된 계산 결과를 얻으려면 데이터 볼륨의 단위를 2의 제곱수로 표현하면 어떻게 되는지를 우선 알아야 한다. 최소 단위는 1바이트이고, 8비트로 구성된다. ASCII 문자 하나가 차지하는 메모리 크기가 1바이트이다. 다음 쪽 표 2-1은 흔히 쓰이는 데이터 볼륨 단위들이다.

2의 x 제곱	근사치	이름	축약형
10	1천(thousand)	1킬로바이트(Kilobyte)	1KB
20	1백만(million)	1메가바이트(Megabyte)	1MB
30	10억(billion)	1기가바이트(Gigabyte)	1GB
40	1조(trillion)	1테라바이트(Terabyte)	1TB
50	1000조(quadrillion)	1페타바이트(Petabyte)	1PB

표 2-1

모든 프로그래머가 알아야 하는 응답지연 값

구글의 제프 딘은 2010년에 통상적인 컴퓨터에서 구현된 연산들의 응답지연 값을 공개한 바 있다.[1] 이들 가운데 몇몇은 더 빠른 컴퓨터가 등장하면서 더 이상 유효하지 않게 되었지만, 아직도 이 수치들은 컴퓨터 연산들의 처리 속도가 어느 정도인지 짐작할 수 있도록 해 준다.

연산명	시간
L1 캐시 참조	0.5ns
분기 예측 오류(branch mispredict)	5ns
L2 캐시 참조	7ns
뮤텍스(mutex) 락/언락	100ns
주 메모리 참조	100ns
Zippy로 1 KB 압축	10,000ns = 10μs
1 Gbps 네트워크로 2 KB 전송	20,000ns = 20μs
메모리에서 1 MB 순차적으로 read	250,000ns = 250μs
같은 데이터 센터 내에서의 메시지 왕복 지연시간	500,000ns = 500μs
디스크 탐색(seek)	10,000,000ns = 10ms
네트워크에서 1 MB 순차적으로 read	10,000,000ns = 10ms
디스크에서 1 MB 순차적으로 read	30,000,000ns = 30ms
한 패킷의 CA(캘리포니아)로부터 네덜란드까지의 왕복 지연시간	150,000,000ns = 150ms

ns = nanosecond(나노초), μs = microsecond(마이크로초), ms = millisecond(밀리초)
1나노초 = 10^{-9}초
1마이크로초 = 10^{-6}초 = 1,000나노초
1밀리초 = 10^{-3}초 = 1,000μs = 1,000,000ns

표 2-2

딘 박사가 나열한 이 수들을 알기 쉽게 시각화하기 위해, 한 구글 엔지니어가 개발한 도구가 있다. 이 도구가 보여주는 수치에는 최근 기술 동향이 반영되어 있다. 그림 2-1은 이 도구를 사용하여 2020년 기준으로 시각화한 수치이다.[3]

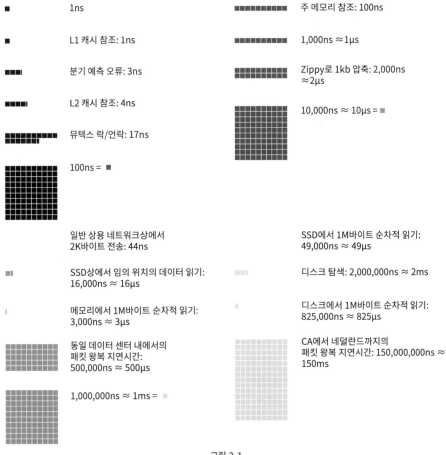

그림 2-1

그림 2-1에 제시된 수치들을 분석하면 다음과 같은 결론이 나온다.

- 메모리는 빠르지만 디스크는 아직도 느리다.
- 디스크 탐색(seek)은 가능한 한 피하라.
- 단순한 압축 알고리즘은 빠르다.

- 데이터를 인터넷으로 전송하기 전에 가능하면 압축하라.
- 데이터 센터는 보통 여러 지역(region)에 분산되어 있고, 센터들 간에 데이터를 주고받는 데는 시간이 걸린다.

가용성에 관계된 수치들

고가용성(high availability)은 시스템이 오랜 시간 동안 지속적으로 중단 없이 운영될 수 있는 능력을 지칭하는 용어다. 고가용성을 표현하는 값은 퍼센트(percent)로 표현하는데, 100%는 시스템이 단 한 번도 중단된 적이 없었음을 의미한다. 대부분의 서비스는 99%에서 100% 사이의 값을 갖는다.

SLA(Service Level Agreement)는 서비스 사업자(service provider)가 보편적으로 사용하는 용어로, 서비스 사업자와 고객 사이에 맺어진 합의를 의미한다. 이 합의에는 서비스 사업자가 제공하는 서비스의 가용시간(uptime)이 공식적으로 기술되어 있다. 아마존[4], 구글[5], 그리고 마이크로소프트[6] 같은 사업자는 99% 이상의 SLA를 제공한다. 가용시간은 관습적으로 숫자 9를 사용해 표시한다. 9가 많으면 많을수록 좋다고 보면 된다. 표 2-3은 9의 개수와 시스템 장애시간(downtime) 사이의 관계다.

가용률	하루당 장애시간	주당 장애시간	개월당 장애시간	연간 장애시간
99%	14.40분	1.68시간	7.31시간	3.65일
99.9%	1.44분	10.08분	43.83분	8.77시간
99.99%	8.64초	1.01분	4.38분	52.60분
99.999%	864.00밀리초	6.05초	26.30초	5.26분
99.9999%	86.40밀리초	604.80밀리초	2.63초	31.56초

표 2-3

예제: 트위터 QPS와 저장소 요구량 추정

다음 제시된 수치들은 연습용이며 트위터의 실제 성능이나 요구사항과는 아무 관계가 없다.

가정

- 월간 능동 사용자(monthly active user)는 3억(300million) 명이다.
- 50%의 사용자가 트위터를 매일 사용한다.
- 평균적으로 각 사용자는 매일 2건의 트윗을 올린다
- 미디어를 포함하는 트윗은 10% 정도다.
- 데이터는 5년간 보관된다.

추정

QPS(Query Per Second) 추정치

- 일간 능동 사용자(Daily Active User, DAU)=3억×50%=1.5억(150million)
- QPS=1.5억×2 트윗/24시간/3600초=약 3500
- 최대 QPS(Peek QPS)=2×QPS=약 7000

미디어 저장을 위한 저장소 요구량

- 평균 트윗 크기
  - tweet_id에 64바이트
  - 텍스트에 140바이트
  - 미디어에 1MB
- 미디어 저장소 요구량: 1.5억×2×10%×1 MB=30TB/일
- 5년간 미디어를 보관하기 위한 저장소 요구량: 30TB×365×5=약 55PB

팁

개략적인 규모 추정과 관계된 면접에서 가장 중요한 것은 문제를 풀어 나가는 절차다. 올바른 절차를 밟느냐가 결과를 내는 것보다 중요하다. 면접자가 보고 싶어 하는 것은 여러분의 문제 해결 능력일 것이다. 이에 도움될 몇 가지 팁을 공유하니 참고 바란다.

- 근사치를 활용한 계산(rounding and approximation): 면접장에서 복잡한 계산을 하는 것은 어려운 일이다. 예를 들어, "99987/9.1"의 계산 결과는 무엇인가? 그러나 이런 데 시간을 쓰는 것은 낭비다. 계산 결과의 정확함을 평

가하는 것이 목적이 아니라서다. 그러니 적절한 근사치를 활용하여 시간을 절약하자. 방금 살펴본 수식은 "100,000 / 10"로 간소화할 수 있다.

- 가정(assumption)들은 적어 두라. 나중에 살펴볼 수 있도록.

- 단위(unit)를 붙이라. 5라고만 적으면 5KB인지 5MB인지 알 수가 없다. 나중에는 여러분 스스로도 헷갈리게 될 것이다. 단위를 붙이는 습관을 들여 두면 모호함을 방지할 수 있다.

- 많이 출제되는 개략적 규모 추정 문제는 QPS, 최대 QPS, 저장소 요구량, 캐시 요구량, 서버 수 등을 추정하는 것이다. 면접에 임하기 전에 이런 값들을 계산하는 연습을 미리 하도록 하자. 완벽함을 달성하는 방법은 연습뿐이다.

2장은 여기까지다. 여기까지 성공적으로 마무리한 여러분, 축하한다!

참고문헌

[1] J. Dean.Google Pro Tip: Use Back-Of-The-Envelope-Calculations To Choose The Best Design: *http://highscalability.com/blog/2011/1/26/google-pro-tip-use-back-of-the-envelope-calculations-to-choo.html*

[2] System design primer: *https://github.com/donnemartin/system-design-primer*

[3] Latency Numbers Every Programmer Should Know: *https://colin-scott.github.io/personal_website/research/interactive_latency.html*

[4] Amazon Compute Service Level Agreement: *https://aws.amazon.com/compute/sla/*

[5] Compute Engine Service Level Agreement (SLA): *https://cloud.google.com/compute/sla*

[6] SLA summary for Azure services: *https://azure.microsoft.com/en-us/support/legal/sla/summary/*

3장

시스템 설계 면접 공략법

꿈꾸던 회사의 면접 기회를 방금 따냈다고 상상해 보자. 면접 일정을 조율해 주는 담당자가 그날의 일정을 보내올 것이다. 그런데 일정을 쭉 읽다 보면, 마음을 불편하게 하는 면접 세션 하나를 발견하게 될 것이다. 바로, "시스템 설계 면접".

시스템 설계 면접은 당황스러울 때가 많다. "널리 알려진 제품 X를 설계해 보라"는 식으로 막연한 문제가 나올 때도 있다. 이런 질문들은 모호하고, 범위도 지나치게 넓다. 여러분이 불편하게 느끼는 것도 당연하다. 수백 명, 심하면 수천 명의 엔지니어들이 참여하여 개발한 제품을 어떻게 한 시간 안에 설계한단 말인가?

좋은 소식 하나는, 아무도 여러분에게 그런 요구를 않으리란 점이다. 실세계에서 이용되는 시스템의 구조는 극도로 복잡하다. 예를 들어, 구글 검색은 일견 단순해 보이지만 그 단순성을 뒷받침하는 기술의 양은 진정 놀랄 만한 수준이다. 그런 시스템을 한 사람이 설계할 수 있으리라 아무도 기대하지 않는다면, 대체 시스템 설계 면접이 있는 이유는 무엇인가?

시스템 설계 면접은 두 명의 동료가 모호한 문제를 풀기 위해 협력하여 그 해결책을 찾아내는 과정에 대한 시뮬레이션이다. 이 문제에는 정해진 결말도 없고, 정답도 없다. 최종적으로 도출될 설계안은 여러분이 설계 과정에 들인 노력에 비하면 그다지 중요하지 않다. 이 면접은 여러분의 설계 기술을 시연하는 자리이고, 설계 과정에서 내린 결정들에 대한 방어 능력을 보이는 자리이며, 면접관의 피드백을 건설적인 방식으로 처리할 자질이 있음을 보이는 자리인 것이다.

입장을 잠시 바꿔서, 당신을 만나기 위해 면접장으로 들어서는 면접관의 머릿속에서는 무슨 일이 벌어지는지 생각해보자. 면접관의 일차적 목표는 여러분의 능력을 평가하는 것이다. 가장 피하고 싶은 일은 면접이 매끄럽게 진행되지 않아서 충분한 시그널(signal)을 수집하지 못한 바람에 평가 결과를 확정 지을 수 없는 상황일 것이다. 그렇다면 면접관이 시스템 설계 면접에서 찾고자 하는 것은 무엇인가?

많은 사람이 시스템 설계 면접은 지원자의 설계 능력의 기술적 측면을 평가하는 자리일 거라 생각한다. 사실은 그 이상이다. 시스템 설계 면접이 잘 진행되면, 지원자가 협력에 적합한 사람인지, 압박이 심한 상황도 잘 헤쳐 나갈 자질이 있는지, 모호한 문제를 건설적으로 해결할 능력이 있는지 등을 살펴볼 수 있다. 좋은 질문을 던질 능력이 있는지도 중요하다.

훌륭한 면접관은 부정적 신호(red flag)도 놓치지 않는다. 설계의 순수성(purity)에 집착한 나머지 타협적 결정(tradeoff)을 도외시하고 과도한 엔지니어링(over-engineering)을 하고 마는 엔지니어들이 현업에도 많다. 그런 엔지니어들은 과도한 엔지니어링의 결과로 시스템 전반의 비용이 올라간다는 사실을 알아채지 못하는 일이 많은데, 그 결과로 상당수 회사들은 값비싼 대가를 치르고 있다. 여러분은 면접관에게 이런 엔지니어들과 같은 경향이 있다는 것을 보이고 싶지 않을 것이다. 이것 이외의 부정적 신호로는 완고함, 편협함 같은 것들도 있다.

이번 장에서는 시스템 설계 면접에 관한 유용한 팁들을 살펴보고, 시스템 설계 문제를 공략하는 효과적 접근법을 소개할 것이다.

효과적 면접을 위한 4단계 접근법

시스템 설계 면접은 전부 제각각이다. 훌륭한 설계 면접은 정해진 결말도 없고 정답도 없다. 하지만 그 절차나 범위에는 공통적인 부분이 있다.

1단계 문제 이해 및 설계 범위 확정

"호랑이는 왜 그르렁댈까요?"

뒷자리에서 손이 번쩍 올라갔다.

"그래, 지미?" 선생이 대답했다.

"배가 고파서 입니다."

"잘했어요, 지미."

어린 시절 내내, 지미는 질문에 맨 처음 손을 드는 학생이었다. 답을 알든 모르든 선생이 문제를 던지면 바로 덤벼들기 좋아하는 학생이 반마다 한 명은 있게 마련인데, 지미가 바로 그런 학생이었다.

지미는 우수한 학생이었다. 모든 문제의 답을 빨리 알아내는데 자부심이 있었다. 모든 문제를 1등으로 풀고 시험장을 나서는 학생이 바로 그였다. 경진대회에 나갈 학생을 선정할 때도 항상 그가 첫손에 꼽혔다.

그러나 면접장에서는 지미가 되어선 곤란하다.

시스템 설계 면접을 볼 때는 생각 없이 바로 답을 내서는 좋은 점수를 받기 어렵다. 요구사항을 완전히 이해하지 않고 답을 내놓는 행위는 아주 엄청난 부정적 신호(red flag)다. 면접은 퀴즈 쇼가 아니며, 정답 따위는 없다는 걸 상기하자.

그러니 바로 답부터 들이밀지 말라. 속도를 늦춰라. 깊이 생각하고 질문하여 요구사항과 가정들을 분명히 하라. 이 단계의 중요성은 강조하고 또 강조해도 모자람이 없다.

엔지니어인 우리에게는 어려운 문제를 풀고 최종 설계를 바로 내놓고 싶은 욕구가 있다. 하지만 그러면 잘못된 시스템을 설계할 가능성이 높아진다. 엔지니어가 가져야 할 가장 중요한 기술 중 하나는 올바른 질문을 하는 것, 적절한 가정을 하는 것, 그리고 시스템 구축에 필요한 정보를 모으는 것이다.

질문을 던지면 면접관은 여러분이 질문에 대한 답을 바로 내놓거나, 아니면 여러분 스스로 어떤 가정을 하기를 주문할 것이다. 후자의 경우에는 그 가정을 화이트보드나 종이에 적어두어야 한다. 나중에 필요해질 때가 있어서다.

그렇다면 어떤 질문을 해야 하나? 요구사항을 정확히 이해하는 데 필요한 질문을 하라. 아래와 같은 질문들을 생각해 볼 수 있다.

- 구체적으로 어떤 기능들을 만들어야 하나?
- 제품 사용자 수는 얼마나 되나?
- 회사의 규모는 얼마나 빨리 커지리라 예상하나? 석 달, 여섯 달, 일년 뒤의 규모는 얼마가 되리라 예상하는가?
- 회사가 주로 사용하는 기술 스택(technology stack)은 무엇인가? 설계를 단순화하기 위해 활용할 수 있는 기존 서비스로는 어떤 것들이 있는가?

예제

뉴스 피드(news feed) 시스템을 설계하라는 요구를 받았다 해 보자. 요구사항을 분명히 하기 위한 질문을 던져야 할 것이다. 여러분과 면접관 사이에 오갈 대화는 다음과 비슷할 것이다.

지원자: 모바일 앱과 웹 앱 가운데 어느 쪽을 지원해야 하나요? 아니면 둘 다일까요?

면접관: 둘 다 지원해야 합니다.

지원자: 가장 중요한 기능은 무엇인가요?

면접관: 새로운 포스트(post)를 올리고, 다른 친구의 뉴스 피드를 볼 수 있도록 하는 기능입니다.

지원자: 이 뉴스 피드는 시간 역순으로 정렬되어야 하나요? 아니면 다른 특별한 정렬 기준이 있습니까? 제가 특별한 정렬 기준이 있느냐고 묻는 이유는, 피드에 올라갈 포스트마다 다른 가중치가 부여되어야 하는지 알고 싶어서 인데요. 가령 가까운 친구의 포스트가 사용자 그룹(user group)에 올라가는 포스트보다 더 중요하다거나.

면접관: 문제를 단순하게 만들기 위해, 일단 시간 역순으로 정렬된다고 가정합시다.

지원자: 한 사용자는 최대 몇 명의 사용자와 친구를 맺을 수 있나요?

면접관: 5000명입니다.

지원자: 사이트로 오는 트래픽 규모는 어느 정도입니까?

면접관: 일간 능동 사용자(daily active user, DAU)는 천만 명입니다.

지원자: 피드에 이미지나 비디오도 올라올 수 있나요? 아니면 포스트는 그저 텍스트입니까?

면접관: 이미지나 비디오 같은 미디어 파일도 포스트 할 수 있어야 합니다.

지금까지 여러분이 면접관에게 던질 수 있는 질문 사례를 살펴보았다. 요구 사항을 이해하고 모호함을 없애는 게 이 단계에서 가장 중요하다는 것을 명심하자.

2단계 개략적인 설계안 제시 및 동의 구하기

이번 단계에서 초점을 맞추어야 할 것은 개략적인 설계안을 제시하고 면접관의 동의를 얻는 것이다. 이 과정은 면접관과 협력하며 진행하면 좋다.

- 설계안에 대한 최초 청사진을 제시하고 의견을 구하라. 면접관을 마치 팀원인 것처럼 대하라. 훌륭한 면접관들은 지원자들과 대화하고 설계 과정에 개입하기를 즐긴다.
- 화이트보드나 종이에 핵심 컴포넌트를 포함하는 다이어그램을 그려라. 클라이언트(모바일/웹), API, 웹 서버, 데이터 저장소, 캐시, CDN, 메시지 큐 같은 것들이 포함될 수 있을 것이다.
- 이 최초 설계안이 시스템 규모에 관계된 제약사항들을 만족하는지를 개략적으로 계산해 보라. 계산 과정은 소리 내어 설명하라. 아울러, 이런 개략적 추정이 필요한지는 면접관에게 미리 물어보도록 하자.

가능하다면 시스템의 구체적 사용 사례도 몇 가지 살펴보자. 개략적 설계안을 잡아 나가는데 도움이 될 것이다. 미처 고려하지 못한 에지 케이스(edge case)를 발견하는 데도 도움이 될 것이다.

이 단계에서 API 엔드포인트(endpoint)나 데이터베이스 스키마도 보여야 하는가? 질문에 따라 다르다. "구글 검색 엔진을 설계하라"와 같은 큰 규모의 설계 문제라면 이 단계에서 다루기에는 지나치게 세부적인 내용일 것이다. 멀티플레이어 포커 게임의 백엔드를 설계하라는 질문이라면 괜찮을 것이다. 면접관의 의견을 물어보라.

예제

"뉴스 피드 시스템을 설계하라"는 질문을 그대로 활용하여, 개략적 설계는 어떻게 만들어 내는지 살펴보겠다. 시스템이 실제로 어떻게 동작하는지 지금 당장 이해할 필요는 없다. 상세한 내용은 11장에서 설명할 것이다.

개략적으로 보자면 이 설계는 두 가지 처리 플로(flow)로 나눠 생각해 볼 수 있다. 피드 발행(feed publishing)과 피드 생성(feed building)이 그것이다.

- 피드 발행: 사용자가 포스트를 올리면 관련된 데이터가 캐시/데이터베이스에 기록되고, 해당 사용자의 친구(friend) 뉴스 피드에 뜨게 된다.
- 피드 생성: 어떤 사용자의 뉴스 피드는 해당 사용자 친구들의 포스트를 시간 역순으로(최신 포스트부터 오래된 포스트 순으로) 정렬하여 만든다.

그림 3-1과 그림 3-2는 피드 발행과 피드 생성 플로를 각각 개략적으로 그린 것이다.

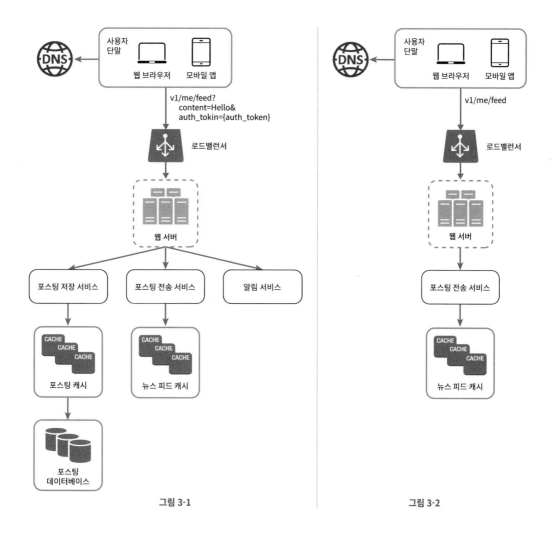

그림 3-1

그림 3-2

3단계 상세 설계

이 단계로 왔다면 여러분은 면접관과 다음 목표는 달성한 상태일 것이다.

- 시스템에서 전반적으로 달성해야 할 목표와 기능 범위 확인
- 전체 설계의 개략적 청사진 마련
- 해당 청사진에 대한 면접관의 의견 청취
- 상세 설계에서 집중해야 할 영역들 확인

이제 면접관과 해야 할 일은 설계 대상 컴포넌트 사이의 우선순위를 정하는 것이다. 똑같은 면접이란 있을 수 없다는 것을 다시 한번 강조하고 싶다. 어떨 때는 면접관이 여러분이 집중 했으면 하는 영역을 알려 주기도 한다. 어떨 때는, 특히 선임급 개발자 면접이라면, 시스템의 성능 특성에 대한 질문을 던질 것이고, 그 경우 질문 내용은 시스템의 병목 구간이나 자원 요구량 추정치에 초점이 맞춰져 있을 것이다. 대부분의 경우 면접관은 여러분이 특정 시스템 컴포넌트들의 세부사항을 깊이 있게 설명하는 것을 보길 원한다. 가령 출제된 문제가 단축 URL 생성기(URL shortener) 설계에 관한 것이었다고 해 보자. 그렇다면 면접관은 여러분이 그 해시 함수의 설계를 구체적으로 설명하는 것을 듣고 싶어 할 것이다. 채팅 시스템에 관한 문제였다면, 어떻게 하면 지연시간(latency)을 줄이고 사용자의 온/오프라인 상태를 표시할 것인지를 듣고자 할 것이다.

면접 시에는 시간 관리에도 특별히 주의를 기울여야 한다. 사소한 세부사항을 설명하느라 정작 여러분의 능력을 보일 기회를 놓쳐버리게 될 수도 있어서다. 여러분은 면접관에게 긍정적 신호(signal)를 전달하는 데 집중해야 한다. 불필요한 세부사항에 시간을 쓰지 말라. 예를 들어, 페이스북에서 뉴스 피드의 순위를 매기는 데 사용되는 EdgeRank 알고리즘에 대해 이야기하는 것은 바람직하지 않은데, 시간을 너무 많이 쓰게 되는데다 여러분이 규모 확장 가능한 시스템을 설계할 능력이 있다는 것을 입증하는 데는 도움이 되지 않기 때문이다.

예제

뉴스 피드 시스템의 개략적 설계를 마친 상황이라 해 보자. 그리고 면접관도 그 설계에 만족하고 있다고 해 보자. 이제 두 가지 중요한 용례를 보다 깊이 탐구해야 한다.

1. 피드 발행
2. 뉴스 피드 가져오기(news feed retrieval)

그림 3-3과 3-4는 각각에 대한 상세 설계다. 이 설계안에 대해서는 11장에서 더 자세하게 설명할 것이다.

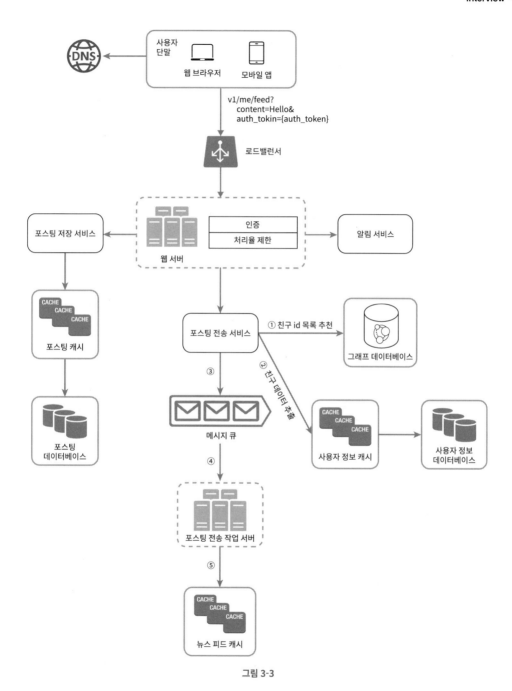

그림 3-3

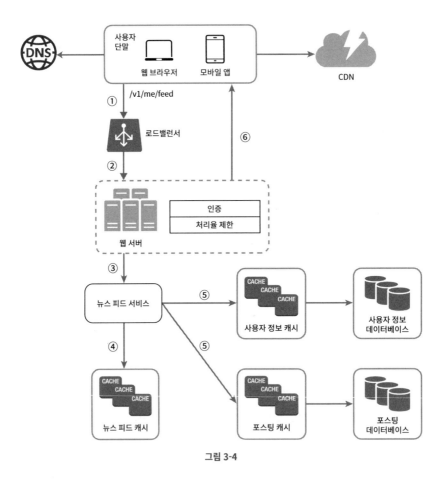

그림 3-4

4단계 마무리

이 마지막 단계에서 면접관은 설계 결과물에 관련된 몇 가지 후속 질문을 던질 수도 있고(follow-up questions) 여러분 스스로 추가 논의를 진행하도록 할 수도 있다. 다음의 몇 가지 지침을 활용하도록 하자.

- 면접관이 시스템 병목구간, 혹은 좀 더 개선 가능한 지점을 찾아내라 주문할 수 있다. 거기다 대고 여러분의 설계가 완벽하다거나 개선할 부분이 없다는 답은 하지 않도록 하자. 개선할 점은 언제나 있게 마련이다. 이런 질문은 여러분의 비판적 사고 능력을 보이고, 마지막으로 좋은 인상을 남길 기회다.

- 여러분이 만든 설계를 한번 다시 요약해주는 것도 도움이 될 수 있다. 여러 해결책을 제시한 경우에는 특히 중요하다. 긴 면접 세션이 끝난 뒤에 면접관의 기억을 환기시켜주는 효과가 있어서다.
- 오류가 발생하면 무슨 일이 생기는지(서버 오류, 네트워크 장애 등) 따져보면 흥미로울 것이다.
- 운영 이슈도 논의할 가치가 충분하다. 메트릭은 어떻게 수집하고 모니터링할 것인가? 로그는? 시스템은 어떻게 배포해(roll-out) 나갈 것인가?
- 미래에 닥칠 규모 확장 요구에 어떻게 대처할 것인지도 흥미로운 주제다. 예를 들어, 현재 설계로 백만 사용자는 능히 감당할 수 있다고 해 보자. 천만 사용자를 감당하려면 어떻게 해야 하는가?
- 시간이 좀 남았다면, 필요하지만 다루지 못했던 세부적 개선사항들을 제안할 수 있다.

아래에 면접 세션에서 해야 할 것과 하지 말아야 할 것들의 목록을 정리해 보았다.

해야 할 것

- 질문을 통해 확인하라(clarification). 스스로 내린 가정이 옳다 믿고 진행하지 말라.
- 문제의 요구사항을 이해하라.
- 정답이나 최선의 답안 같은 것은 없다는 점을 명심하라. 스타트업을 위한 설계안과 수백만 사용자를 지원해야 하는 중견 기업을 위한 설계안이 같을 리 없다. 요구사항을 정확하게 이해했는지 다시 확인하라.
- 면접관이 여러분의 사고 흐름을 이해할 수 있도록 하라. 면접관과 소통하라.
- 가능하다면 여러 해법을 함께 제시하라.
- 개략적 설계에 면접관이 동의하면, 각 컴포넌트의 세부사항을 설명하기 시작하라. 가장 중요한 컴포넌트부터 진행하라.

- 면접관의 아이디어를 이끌어 내라. 좋은 면접관은 여러분과 같은 팀원처럼 협력한다.
- 포기하지 말라.

하지 말아야 할 것

- 전형적인 면접 문제들에도 대비하지 않은 상태에서 면접장에 가지 말라.
- 요구사항이나 가정들을 분명히 하지 않은 상태에서 설계를 제시하지 말라.
- 처음부터 특정 컴포넌트의 세부사항을 너무 깊이 설명하지 말라. 개략적 설계를 마친 뒤에 세부사항으로 나아가라.
- 진행 중에 막혔다면, 힌트를 청하기를 주저하지 말라.
- 다시 말하지만, 소통을 주저하지 말라. 침묵 속에 설계를 진행하지 말라.
- 설계안을 내놓는 순간 면접이 끝난다고 생각하지 말라. 면접관이 끝났다고 말하기 전까지는 끝난 것이 아니다. 의견을 일찍, 그리고 자주 구하라.

시간 배분

시스템 설계 면접은 보통 매우 광범위한 영역을 다루며 45분 혹은 한 시간은 충분하지 않을 수 있다. 따라서 시간 관리를 잘 하는 것이 중요하다. 그렇다면, 상술한 각 단계에 어느 정도의 시간을 배분하는 것이 좋을까? 45분의 시간이 주어진다고 가정하고, 각 단계에 어느 정도 시간을 쓰는 것이 좋을지 아래에 대략적으로 정리했다. 대략적 추정치일 뿐이라는 점을 명심하자. 실제로 써야 하는 시간은 문제의 범위나 면접관의 요구사항에 따라 달라질 수 있다.

1단계 - 문제 이해 및 설계 범위 확정: 3분에서 10분
2단계 - 개략적 설계안 제시 및 동의 구하기: 10분에서 15분
3단계 - 상세 설계: 10분에서 25분
4단계 - 마무리: 3분에서 5분

4장

처리율 제한 장치의 설계

네트워크 시스템에서 처리율 제한 장치(rate limiter)는 클라이언트 또는 서비스가 보내는 트래픽의 처리율(rate)을 제어하기 위한 장치다. HTTP를 예로 들면이 장치는 특정 기간 내에 전송되는 클라이언트의 요청 횟수를 제한한다. API요청 횟수가 제한 장치에 정의된 임계치(threshold)를 넘어서면 추가로 도달한모든 호출은 처리가 중단(block)된다. 다음은 몇 가지 사례다.

- 사용자는 초당 2회 이상 새 글을 올릴 수 없다.
- 같은 IP 주소로는 하루에 10개 이상의 계정을 생성할 수 없다.
- 같은 디바이스로는 주당 5회 이상 리워드(reward)를 요청할 수 없다.

이번 장에서는 바로 이 처리율 제한 장치를 설계한다. 설계에 앞서, API에 처리율 제한 장치를 두면 좋은 점을 살펴보자.

- DoS(Denial of Service) 공격에 의한 자원 고갈(resource starvation)을 방지할 수 있다.[1] 대형 IT 기업들이 공개한 거의 대부분의 API는 어떤 형태로든처리율 제한 장치를 갖고 있다. 예를 들어 트위터는 3시간 동안 300개의 트윗만 올릴 수 있도록 제한하고 있다.[2] 구글 독스(Google docs) API는 사용자당 분당 300회의 read 요청만 허용한다.[3] 처리율 제한 장치는 추가 요청에 대해서는 처리를 중단함으로써 DoS 공격을 방지한다.

- 비용을 절감한다. 추가 요청에 대한 처리를 제한하면 서버를 많이 두지 않아도 되고, 우선순위가 높은 API에 더 많은 자원을 할당할 수 있다. 아울러 처리율 제한은 제3자(third-party) API에 사용료를 지불하고 있는 회사들에게는 아주 중요하다. 예를 들어, 신용을 확인하거나, 신용카드 결제를 하거나, 건강 상태를 확인하거나 하기 위해 호출하는 API에 대한 과금이 횟수에 따라 이루어진다면, 그 횟수를 제한할 수 있어야 비용을 절감할 수 있을 것이다.
- 서버 과부하를 막는다. 봇(bot)에서 오는 트래픽이나 사용자의 잘못된 이용 패턴으로 유발된 트래픽을 걸러내는데 처리율 제한 장치를 활용할 수 있다.

1단계 문제 이해 및 설계 범위 확정

처리율 제한 장치를 구현하는 데는 여러 가지 알고리즘을 사용할 수 있는데, 그 각각은 고유한 장단점을 갖고 있다. 면접관과 소통하면 어떤 제한 장치를 구현해야 하는지 분명히 할 수 있다.

지원자: 어떤 종류의 처리율 제한 장치를 설계해야 하나요? 클라이언트 측 제한 장치입니까, 아니면 서버 측 제한 장치입니까?

면접관: 좋은 질문이에요. 서버측 API를 위한 장치를 설계한다고 가정합시다.

지원자: 어떤 기준을 사용해서 API 호출을 제어해야 할까요? IP 주소를 사용해야 하나요? 아니면 사용자 ID? 아니면 생각하는 다른 어떤 기준이 있습니까?

면접관: 다양한 형태의 제어 규칙(throttling rules)을 정의할 수 있도록 하는, 유연한 시스템이어야 합니다.

지원자: 시스템 규모는 어느 정도여야 할까요? 스타트업 정도 회사를 위한 시스템입니까 아니면 사용자가 많은 큰 기업을 위한 제품입니까?

면접관: 설계할 시스템은 대규모 요청을 처리할 수 있어야 합니다.

지원자: 시스템이 분산 환경에서 동작해야 하나요?

면접관: 그렇습니다.

지원자: 이 처리율 제한 장치는 독립된 서비스입니까 아니면 애플리케이션 코드에 포함될 수도 있습니까?

면접관: 그 결정은 본인이 내려주시면 되겠습니다.

지원자: 사용자의 요청이 처리율 제한 장치에 의해 걸러진 경우 사용자에게 그 사실을 알려야 하나요?

면접관: 그렇습니다.

요구사항

아래에 시스템 요구사항을 요약하였다.

- 설정된 처리율을 초과하는 요청은 정확하게 제한한다.
- 낮은 응답시간: 이 처리율 제한 장치는 HTTP 응답시간에 나쁜 영향을 주어서는 곤란하다.
- 가능한 한 적은 메모리를 써야 한다.
- 분산형 처리율 제한(distributed rate limiting): 하나의 처리율 제한 장치를 여러 서버나 프로세스에서 공유할 수 있어야 한다.
- 예외 처리: 요청이 제한되었을 때는 그 사실을 사용자에게 분명하게 보여주어야 한다.
- 높은 결함 감내성(fault tolerance): 제한 장치에 장애가 생기더라도 전체 시스템에 영향을 주어서는 안 된다.

2단계 개략적 설계안 제시 및 동의 구하기

일단 일을 너무 복잡하게 만드는 것은 피하고, 기본적인 클라이언트-서버 통신 모델을 사용하도록 하자.

처리율 제한 장치는 어디에 둘 것인가?

직관적으로 보자면 이 장치는 클라이언트 측에 둘 수도 있고, 서버 측에 둘 수도 있을 것이다.

- 클라이언트 측에 둔다면: 일반적으로 클라이언트는 처리율 제한을 안정적으로 걸 수 있는 장소가 못 된다. 클라이언트 요청은 쉽게 위변조가 가능해서다. 모든 클라이언트의 구현을 통제하는 것도 어려울 수 있다.
- 서버 측에 둔다면: 그림 4-1은 서버 측에 제한 장치를 두는 한 가지 방법을 보여준다.

그림 4-1

다른 방법도 있다. 처리율 제한 장치를 API 서버에 두는 대신, 처리율 제한 미들웨어(middleware)를 만들어 해당 미들웨어로 하여금 API 서버로 가는 요청을 통제하도록 하는 것이다. 그림 4-2를 보라.

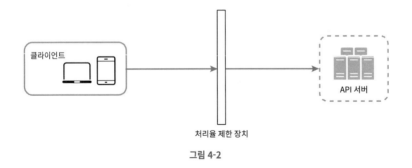

그림 4-2

그림 4-2의 설계에서 처리율 제한이 어떻게 동작하는지는 그림 4-3에 보였다. 예제의 API 서버의 처리율이 초당 2개의 요청으로 제한된 상황에서, 클라이언트가 3번째 요청을 앞의 두 요청과 같은 초 범위 내에서 전송하였다고 해 보자. 앞선 두 요청은 API 서버로 전송될 것이다. 하지만 세 번째 요청은 처리율 제한 미들웨어에 의해 가로막히고 클라이언트로는 HTTP 상태 코드 429가 반환된다. HTTP 상태 코드 429는 사용자가 너무 많은 요청을 보내려고 했음(Too many requests)을 알린다.

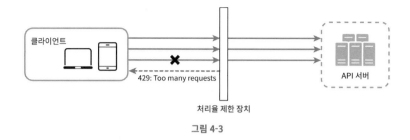

그림 4-3

폭넓게 채택된 기술인 클라우드 마이크로서비스[4]의 경우, 처리율 제한 장치는 보통 API 게이트웨이(gateway)라 불리는 컴포넌트에 구현된다. API 게이트웨이는 처리율 제한, SSL 종단(termination), 사용자 인증(authentication), IP 허용목록(whitelist) 관리 등을 지원하는 완전 위탁관리형 서비스(fully managed), 즉 클라우드 업체가 유지 보수를 담당하는 서비스다. 하지만 일단은 API 게이트웨이가 처리율 제한을 지원하는 미들웨어라는 점만 기억하도록 하자.

처리율 제한 기능을 설계할 때 중요하게 따져야 하는 것 하나는 이것이다. 처리율 제한 장치는 어디 두어야 하나? 서버에 두어야 하나 아니면 게이트웨이에 두어야 하나? 정답은 없다. 여러분 회사의 현재 기술 스택(technology stack)이나 엔지니어링 인력, 우선순위, 목표에 따라 달라질 수 있기 때문이다. 다만 일반적으로 적용될 수 있는 몇 가지 지침을 나열해 보면 다음과 같다.

- 프로그래밍 언어, 캐시 서비스 등 현재 사용하고 있는 기술 스택을 점검하라. 현재 사용하는 프로그래밍 언어가 서버 측 구현을 지원하기 충분할 정도로 효율이 높은지 확인하라.
- 여러분의 사업 필요에 맞는 처리율 제한 알고리즘을 찾아라. 서버 측에서 모든 것을 구현하기로 했다면, 알고리즘은 자유롭게 선택할 수 있다. 하지만 제3 사업자가 제공하는 게이트웨이를 사용하기로 했다면 선택지는 제한될 수도 있다.
- 여러분의 설계가 마이크로서비스에 기반하고 있고, 사용자 인증이나 IP 허용목록 관리 등을 처리하기 위해 API 게이트웨이를 이미 설계에 포함시켰다면 처리율 제한 기능 또한 게이트웨이에 포함시켜야 할 수도 있다.
- 처리율 제한 서비스를 직접 만드는 데는 시간이 든다. 처리율 제한 장치를

구현하기에 충분한 인력이 없다면 상용 API 게이트웨이를 쓰는 것이 바람직한 방법일 것이다.

처리율 제한 알고리즘

처리율 제한을 실현하는 알고리즘은 여러 가지인데, 각기 다른 장단점을 갖고있다. 이번 장에서 그 알고리즘들에 초점을 맞추지는 않을 것이나, 각각의 특성을 이해하는 한편 용례에 맞는 알고리즘 조합을 찾는 데 도움이 되도록 개략적으로 설명할 것이다. 널리 알려진 인기 알고리즘으로는 다음과 같은 것들이있다.

- 토큰 버킷(token bucket)
- 누출 버킷(leaky bucket)
- 고정 윈도 카운터(fixed window counter)
- 이동 윈도 로그(sliding window log)
- 이동 윈도 카운터(sliding window counter)

토큰 버킷 알고리즘

토큰 버킷 알고리즘은 처리율 제한에 폭넓게 이용되고 있다. 간단하고, 알고리즘에 대한 세간의 이해도는 높은 편이며 인터넷 기업들이 보편적으로 사용하고 있다. 아마존[5]과 스트라이프[6]가 API 요청을 통제(throttle)하기 위해 이 알고리즘을 사용한다.

토큰 버킷 알고리즘의 동작 원리는 다음과 같다.

- 토큰 버킷은 지정된 용량을 갖는 컨테이너다. 이 버킷에는 사전 설정된 양의 토큰이 주기적으로 채워진다. 토큰이 꽉 찬 버킷에는 더 이상의 토큰은 추가되지 않는다. 그림 4-4의 예제는 용량이 4인 버킷이다. 토큰 공급기(refiller)는 이 버킷에 매초 2개의 토큰을 추가한다. 버킷이 가득 차면 추가로 공급된 토큰은 버려진다(overflow).

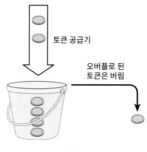

그림 4-4

- 각 요청은 처리될 때마다 하나의 토큰을 사용한다. 요청이 도착하면 버킷에 충분한 토큰이 있는지 검사하게 된다. 그림 4-5는 그 과정을 보여준다.
  - 충분한 토큰이 있는 경우, 버킷에서 토큰 하나를 꺼낸 후 요청을 시스템에 전달한다.
  - 충분한 토큰이 없는 경우, 해당 요청은 버려진다(dropped).

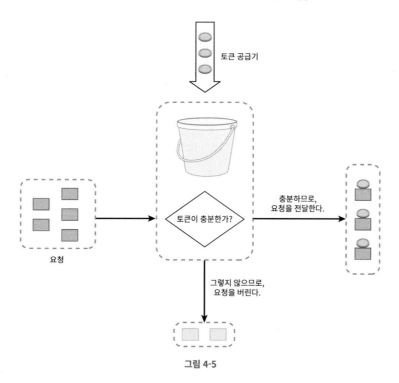

그림 4-5

그림 4-6은 토큰을 어떻게 버킷에서 꺼내고, 토큰 공급기는 어떻게 동작하며, 처리 제한 로직은 어떻게 작동하는지를 보여준다. 이 예에서 토큰 버킷의 크기는 4이다. 토큰 공급률(refill rate)은 분당 4이다.

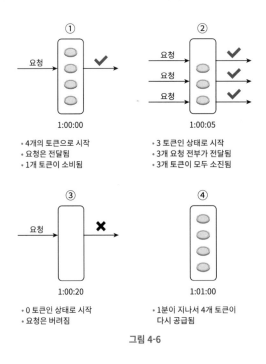

그림 4-6

이 토큰 버킷 알고리즘은 2개 인자(parameter)를 받는다.

- 버킷 크기: 버킷에 담을 수 있는 토큰의 최대 개수
- 토큰 공급률(refill rate): 초당 몇 개의 토큰이 버킷에 공급되는가

버킷은 몇 개나 사용해야 하나? 공급 제한 규칙에 따라 달라진다. 다음 사례들을 살펴보자.

- 통상적으로, API 엔드포인트(endpoint)마다 별도의 버킷을 둔다. 예를 들어, 사용자마다 하루에 한 번만 포스팅을 할 수 있고, 친구는 150명까지 추가할 수 있고, 좋아요 버튼은 다섯 번까지만 누를 수 있다면, 사용자마다 3개의 버킷을 두어야 할 것이다.

- IP 주소별로 처리율 제한을 적용해야 한다면 IP 주소마다 버킷을 하나씩 할 당해야 한다.
- 시스템의 처리율을 초당 10,000개 요청으로 제한하고 싶다면, 모든 요청이 하나의 버킷을 공유하도록 해야 할 것이다.

장점:

- 구현이 쉽다.
- 메모리 사용 측면에서도 효율적이다.
- 짧은 시간에 집중되는 트래픽(burst of traffic)도 처리 가능하다. 버킷에 남은 토큰이 있기만 하면 요청은 시스템에 전달될 것이다.

단점:

- 이 알고리즘은 버킷 크기와 토큰 공급률이라는 두 개 인자를 가지고 있는데, 이 값을 적절하게 튜닝하는 것은 까다로운 일이 될 것이다.

누출 버킷 알고리즘

누출 버킷(leaky bucket) 알고리즘은 토큰 버킷 알고리즘과 비슷하지만 요청 처리율이 고정되어 있다는 점이 다르다. 누출 버킷 알고리즘은 보통 FIFO (First-In-First-Out) 큐로 구현한다. 그 동작 원리는 다음과 같다.

- 요청이 도착하면 큐가 가득 차 있는지 본다. 빈자리가 있는 경우에는 큐에 요청을 추가한다.
- 큐가 가득 차 있는 경우에는 새 요청은 버린다.
- 지정된 시간마다 큐에서 요청을 꺼내어 처리한다.

그림 4-7에 이 알고리즘을 그림으로 정리하였다.

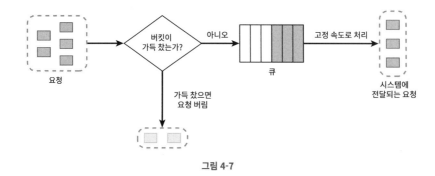

그림 4-7

누출 버킷 알고리즘은 다음의 두 인자를 사용한다.

- 버킷 크기: 큐 사이즈와 같은 값이다. 큐에는 처리될 항목들이 보관된다.
- 처리율(outflow rate): 지정된 시간당 몇 개의 항목을 처리할지 지정하는 값이다. 보통 초 단위로 표현된다.

전자상거래 기업인 쇼피파이(Shopify)가 이 알고리즘을 사용하여 처리율 제한을 구현하고 있다.[7]

장점
- 큐의 크기가 제한되어 있어 메모리 사용량 측면에서 효율적이다.
- 고정된 처리율을 갖고 있기 때문에 안정적 출력(stable outflow rate)이 필요한 경우에 적합하다.

단점
- 단시간에 많은 트래픽이 몰리는 경우 큐에는 오래된 요청들이 쌓이게 되고, 그 요청들을 제때 처리 못하면 최신 요청들은 버려지게 된다.
- 두 개 인자를 갖고 있는데, 이들을 올바르게 튜닝하기가 까다로울 수 있다.

고정 윈도 카운터 알고리즘
고정 윈도 카운터(fixed window counter) 알고리즘은 다음과 같이 동작한다.

- 타임라인(timeline)을 고정된 간격의 윈도(window)로 나누고, 각 윈도마다 카운터(counter)를 붙인다.

- 요청이 접수될 때마다 이 카운터의 값은 1씩 증가한다.
- 이 카운터의 값이 사전에 설정된 임계치(threshold)에 도달하면 새로운 요청은 새 윈도가 열릴 때까지 버려진다.

그 동작 원리를 구체적 예제를 통해 살펴보도록 하자. 그림 4-8에서 타임라인의 시간 단위는 1초다. 시스템은 초당 3개까지의 요청만을 허용한다. 매초마다 열리는 윈도에 3개 이상의 요청이 밀려오면 초과분은 그림 4-8에 보인 대로 버려진다.

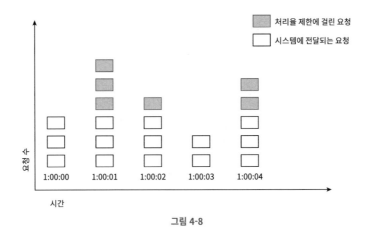

그림 4-8

이 알고리즘의 가장 큰 문제는 윈도의 경계 부근에 순간적으로 많은 트래픽이 집중될 경우 윈도에 할당된 양보다 더 많은 요청이 처리될 수 있다는 것이다. 왜 그런지 아래 사례를 통해 살펴보자.

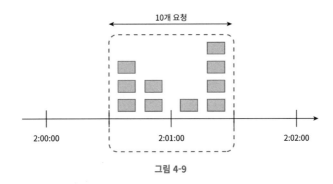

그림 4-9

그림 4-9에서 예로 든 시스템은 분당 최대 5개의 요청만을 허용하는 시스템이다. 카운터는 매분마다 초기화된다. 이 예를 보면 2:00:00와 2:01:00 사이에 다섯 개의 요청이 들어왔고, 2:01:00과 2:02:00 사이에 또 다섯 개의 요청이 들어왔다. 윈도 위치를 조금 옮겨 2:00:30부터 2:01:30까지의 1분 동안을 살펴보면, 이 1분 동안 시스템이 처리한 요청은 10개이다. 허용 한도의 2배인 것이다.

장점

- 메모리 효율이 좋다.
- 이해하기 쉽다.
- 윈도가 닫히는 시점에 카운터를 초기화하는 방식은 특정한 트래픽 패턴을 처리하기에 적합하다.

단점

- 윈도 경계 부근에서 일시적으로 많은 트래픽이 몰려드는 경우, 기대했던 시스템의 처리 한도보다 많은 양의 요청을 처리하게 된다.

이동 윈도 로깅 알고리즘

앞서 살펴본 대로, 고정 윈도 카운터 알고리즘에는 중대한 문제가 있다. 윈도 경계 부근에 트래픽이 집중되는 경우 시스템에 설정된 한도보다 많은 요청을 처리하게 된다는 것이다. 이동 윈도 로깅 알고리즘은 이 문제를 해결한다. 그 동작 원리는 다음과 같다.

- 이 알고리즘은 요청의 타임스탬프(timestamp)를 추적한다. 타임스탬프 데이터는 보통 레디스(Redis)의 정렬 집합(sorted set)[8] 같은 캐시에 보관한다.
- 새 요청이 오면 만료된 타임스탬프는 제거한다. 만료된 타임스탬프는 그 값이 현재 윈도의 시작 시점보다 오래된 타임스탬프를 말한다.
- 새 요청의 타임스탬프를 로그(log)에 추가한다.
- 로그의 크기가 허용치보다 같거나 작으면 요청을 시스템에 전달한다. 그렇지 않은 경우에는 처리를 거부한다.

이에 대한 구체적 사례를 그림 4-10에 보였다.

분당 2개 요청이 한도인 시스템

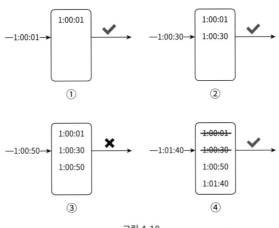

그림 4-10

이 예제의 처리율 제한기는 분당 최대 2회의 요청만을 처리하도록 설정되었다. 보통 로그에 보관되는 값은 리눅스 타임스탬프(Linux timestamp)일 것이지만, 본 예제에서는 이해를 돕기 위해 사람이 읽기 적합한 표현법으로 바꾸었다.

- 요청이 1:00:01에 도착하였을 때, 로그는 비어 있는 상태다. 따라서 요청은 허용된다.
- 새로운 요청이 1:00:30에 도착한다. 해당 타임스탬프가 로그에 추가된다. 추가 직후 로그의 크기는 2이며, 허용 한도보다 크지 않은 값이다. 따라서 요청은 시스템에 전달된다.
- 새로운 요청이 1:00:50에 도착한다. 해당 타임스탬프가 로그에 추가된다. 추가 직후 로그의 크기는 3으로, 허용 한도보다 큰 값이다. 따라서 타임스탬프는 로그에 남지만 요청은 거부된다.
- 새로운 요청이 1:01:40에 도착한다. [1:00:40, 1:01:40) 범위 안에 있는 요청은 1분 윈도 안에 있는 요청이지만, 1:00:40 이전의 타임스탬프는 전부 만료된 값이다. 따라서 두 개의 만료된 타임스탬프 1:00:01과 1:00:30을 로그에

서 삭제한다. 삭제 직후 로그의 크기는 2이다. 따라서 1:01:40의 신규 요청
은 시스템에 전달된다.

장점

- 이 알고리즘이 구현하는 처리율 제한 메커니즘은 아주 정교하다. 어느 순간
  의 윈도를 보더라도, 허용되는 요청의 개수는 시스템의 처리율 한도를 넘지
  않는다.

단점

- 이 알고리즘은 다량의 메모리를 사용하는데, 거부된 요청의 타임스탬프도
  보관하기 때문이다.

이동 윈도 카운터 알고리즘

이동 윈도 카운터(sliding window counter) 알고리즘은 고정 윈도 카운터 알고
리즘과 이동 윈도 로깅 알고리즘을 결합한 것이다. 이 알고리즘을 구현하는 데
는 두 가지 접근법이 사용될 수 있는데, 이번 절에서는 그중 하나만 설명하고
다른 하나에 대해서는 참고문헌을 언급하는 것으로 설명을 대신하겠다. 그림
4-11은 이 알고리즘의 동작 원리를 보여준다.

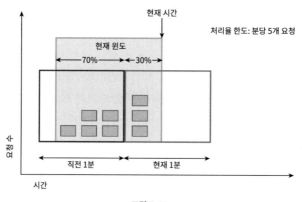

그림 4-11

처리율 제한 장치의 한도가 분당 7개 요청으로 설정되어 있다고 하고, 이전 1
분 동안 5개의 요청이, 그리고 현재 1분 동안 3개의 요청이 왔다고 해 보자. 현

재 1분의 30% 시점에 도착한 새 요청의 경우, 현재 윈도에 몇 개의 요청이 온 것으로 보고 처리해야 할까? 다음과 같이 계산한다.

- 현재 1분간의 요청 수 + 직전 1분간의 요청 수 × 이동 윈도와 직전 1분이 겹치는 비율
- 이 공식에 따르면 현재 윈도에 들어 있는 요청은 3 + 5 × 70% = 6.5개다. 반올림해서 쓸 수도 있고 내림하여 쓸 수도 있는데, 본 예제에서는 내림하여 쓰겠다. 따라서 그 값은 6이다.

본 예제의 경우 처리율 제한 한도가 분당 7개 요청이라고 했으므로, 현재 1분의 30% 시점에 도착한 신규 요청은 시스템으로 전달될 것이다. 하지만 그 직후에는 한도에 도달하였으므로 더 이상의 요청은 받을 수 없을 것이다.

지면 제약상 이동 윈도 카운터 알고리즘의 또 한 가지 구현법은 다루지 않는다. 관심 있는 독자는 [9]를 참고하기 바란다. 그리고 이 알고리즘 또한 완벽한 것은 아니고 장단점이 있다.

장점

- 이전 시간대의 평균 처리율에 따라 현재 윈도의 상태를 계산하므로 짧은 시간에 몰리는 트래픽에도 잘 대응한다.
- 메모리 효율이 좋다.

단점

- 직전 시간대에 도착한 요청이 균등하게 분포되어 있다고 가정한 상태에서 추정치를 계산하기 때문에 다소 느슨하다. 하지만 이 문제는 생각만큼 심각한 것은 아닌데, 클라우드플레어(Cloudflare)가 실시했던 실험에 따르면 40억 개의 요청 가운데 시스템의 실제 상태와 맞지 않게 허용되거나 버려진 요청은 0.003%에 불과하였다.[10]

개략적인 아키텍처

처리율 제한 알고리즘의 기본 아이디어는 단순하다. 얼마나 많은 요청이 접수되었는지를 추적할 수 있는 카운터를 추적 대상별로 두고(사용자별로 추적

할 것인가? 아니면 IP 주소별로? 아니면 API 엔드포인트나 서비스 단위로?), 이 카운터의 값이 어떤 한도를 넘어서면 한도를 넘어 도착한 요청은 거부하는 것이다.

그렇다면 이 카운터는 어디 보관할 것인가? 데이터베이스는 디스크 접근 때문에 느리니까 사용하면 안 될 것이다. 메모리상에서 동작하는 캐시가 바람직한데, 빠른데다 시간에 기반한 만료 정책을 지원하기 때문이다. 일례로 레디스(Redis)[11]는 처리율 제한 장치를 구현할 때 자주 사용되는 메모리 기반 저장장치로서, INCR과 EXPIRE의 두 가지 명령어를 지원한다.

- INCR: 메모리에 저장된 카운터의 값을 1만큼 증가시킨다.
- EXPIRE: 카운터에 타임아웃 값을 설정한다. 설정된 시간이 지나면 카운터는 자동으로 삭제된다.

그림 4-12는 처리율 제한 장치의 개략적 구조다.

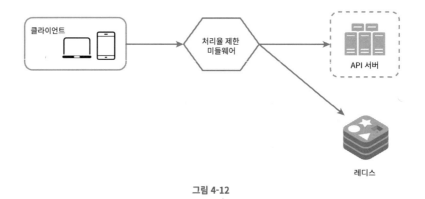

그림 4-12

동작 원리는 다음과 같다.

- 클라이언트가 처리율 제한 미들웨어(rate limiting middleware)에게 요청을 보낸다.
- 처리율 제한 미들웨어는 레디스의 지정 버킷에서 카운터를 가져와서 한도에 도달했는지 아닌지를 검사한다.
  - 한도에 도달했다면 요청은 거부된다.

　∘ 한도에 도달하지 않았다면 요청은 API 서버로 전달된다. 한편 미들웨어
　　는 카운터의 값을 증가시킨 후 다시 레디스에 저장한다.

3단계 상세 설계

그림 4-12의 개략적 설계를 봐서는 다음과 같은 사항은 알 수가 없다.

- 처리율 제한 규칙은 어떻게 만들어지고 어디에 저장되는가?
- 처리가 제한된 요청들은 어떻게 처리되는가?

이번 절에서는 우선 처리율 제한 규칙에 관한 질문부터 답한 후에 처리가 제한
된 요청의 처리 전략을 살펴보겠다. 그리고 마지막으로는 분산 환경에서의 처
리율 제한 기법에 대해서도 살펴보고, 구체적인 설계와 성능 최적화 방안, 모
니터링 방안까지 살펴볼 것이다.

처리율 제한 규칙

리프트(Lyft)는 처리율 제한에 오픈 소스를 사용하고 있다.[12] 이 컴포넌트를 들
여다보고, 어떤 처리율 제한 규칙이 사용되고 있는지 살펴보자.

```
domain: messaging
descriptors:
  - key: message_type
    Value: marketing
    rate_limit:
        unit: day
        requests_per_unit: 5
```

위의 예제는 시스템이 처리할 수 있는 마케팅 메시지의 최대치를 하루 5개로
제한하고 있다. 아래는 또 다른 규칙의 사례다.

```
domain: auth
descriptors:
  - key: auth_type
    Value: login
    rate_limit:
        unit: minute
        requests_per_unit: 5
```

이 규칙은 클라이언트가 분당 5회 이상 로그인 할 수 없도록 제한하고 있다. 이런 규칙들은 보통 설정 파일(configuration file) 형태로 디스크에 저장된다.

처리율 한도 초과 트래픽의 처리

어떤 요청이 한도 제한에 걸리면 API는 HTTP 429 응답(too many requests)을 클라이언트에게 보낸다. 경우에 따라서는 한도 제한에 걸린 메시지를 나중에 처리하기 위해 큐에 보관할 수도 있다. 예를 들어 어떤 주문이 시스템 과부하 때문에 한도 제한에 걸렸다고 해 보자. 해당 주문들은 보관했다가 나중에 처리할 수도 있을 것이다.

처리율 제한 장치가 사용하는 HTTP 헤더

클라이언트는 자기 요청이 처리율 제한에 걸리고 있는지를(throttle) 어떻게 감지할 수 있나? 자기 요청이 처리율 제한에 걸리기까지 얼마나 많은 요청을 보낼 수 있는지 어떻게 알 수 있나? 답은 HTTP 응답 헤더(response header)에 있다. 이번 장에서 설계하는 처리율 제한 장치는 다음의 HTTP 헤더를 클라이언트에게 보낸다.

- X-Ratelimit-Remaining: 윈도 내에 남은 처리 가능 요청의 수.
- X-Ratelimit-Limit: 매 윈도마다 클라이언트가 전송할 수 있는 요청의 수.
- X-Ratelimit-Retry-After: 한도 제한에 걸리지 않으려면 몇 초 뒤에 요청을 다시 보내야 하는지 알림.

사용자가 너무 많은 요청을 보내면 429 too many requests 오류를 X-Ratelimit-Retry-After 헤더와 함께 반환하도록 한다.

상세 설계

그림 4-13은 상세한 설계 도면이다.

- 처리율 제한 규칙은 디스크에 보관한다. 작업 프로세스(workers)는 수시로 규칙을 디스크에서 읽어 캐시에 저장한다.

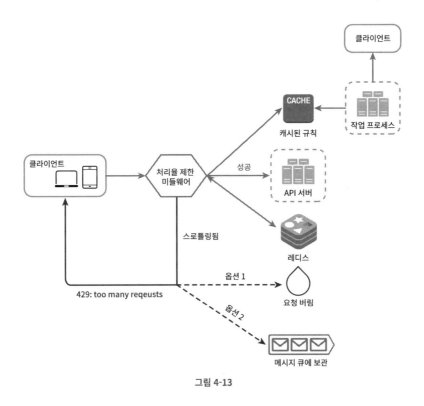

그림 4-13

- 클라이언트가 요청을 서버에 보내면 요청은 먼저 처리율 제한 미들웨어에 도달한다.
- 처리율 제한 미들웨어는 제한 규칙을 캐시에서 가져온다. 아울러 카운터 및 마지막 요청의 타임스탬프(timestamp)를 레디스 캐시에서 가져온다. 가져온 값들에 근거하여 해당 미들웨어는 다음과 같은 결정을 내린다.
  - 해당 요청이 처리율 제한에 걸리지 않은 경우에는 API 서버로 보낸다.
  - 해당 요청이 처리율 제한에 걸렸다면 429 too many requests 에러를 클라이언트에 보낸다. 한편 해당 요청은 그대로 버릴 수도 있고 메시지 큐에 보관할 수도 있다.

분산 환경에서의 처리율 제한 장치의 구현

단일 서버를 지원하는 처리율 제한 장치를 구현하는 것은 어렵지 않다. 하지만 여러 대의 서버와 병렬 스레드를 지원하도록 시스템을 확장하는 것은 또 다른 문제다. 다음 두 가지 어려운 문제를 풀어야 한다.

- 경쟁 조건(race condition)
- 동기화(synchronization)

경쟁 조건

앞서 살펴본 대로, 처리율 제한 장치는 대략 다음과 같이 동작한다.

- 레디스에서 카운터의 값을 읽는다(counter).
- counter+1의 값이 임계치를 넘는지 본다.
- 넘지 않는다면 레디스에 보관된 카운터 값을 1만큼 증가시킨다.

병행성이 심한 환경에서는 그림 4-14와 같은 경쟁 조건 이슈가 발생할 수 있다.

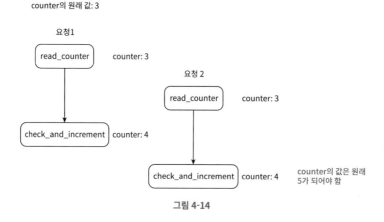

그림 4-14

레디스에 저장된 변수 counter의 값이 3이라고 하자. 그리고 두 개 요청을 처리하는 스레드(thread)가 각각 병렬로 counter 값을 읽었으며 그 둘 가운데 어느 쪽도 아직 변경된 값을 저장하지는 않은 상태라 해 보자. 둘 다 다른 요청의 처리 상태는 상관하지 않고 counter에 1을 더한 값을 레디스에 기록할 것이다. 그리고 counter의 값은 올바르게 변경되었다고 믿을 것이다. 하지만 사실 counter의 값은 5가 되어야 한다.

경쟁 조건 문제를 해결하는 가장 널리 알려진 해결책은 락(lock)이다. 하지만 락은 시스템의 성능을 상당히 떨어뜨린다는 문제가 있다. 위 설계의 경우에는 락 대신 쓸 수 있는 해결책이 두 가지 있는데, 하나는 루아 스크립트(Lua script)[13]이고 다른 하나는 정렬 집합(sorted set)이라 불리는 레디스 자료구조를 쓰는 것이다.[8] 이 두 전략에 대해 궁금한 독자는 [8] [13]을 참고하기 바란다.

동기화 이슈

동기화는 분산 환경에서 고려해야 할 또 다른 중요한 요소다. 수백만 사용자를 지원하려면 한 대의 처리율 제한 장치 서버로는 충분하지 않을 수 있다. 그래서 처리율 제한 장치 서버를 여러 대 두게 되면 동기화가 필요해진다. 예를 들어 그림 4-15의 왼쪽 그림의 경우 클라이언트 1은 제한 장치 1에 요청을 보내고 클라이언트 2는 제한 장치 2에 요청을 보내고 있다. 웹 계층은 무상태(stateless)이므로 클라이언트는 다음 요청을 그림 4-15의 오른쪽 그림처럼 각기 다른 제한 장치로 보내게 될 수 있다. 이때 동기화를 하지 않는다면 제한 장치 1은 클라이언트 2에 대해서는 아무것도 모르므로 처리율 제한을 올바르게 수행할 수 없을 것이다.

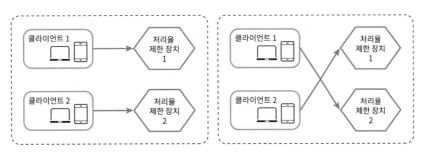

그림 4-15

이에 대한 한 가지 해결책은 고정 세션(sticky session)을 활용하여 같은 클라이언트로부터의 요청은 항상 같은 처리율 제한 장치로 보낼 수 있도록 하는 것이다. 하지만 이 방법은 추천하고 싶지 않은데, 규모면에서 확장 가능하지도 않고 유연하지도 않기 때문이다. 더 나은 해결책은 레디스와 같은 중앙 집중형 데이터 저장소를 쓰는 것이다. 이 접근법에 기반한 설계가 그림 4-16이다.

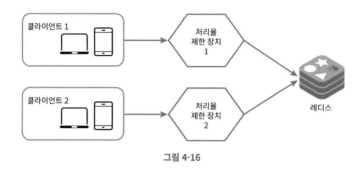

그림 4-16

성능 최적화

성능 최적화는 시스템 설계 면접의 단골 주제다. 지금까지 살펴본 설계는 두 가지 지점에서 개선이 가능하다.

우선, 여러 데이터센터를 지원하는 문제는 처리율 제한 장치에 매우 중요한 문제라는 것을 상기하자. 데이터센터에서 멀리 떨어진 사용자를 지원하려다 보면 지연시간(latency)이 증가할 수밖에 없기 때문이다. 대부분의 클라우드 서비스 사업자는 세계 곳곳에 에지 서버(edge server)를 심어놓고 있다. 예를 들어 2020년 5월 20일 현재 클라우드플레어(Cloudflare)는 지역적으로 분산된 194곳의 위치에 에지 서버를 설치해 두고 있다.[14] 사용자의 트래픽을 가장 가까운 에지 서버로 전달하여 지연시간을 줄인다.

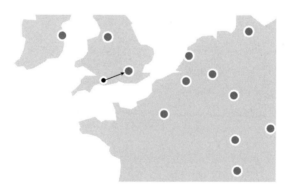

그림 4-17 (출처: [10])

두 번째로 고려해야 할 것은 제한 장치 간에 데이터를 동기화할 때 최종 일관성 모델(eventual consistency model)을 사용하는 것이다. 이 일관성 모델이 생소하다면, 6장 "키-값 저장소 설계"의 "데이터 일관성" 항목을 참고하도록 하자.

모니터링

처리율 제한 장치를 설치한 이후에는 효과적으로 동작하고 있는지 보기 위해 데이터를 모을 필요가 있다. 기본적으로 모니터링을 통해 확인하려는 것은 다음 두 가지다.

- 채택된 처리율 제한 알고리즘이 효과적이다.
- 정의한 처리율 제한 규칙이 효과적이다.

예를 들어 처리율 제한 규칙이 너무 빡빡하게 설정되었다면 많은 유효 요청이 처리되지 못하고 버려질 것이다. 그런 일이 벌어진다면 규칙을 다소 완화할 필요가 있다.

깜짝 세일 같은 이벤트 때문에 트래픽이 급증할 때 처리율 제한 장치가 비효율적으로 동작한다면, 그런 트래픽 패턴을 잘 처리할 수 있도록 알고리즘을 바꾸는 것을 생각해 봐야 한다. 그런 상황에는 토큰 버킷이 적합할 것이다.

4단계 마무리

이번 장에서는 처리율 제한을 구현하는 여러 알고리즘과, 그 장단점을 살펴보았다. 다뤘던 알고리즘은 다음과 같다.

- 토큰 버킷
- 누출 버킷
- 고정 윈도 카운터
- 이동 윈도 로그
- 이동 윈도 카운터

알고리즘 이외에도 해당 알고리즘을 구현하는 아키텍처, 분산환경에서의 처리율 제한 장치, 성능 최적화와 모니터링 등의 주제를 살펴보았다. 여느 시스템 설계 문제와 마찬가지로, 시간이 허락한다면 다음과 같은 부분을 언급해보면 도움이 될 것이다.

- 경성(hard) 또는 연성(soft) 처리율 제한
  - 경성 처리율 제한: 요청의 개수는 임계치를 절대 넘어설 수 없다.
  - 연성 처리율 제한: 요청 개수는 잠시 동안은 임계치를 넘어설 수 있다.

- 다양한 계층에서의 처리율 제한
  - 이번 장에서는 애플리케이션 계층(HTTP: OSI 네트워크 계층도 기준으로 7번 계층)에서의 처리율 제한에 대해서만 살펴보았다. 하지만 다른 계층에서도 처리율 제한이 가능하다. 예를 들어, Iptables를 사용하면 IP 주소(IP는 OSI 기준으로 3번 계층)에 처리율 제한을 적용하는 것이 가능하다.[15] 참고로 OSI는 Open Systems Interconnection model의 약어로, 총 7개의 계층으로 구성된다.[16] 1번 계층은 물리(physical) 계층, 2번 계층은 데이터 링크(data link) 계층, 3번은 네트워크 계층, 4번은 전송(transport) 계층, 5번은 세션(session) 계층, 6번은 표현(presentation) 계층, 그리고 7번은 애플리케이션 계층이다.

- 처리율 제한을 회피하는 방법. 클라이언트를 어떻게 설계하는 것이 최선인가?
  - 클라이언트 측 캐시를 사용하여 API 호출 횟수를 줄인다.
  - 처리율 제한의 임계치를 이해하고, 짧은 시간 동안 너무 많은 메시지를 보내지 않도록 한다.
  - 예외나 에러를 처리하는 코드를 도입하여 클라이언트가 예외적 상황으로부터 우아하게(gracefully) 복구될 수 있도록 한다.
  - 재시도(retry) 로직을 구현할 때는 충분한 백오프(back-off) 시간을 둔다.

4장까지 성공적으로 마친 여러분, 축하한다. 멋지게 마무리한 스스로를 마음껏 격려하도록 하자!

참고문헌

[1]   Rate-limiting strategies and techniques: *https://cloud.google.com/solu*

tions/rate-limiting-strategies-techniques

[2]   Twitter rate limits: *https://developer.twitter.com/en/docs/basics/rate-limits*

[3]   Google docs usage limits: *https://developers.google.com/docs/api/limits*

[4]   IBM microservices: *https://www.ibm.com/cloud/learn/microservices*

[5]   Throttle API requests for better throughput: *https://docs.aws.amazon.com/ apigateway/latest/developerguide/api-gateway-request-throttling.html*

[6]   Stripe rate limiters: *https://stripe.com/blog/rate-limiters*

[7]   Shopify REST Admin API rate limits: *https://help.shopify.com/en/api/ref erence/rest-admin-api-rate-limits*

[8]   Better Rate Limiting With Redis Sorted Sets: *https://engineering.classdojo. com/blog/2015/02/06/rolling-rate-limiter/*

[9]   System Design - Rate limiter and Data modelling: *https://medium. com/@saisandeepmopuri/system-design-rate-limiter-and-data-modelling-9304b0d18250*

[10]   How we built rate limiting capable of scaling to millions of domains: *https://blog.cloudflare.com/counting-things-a-lot-of-different-things/*

[11]   Redis website: *https://redis.io/*

[12]   Lyft rate limiting: *https://github.com/lyft/ratelimit*

[13]   Scaling your API with rate limiters: *https://stripe.com/blog/rate-limiters*

[14]   What is edge computing: *https://www.cloudflare.com/learning/serverless/ glossary/what-is-edge-computing*

[15]   Rate Limit Requests with Iptables: *https://blog.programster.org/rate-limit-requests-with-iptables*

[16]   OSI model: *https://en.wikipedia.org/wiki/OSI_model#Layer_architecture*

안정 해시 설계

수평적 규모 확장성을 달성하기 위해서는 요청 또는 데이터를 서버에 균등하게 나누는 것이 중요하다. 안정 해시는 이 목표를 달성하기 위해 보편적으로 사용하는 기술이다. 하지만 우선 이 해시 기술이 풀려고 하는 문제부터 좀 더 자세히 살펴보자.

해시 키 재배치(rehash) 문제

N개의 캐시 서버가 있다고 하자. 이 서버들에 부하를 균등하게 나누는 보편적 방법은 아래의 해시 함수를 사용하는 것이다.

serverIndex＝hash(key) % N (N은 서버의 개수이다)

예제를 통해 어떻게 동작하는지 알아보자. 총 4대의 서버를 사용한다고 하자. 다음 쪽 표 5-1은 주어진 각각의 키에 대해서 해시 값과 서버 인덱스를 계산한 예제다.

키	해시	해시 % 4 (서버 인덱스)
key0	18358617	1
key1	26143584	0
key2	18131146	2
key3	35863496	0
key4	34085809	1
key5	27581703	3
key6	38164978	2
key7	22530351	3

표 5-1

특정한 키가 보관된 서버를 알아내기 위해, 나머지(modular) 연산을 f(key) %
4와 같이 적용하였다. 예를 들어 hash(key0) % 4＝1이면, 클라이언트는 캐시
에 보관된 데이터를 가져오기 위해 서버 1에 접속하여야 한다. 그림 5-1은 본
예제에서 키 값이 서버에 어떻게 분산되는지 보여준다.

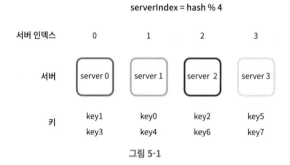

그림 5-1

이 방법은 서버 풀(server pool)의 크기가 고정되어 있을 때, 그리고 데이터 분
포가 균등할 때는 잘 동작한다. 하지만 서버가 추가되거나 기존 서버가 삭제되
면 문제가 생긴다. 예를 들어 1번 서버가 장애를 일으켜 동작을 중단했다고 하
자. 그러면 서버 풀의 크기는 3으로 변한다. 그 결과로, 키에 대한 해시 값은 변
하지 않지만 나머지(%) 연산을 적용하여 계산한 서버 인덱스 값은 달라질 것이
다. 서버 수가 1만큼 줄어들어서다. 따라서 표 5-2와 같은 결과를 얻는다. 해시
% 3의 결과 값이다.

키	해시	해시 % 3 (서버 인덱스)
key0	18358617	0
key1	26143584	0
key2	18131146	1
key3	35863496	2
key4	34085809	1
key5	27581703	0
key6	38164978	1
key7	22530351	0

표 5-2

그림 5-2는 변화된 키 분포(distribution)를 보여준다.

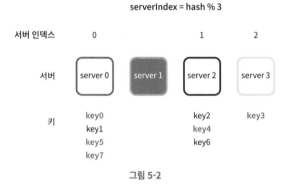

그림 5-2

그림 5-2에 보인 대로, 장애가 발생한 1번 서버에 보관되어 있는 키 뿐만 아닌 대부분의 키가 재분배되었다. 1번 서버가 죽으면 대부분 캐시 클라이언트가 데이터가 없는 엉뚱한 서버에 접속하게 된다는 뜻이다. 그 결과로 대규모 캐시 미스(cache miss)가 발생하게 될 것이다. 안정 해시는 이 문제를 효과적으로 해결하는 기술이다.

안정 해시

위키피디아에 따르면 "안정 해시(consistent hash)는 해시 테이블 크기가 조정될 때 평균적으로 오직 k/n개의 키만 재배치하는 해시 기술이다. 여기서 k는 키의 개수이고, n은 슬롯(slot)의 개수다. 이와는 달리 대부분의 전통적 해시 테이블은 슬롯의 수가 바뀌면 거의 대부분 키를 재배치한다."[1]

해시 공간과 해시 링

이제 안정 해시의 정의는 이해했으니, 그 동작 원리를 살펴보자. 해시 함수 f로 는 SHA-1을 사용한다고 하고, 그 함수의 출력 값 범위는 x0, x1, x2, x3, ⋯ xn 과 같다고 하자. SHA-1의 해시 공간(hash space) 범위는 0부터 $2^{160}-1$까지라 고 알려져 있다. 따라서 x0는 0, xn은 $2^{160}-1$이며, 나머지 x1부터 xn-1까지는 그 사이의 값을 갖게 될 것이다. 그림 5-3은 이 해시 공간을 그림으로 표현한 것이다.

그림 5-3

이 해시 공간의 양쪽을 구부려 접으면 그림 5-4와 같은 해시 링(hash ring)이 만 들어진다.

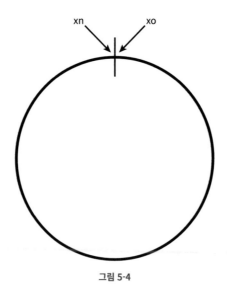

그림 5-4

해시 서버

이 해시 함수 f를 사용하면 서버 IP나 이름을 이 링 위의 어떤 위치에 대응시킬 수 있다. 그림 5-5는 4개의 서버를 이 해시 링 위에 배치한 결과다.

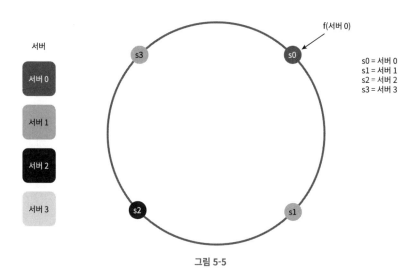

그림 5-5

해시 키

여기 사용된 해시 함수는 "해시 키 재배치 문제"에 언급된 함수와는 다르며, 나머지(modular) 연산 %는 사용하지 않고 있음에 유의하자. 그림 5-6와 같이, 캐시할 키 key0, key1, key2, key3 또한 해시 링 위의 어느 지점에 배치할 수 있다.

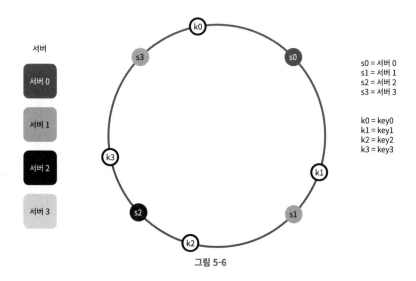

그림 5-6

서버 조회

어떤 키가 저장되는 서버는, 해당 키의 위치로부터 시계 방향으로 링을 탐색해 나가면서 만나는 첫 번째 서버다. 그림 5-7이 이 과정을 보여준다. 따라서 key0은 서버 0에 저장되고, key1은 서버 1에 저장되며, key2는 서버 2, key3은 서버 3에 저장된다.

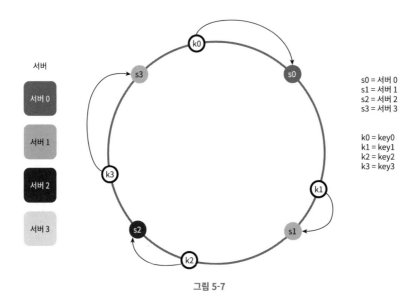

그림 5-7

서버 추가

방금 설명한 내용에 따르면, 서버를 추가하더라도 키 가운데 일부만 재배치하면 된다.

그림 5-8을 보면 새로운 서버 4가 추가된 뒤에 key0만 재배치됨을 알 수 있다. k1, k2, k3은 같은 서버에 남는다. 왜 그런지 자세히 살펴보자. 서버 4가 추가되기 전, key0은 서버 0에 저장되어 있었다. 하지만 서버 4가 추가된 뒤에 key0은 서버 4에 저장될 것인데 왜냐하면 key0의 위치에서 시계 방향으로 순회했을 때 처음으로 만나게 되는 서버가 서버 4이기 때문이다. 다른 키들은 재배치되지 않는다.

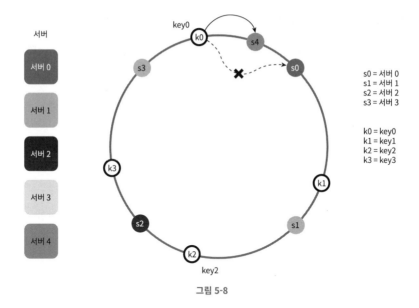

s0 = 서버 0
s1 = 서버 1
s2 = 서버 2
s3 = 서버 3

k0 = key0
k1 = key1
k2 = key2
k3 = key3

그림 5-8

서버 제거

하나의 서버가 제거되면 키 가운데 일부만 재배치된다. 그림 5-9를 보면 서버 1
이 삭제되었을 때 key1만이 서버 2로 재배치됨을 알 수 있다. 나머지 키에는 영
향이 없다.

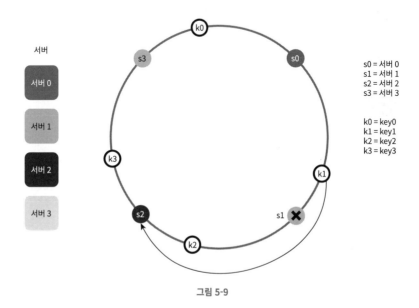

s0 = 서버 0
s1 = 서버 1
s2 = 서버 2
s3 = 서버 3

k0 = key0
k1 = key1
k2 = key2
k3 = key3

그림 5-9

기본 구현법의 두 가지 문제

안정 해시 알고리즘은 MIT[1]에서 처음 제안되었다. 그 기본 절차는 다음과 같다.

- 서버와 키를 균등 분포(uniform distribution) 해시 함수를 사용해 해시 링에 배치한다.
- 키의 위치에서 링을 시계 방향으로 탐색하다 만나는 최초의 서버가 키가 저장될 서버다.

이 접근법에는 두 가지 문제가 있다. 서버가 추가되거나 삭제되는 상황을 감안하면 파티션(partition)의 크기를 균등하게 유지하는 게 불가능하다는 것이 첫 번째 문제다. 여기서 파티션은 인접한 서버 사이의 해시 공간이다. 어떤 서버는 굉장히 작은 해시 공간을 할당 받고, 어떤 서버는 굉장히 큰 해시 공간을 할당 받는 상황이 가능하다는 것이다. 그림 5-10은 s1이 삭제되는 바람에 s2의 파티션이 다른 파티션 대비 거의 두 배로 커지는 상황을 보여준다.

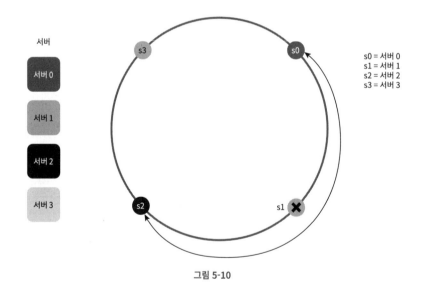

그림 5-10

두 번째 문제는 키의 균등 분포(uniform distribution)를 달성하기가 어렵다는 것이다. 예를 들어 서버가 그림 5-11과 같이 배치되어 있다고 해 보자. 서버 1

과 서버 3은 아무 데이터도 갖지 않는 반면, 대부분의 키는 서버 2에 보관될 것이다.

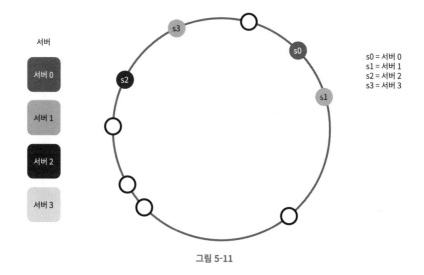

서버

서버 0

서버 1

서버 2

서버 3

s0 = 서버 0
s1 = 서버 1
s2 = 서버 2
s3 = 서버 3

그림 5-11

이 문제를 해결하기 위해 제안된 기법이 가상 노드(virtual node) 또는 복제(replica)라 불리는 기법이다.

가상 노드

가상 노드(virtual node)는 실제 노드 또는 서버를 가리키는 노드로서, 하나의 서버는 링 위에 여러 개의 가상 노드를 가질 수 있다. 그림 5-12를 보면 서버 0 과 서버 1은 3개의 가상 노드를 갖는다. 여기서 숫자 3은 임의로 정한 것이며, 실제 시스템에서는 그보다 훨씬 큰 값이 사용된다. 서버 0을 링에 배치하기 위해 s0 하나만 쓰는 대신, s0_0, s0_1, s0_2의 세 개 가상 노드를 사용하였다. 마찬가지로 서버 1을 링에 배치할 때는 s1_0, s1_1, s1_2의 세 개 가상 노드를 사용했다. 따라서 각 서버는 하나가 아닌 여러 개 파티션을 관리해야 한다. 그림 5-12에서 s0으로 표시된 파티션은 서버 0이 관리하는 파티션이고, s1로 표시된 파티션은 서버 1이 관리하는 파티션이다.

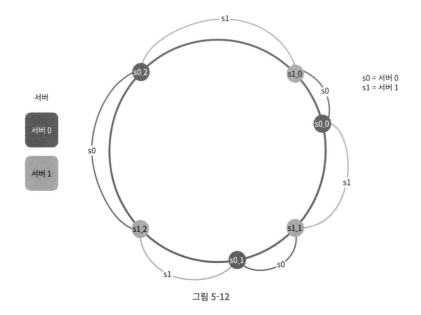

그림 5-12

키의 위치로부터 시계방향으로 링을 탐색하다 만나는 최초의 가상 노드가 해당 키가 저장될 서버가 된다. 그림 5-13은 그에 해당하는 예제다. k0가 저장되는 서버는 k0의 위치로부터 링을 시계방향으로 탐색하다 만나는 최초의 가상노드 s1_1가 나타내는 서버, 즉 서버 1이다.

그림 5-13

가상 노드의 개수를 늘리면 키의 분포는 점점 더 균등해진다. 표준 편차(standard deviation)가 작아져서 데이터가 고르게 분포되기 때문이다. 표준 편차는 데이터가 어떻게 퍼져 나갔는지를 보이는 척도다. [2]에 따르면 100~200개의 가상 노드를 사용했을 경우 표준 편차 값은 평균의 5%(가상 노드가 200개인 경우)에서 10%(가상 노드가 100개인 경우) 사이다. 가상 노드의 개수를 더 늘리면 표준 편차의 값은 더 떨어진다. 그러나 가상 노드 데이터를 저장할 공간은 더 많이 필요하게 될 것이다. 타협적 결정(tradeoff)이 필요하다는 뜻이다. 그러니 시스템 요구사항에 맞도록 가상 노드 개수를 적절히 조정해야 할 것이다.

재배치할 키 결정

서버가 추가되거나 제거되면 데이터 일부는 재배치해야 한다. 어느 범위의 키들이 재배치되어야 할까?

그림 5-14처럼 서버 4가 추가되었다고 해 보자. 이에 영향 받은 범위는 s4(새로 추가된 노드)부터 그 반시계 방향에 있는 첫 번째 서버 s3까지이다. 즉 s3부터 s4 사이에 있는 키들을 s4로 재배치하여야 한다.

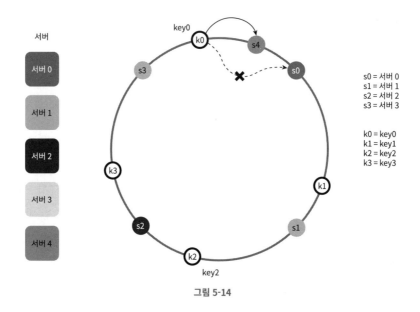

그림 5-14

서버 s1이 5-15와 같이 삭제되면 s1부터(삭제된 노드) 그 반시계 방향에 있는
최초 서버 s0 사이에 있는 키들이 s2로 재배치되어야 한다.

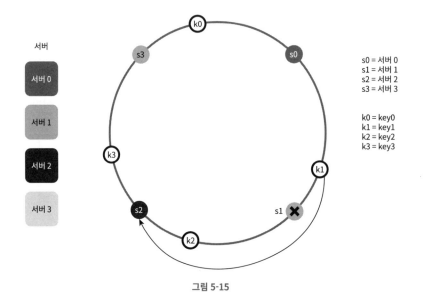

서버

서버 0

서버 1

서버 2

서버 3

s0 = 서버 0
s1 = 서버 1
s2 = 서버 2
s3 = 서버 3

k0 = key0
k1 = key1
k2 = key2
k3 = key3

그림 5-15

마치며

이번 장에서는 안정 해시가 왜 필요하며 어떻게 동작하는지를 자세히 살펴보
았다. 안정 해시의 이점은 다음과 같다.

- 서버가 추가되거나 삭제될 때 재배치되는 키의 수가 최소화된다.
- 데이터가 보다 균등하게 분포하게 되므로 수평적 규모 확장성을 달성하기
  쉽다.
- 핫스팟(hotspot) 키 문제를 줄인다. 특정한 샤드(shard)에 대한 접근이 지나
  치게 빈번하면 서버 과부하 문제가 생길 수 있다. 케이티 페리, 저스틴 비버,
  레이디 가가 같은 유명인의 데이터가 전부 같은 샤드에 몰리는 상황을 생각
  해보면 이해가 쉬울 것이다. 안정 해시는 데이터를 좀 더 균등하게 분배하
  므로 이런 문제가 생길 가능성을 줄인다.

안정 해시는 실제로 널리 쓰이는 기술이다. 그중 유명한 것 몇 가지를 예로 들

면 다음과 같다.

- 아마존 다이나모 데이터베이스(DynamoDB)의 파티셔닝 관련 컴포넌트[3]
- 아파치 카산드라(Apache Cassandra) 클러스터에서의 데이터 파티셔닝[4]
- 디스코드(Discord) 채팅 어플리케이션[5]
- 아카마이(Akamai) CDN[6]
- 매그레프(Meglev) 네트워크 부하 분산기[7]

5장까지 성공적으로 마친 여러분, 축하한다. 멋지게 마무리한 스스로를 마음껏 격려하도록 하자!

참고문헌

[1] Consistent hashing: *https://en.wikipedia.org/wiki/Consistent_hashing*

[2] Consistent Hashing: *https://tom-e-white.com/2007/11/consistent-hashing.html*

[3] Dynamo: Amazon's Highly Available Key-value Store: *https://dl.acm.org/doi/10.1145/1294261.1294281*

[4] Cassandra - A Decentralized Structured Storage System: *http://www.cs.cornell.edu/Projects/ladis2009/papers/Lakshman-ladis2009.PDF*

[5] How Discord Scaled Elixir to 5,000,000 Concurrent Users: *https://blog.discord.com/scaling-elixir-f9b8e1e7c29b*

[6] CS168: The Modern Algorithmic Toolbox Lecture #1: Introduction and Consistent Hashing: *http://theory.stanford.edu/~tim/s16/l/l1.pdf*

[7] Maglev: A Fast and Reliable Software Network Load Balancer: *https://static.googleusercontent.com/media/research.google.com/en//pubs/archive/44824.pdf*

6장

키-값 저장소 설계

키-값 저장소(key-value store)는 키-값 데이터베이스라고도 불리는 비 관계형 (non-relational) 데이터베이스이다. 이 저장소에 저장되는 값은 고유 식별자 (identifier)를 키로 가져야 한다. 키와 값 사이의 이런 연결 관계를 "키-값" 쌍 (pair)이라고 지칭한다.

키-값 쌍에서의 키는 유일해야 하며 해당 키에 매달린 값은 키를 통해서만 접근할 수 있다. 키는 일반 텍스트일 수도 있고 해시 값일 수도 있다. 성능상의 이유로, 키는 짧을수록 좋다. 아래는 키의 몇 가지 사례다.

- 일반 텍스트 키: "last_logged_in_at"
- 해키 키: 253DDEC4

키-값 쌍에서의 값은 문자열일 수도 있고 리스트(list)일 수도 있고 객체(object) 일 수도 있다. 키-값 저장소는 보통 값으로 무엇이 오든 상관하지 않는다. 키-값 저장소로 널리 알려진 것으로는 아마존 다이나모[1], memcached[2], 레디스[3] 같은 것들이 있다.

다음 쪽 표 6-1은 키 값 저장소에 보관된 데이터의 사례다.

키	값
145	john
147	bob
160	julia

표 6-1

이번 장에서 여러분은 다음 연산을 지원하는 키-값 저장소를 설계해 볼 것이다.

- put(key, value): 키-값 쌍을 저장소에 저장한다.
- get(key): 인자로 주어진 키에 매달린 값을 꺼낸다.

문제 이해 및 설계 범위 확정

완벽한 설계란 없다. 읽기, 쓰기 그리고 메모리 사용량 사이에 어떤 균형을 찾고, 데이터의 일관성과 가용성 사이에서 타협적 결정을 내린 설계를 만들었다면 쓸만한 답안일 것이다. 이번 장에서는 다음 특성을 갖는 키-값 저장소를 설계해 볼 것이다.

- 키-값 쌍의 크기는 10KB 이하이다.
- 큰 데이터를 저장할 수 있어야 한다.
- 높은 가용성을 제공해야 한다. 따라서 시스템은 설사 장애가 있더라도 빨리 응답해야 한다.
- 높은 규모 확장성을 제공해야 한다. 따라서 트래픽 양에 따라 자동적으로 서버 증설/삭제가 이루어져야 한다.
- 데이터 일관성 수준은 조정이 가능해야 한다.
- 응답 지연시간(latency)이 짧아야 한다.

단일 서버 키-값 저장소

한 대 서버만 사용하는 키-값 저장소를 설계하는 것은 쉽다. 가장 직관적인 방법은 키-값 쌍 전부를 메모리에 해시 테이블로 저장하는 것이다. 그러나 이 접근법은 빠른 속도를 보장하긴 하지만 모든 데이터를 메모리 안에 두는 것이 불가능할 수도 있다는 약점을 갖고 있다. 이 문제를 해결하기 위한 개선책으로는 다음과 같은 것이 있다.

- 데이터 압축(compression)
- 자주 쓰이는 데이터만 메모리에 두고 나머지는 디스크에 저장

그러나 이렇게 개선한다고 해도, 한 대 서버로 부족한 때가 곧 찾아온다. 많은 데이터를 저장하려면 분산 키-값 저장소(distributed key-value store)를 만들 필요가 있다.

분산 키-값 저장소

분산 키-값 저장소는 분산 해시 테이블이라고도 불린다. 키-값 쌍을 여러 서버에 분산시키는 탓이다. 분산 시스템을 설계할 때는 CAP 정리(Consistency, Availability, Partition Tolerance theorem)를 이해하고 있어야 한다.

CAP 정리

CAP 정리는 데이터 일관성(consistency), 가용성(availability), 파티션 감내 (partition tolerance)라는 세 가지 요구사항을 동시에 만족하는 분산 시스템을 설계하는 것은 불가능하다는 정리다. 우선 각 요구사항의 의미부터 명확히 정리하고 넘어가자.

- 데이터 일관성: 분산 시스템에 접속하는 모든 클라이언트는 어떤 노드에 접속했느냐에 관계없이 언제나 같은 데이터를 보게 되어야 한다.
- 가용성: 분산 시스템에 접속하는 클라이언트는 일부 노드에 장애가 발생하더라도 항상 응답을 받을 수 있어야 한다.
- 파티션 감내: 파티션은 두 노드 사이에 통신 장애가 발생하였음을 의미한다. 파티션 감내는 네트워크에 파티션이 생기더라도 시스템은 계속 동작하여야 한다는 것을 뜻한다.

CAP 정리는 그림 6-1에서와 같이 이들 가운데 어떤 두 가지를 충족하려면 나머지 하나는 반드시 희생되어야 한다는 것을 의미한다.

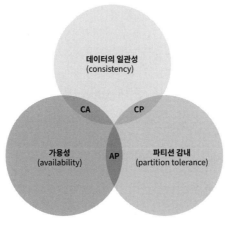

그림 6-1

키-값 저장소는 앞서 제시한 세 가지 요구사항 가운데 어느 두 가지를 만족하느냐에 따라 다음과 같이 분류할 수 있다.

- CP 시스템: 일관성과 파티션 감내를 지원하는 키-값 저장소. 가용성을 희생한다.
- AP 시스템: 가용성과 파티션 감내를 지원하는 키-값 저장소. 데이터 일관성을 희생한다.
- CA 시스템: 일관성과 가용성을 지원하는 키-값 저장소. 파티션 감내는 지원하지 않는다. 그러나 통상 네트워크 장애는 피할 수 없는 일로 여겨지므로, 분산 시스템은 반드시 파티션 문제를 감내할 수 있도록 설계되어야 한다. 그러므로 실세계에 CA 시스템은 존재하지 않는다.

위의 정의만으로는 이해하기 어려우니 몇 가지 구체적인 사례를 살펴보자. 분산 시스템에서 데이터는 보통 여러 노드에 복제되어 보관된다. 세 대의 복제(replica) 노드 n1, n2, n3에 데이터를 복제하여 보관하는 상황을 그림 6-2와 같이 가정해 보자.

이상적 상태

이상적 환경이라면 네트워크가 파티션되는 상황은 절대로 일어나지 않을 것이다. n1에 기록된 데이터는 자동적으로 n2와 n3에 복제된다. 데이터 일관성과 가용성도 만족된다.

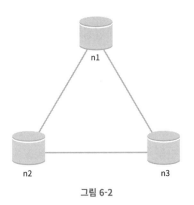

그림 6-2

실세계의 분산 시스템

분산 시스템은 파티션 문제를 피할 수 없다. 그리고 파티션 문제가 발생하면 우리는 일관성과 가용성 사이에서 하나를 선택해야 한다. 그림 6-3은 n3에 장애가 발생하여 n1 및 n2와 통신할 수 없는 상황을 보여주고 있다. 클라이언트가 n1 또는 n2에 기록한 데이터는 n3에 전달되지 않는다. n3에 기록되었으나 아직 n1 및 n2로 전달되지 않은 데이터가 있다면 n1과 n2는 오래된 사본을 갖고 있을 것이다.

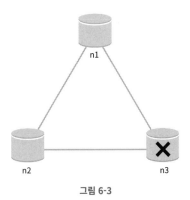

그림 6-3

가용성 대신 일관성을 선택한다면(CP 시스템) 세 서버 사이에 생길 수 있는 데이터 불일치 문제를 피하기 위해 n1과 n2에 대해 쓰기 연산을 중단시켜야 하는데, 그렇게 하면 가용성이 깨진다. 은행권 시스템은 보통 데이터 일관성을 양보하지 않는다. 예를 들어, 온라인 뱅킹 시스템이 계좌 최신 정보를 출력하지 못한다면 큰 문제일 것이다. 네트워크 파티션 때문에 일관성이 깨질 수 있는 상황이 발생하면 이런 시스템은 상황이 해결될 때까지는 오류를 반환해야 한다.

하지만 일관성 대신 가용성을 선택한 시스템(AP 시스템)은 설사 낡은 데이터를 반환할 위험이 있더라도 계속 읽기 연산을 허용해야 한다. 아울러 n1과 n2는 계속 쓰기 연산을 허용할 것이고, 파티션 문제가 해결된 뒤에 새 데이터를 n3에 전송할 것이다.

분산 키-값 저장소를 만들 때는 그 요구사항에 맞도록 CAP 정리를 적용해야 한다. 이 문제에 대해 면접관과 상의하고, 그 결론에 따라 시스템을 설계하도록 하자.

시스템 컴포넌트

이번 절에서는 키-값 저장소 구현에 사용될 핵심 컴포넌트들 및 기술들을 살펴볼 것이다.

- 데이터 파티션
- 데이터 다중화(replication)
- 일관성(consistency)
- 일관성 불일치 해소(inconsistency resolution)
- 장애 처리
- 시스템 아키텍처 다이어그램
- 쓰기 경로(write path)
- 읽기 경로(read path)

이번 절에 다루는 내용은 널리 사용되고 있는 세 가지 키-값 저장소, 즉 다이나모(Dynamo)[4], 카산드라(Cassandra)[5], 빅테이블(BigTable)[6]의 사례를 참고한 것이다.

데이터 파티션

대규모 애플리케이션의 경우 전체 데이터를 한 대 서버에 욱여넣는 것은 불가능하다. 가장 단순한 해결책은 데이터를 작은 파티션들로 분할한 다음 여러 대 서버에 저장하는 것이다. 데이터를 파티션 단위로 나눌 때는 다음 두 가지 문제를 중요하게 따져봐야 한다.

• 데이터를 여러 서버에 고르게 분산할 수 있는가
• 노드가 추가되거나 삭제될 때 데이터의 이동을 최소화할 수 있는가

5장에서 다룬 안정 해시(consistent hash)는 이런 문제를 푸는 데 적합한 기술이다. 안정 해시의 동작 원리를 간략하게 다시 살펴보자.

• 우선 서버를 해시 링(hash ring)에 배치한다. 그림 6-4의 해시 링에는 s0, s1, ... , s7의 여덟 개 서버가 배치되어 있다.
• 어떤 키-값 쌍을 어떤 서버에 저장할지 결정하려면 우선 해당 키를 같은 링 위에 배치한다. 그 지점으로부터 링을 시계 방향으로 순회하다 만나는 첫 번째 서버가 바로 해당 키-값 쌍을 저장할 서버다. 따라서 key0은 s1에 저장된다.

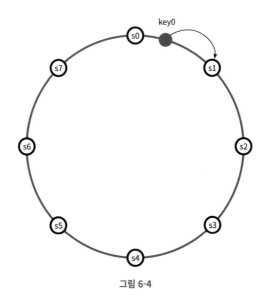

그림 6-4

안정 해시를 사용하여 데이터를 파티션하면 좋은 점은 다음과 같다.

- 규모 확장 자동화(automatic scaling): 시스템 부하에 따라 서버가 자동으로 추가되거나 삭제되도록 만들 수 있다.
- 다양성(heterogeneity): 각 서버의 용량에 맞게 가상 노드(virtual node, 상세한 내용은 5장 참조)의 수를 조정할 수 있다. 다시 말해, 고성능 서버는 더 많은 가상 노드를 갖도록 설정할 수 있다.

데이터 다중화

높은 가용성과 안정성을 확보하기 위해서는 데이터를 N개 서버에 비동기적으로 다중화(replication)할 필요가 있다. 여기서 N은 튜닝 가능한 값이다. N개 서버를 선정하는 방법은 이러하다. 어떤 키를 해시 링 위에 배치한 후, 그 지점으로부터 시계 방향으로 링을 순회하면서 만나는 첫 N개 서버에 데이터 사본을 보관하는 것이다. 따라서 N=3으로 설정한 그림 6-5의 예제에서 key0은 s1, s2, s3에 저장된다.

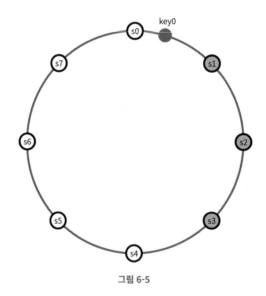

그림 6-5

그런데 가상 노드를 사용한다면 위와 같이 선택한 N개의 노드가 대응될 실제 물리 서버의 개수가 N보다 작아질 수 있다. 이 문제를 피하려면 노드를 선택할 때 같은 물리 서버를 중복 선택하지 않도록 해야 한다.

같은 데이터 센터에 속한 노드는 정전, 네트워크 이슈, 자연재해 등의 문제를 동시에 겪을 가능성이 있다. 따라서 안정성을 담보하기 위해 데이터의 사본은 다른 센터의 서버에 보관하고, 센터들은 고속 네트워크로 연결한다.

데이터 일관성

여러 노드에 다중화된 데이터는 적절히 동기화가 되어야 한다. 정족수 합의 (Quorum Consensus) 프로토콜을 사용하면 읽기/쓰기 연산 모두에 일관성을 보장할 수 있다. 우선 관계된 정의부터 몇 가지 살펴보자.

- N=사본 개수.
- W=쓰기 연산에 대한 정족수. 쓰기 연산이 성공한 것으로 간주되려면 적어 도 W개의 서버로부터 쓰기 연산이 성공했다는 응답을 받아야 한다.
- R=읽기 연산에 대한 정족수. 읽기 연산이 성공한 것으로 간주되려면 적어 도 R개의 서버로부터 응답을 받아야 한다.

N=3인 경우에 대한 그림 6-6의 예제를 살펴보자.

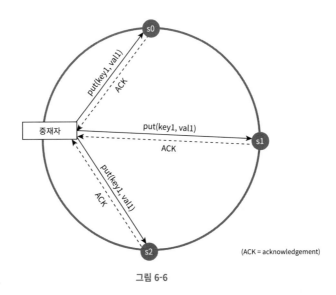

(ACK = acknowledgement)

그림 6-6

W=1은 데이터가 한 대 서버에만 기록된다는 뜻이 아니다. 그림 6-6과 같이 데이터가 s0, s1, s2에 다중화되는 상황을 예로 들어 살펴보자. W=1의 의미는, 쓰기 연산이 성공했다고 판단하기 위해 중재자(coordinator)는 최소 한 대 서버로부터 쓰기 성공 응답을 받아야 한다는 뜻이다. 따라서 s1으로부터 성공 응답을 받았다면 s0, s2로부터의 응답은 기다릴 필요가 없다. 중재자는 클라이언트와 노드 사이에서 프락시(proxy) 역할을 한다.

W, R, N의 값을 정하는 것은 응답 지연과 데이터 일관성 사이의 타협점을 찾는 전형적인 과정이다. W=1 또는 R=1인 구성의 경우 중재자는 한 대 서버로부터의 응답만 받으면 되니 응답속도는 빠를 것이다. W나 R의 값이 1보다 큰 경우에는 시스템이 보여주는 데이터 일관성의 수준은 향상될 테지만 중재자의 응답 속도는 가장 느린 서버로부터의 응답을 기다려야 하므로 느려질 것이다.

W+R>N인 경우에는 강한 일관성(strong consistency, 이에 대해서는 잠시 후에 설명한다)이 보장된다. 일관성을 보증할 최신 데이터를 가진 노드가 최소 하나는 겹칠 것이기 때문이다.

그렇다면 면접 시에는 N, W, R 값을 어떻게 정해야 할까? 다음에 가능한 몇 가지 구성을 제시하였다.

- R=1, W=N: 빠른 읽기 연산에 최적화된 시스템
- W=1, R=N: 빠른 쓰기 연산에 최적화된 시스템
- W+R>N: 강한 일관성이 보장됨 (보통 N=3, W=R=2)
- W+R≤N: 강한 일관성이 보장되지 않음

요구되는 일관성 수준에 따라 W, R, N의 값을 조정하면 된다.

일관성 모델

일관성 모델(consistency model)은 키-값 저장소를 설계할 때 고려해야 할 또 하나의 중요한 요소다. 일관성 모델은 데이터 일관성의 수준을 결정하는데, 종류가 다양하다.

- 강한 일관성(strong consistency): 모든 읽기 연산은 가장 최근에 갱신된 결

과를 반환한다. 다시 말해서 클라이언트는 절대로 낡은(out-of-date) 데이터를 보지 못한다.

- 약한 일관성(weak consistency): 읽기 연산은 가장 최근에 갱신된 결과를 반환하지 못할 수 있다.
- 결과적 일관성(eventual consistency): 약한 일관성의 한 형태로, 갱신 결과가 결국에는 모든 사본에 반영(즉, 동기화)되는 모델이다.

강한 일관성을 달성하는 일반적인 방법은, 모든 사본에 현재 쓰기 연산의 결과가 반영될 때까지 해당 데이터에 대한 읽기/쓰기를 금지하는 것이다. 이 방법은 고가용성 시스템에는 적합하지 않다. 새로운 요청의 처리가 중단되기 때문이다. 다이나모 또는 카산드라 같은 저장소는 결과적 일관성 모델을 택하고 있는데, 이번 장에서도 그 모델에 맞게 키-값 저장소를 설계할 것이다. 결과적 일관성 모델을 따를 경우 쓰기 연산이 병렬적으로 발생하면 시스템에 저장된 값의 일관성이 깨어질 수 있는데, 이 문제는 클라이언트가 해결해야 한다. 클라이언트 측에서 데이터의 버전 정보를 활용해 일관성이 깨진 데이터를 읽지 않도록 하는 기법에 대해서는 아래에서 살펴볼 것이다.

비 일관성 해소 기법: 데이터 버저닝

데이터를 다중화하면 가용성은 높아지지만 사본 간 일관성이 깨질 가능성은 높아진다. 버저닝(versioning)과 벡터 시계(vector clock)는 그 문제를 해소하기 위해 등장한 기술이다. 버저닝은 데이터를 변경할 때마다 해당 데이터의 새로운 버전을 만드는 것을 의미한다. 따라서 각 버전의 데이터는 변경 불가능(immutable)하다.

버저닝에 대해 알아보기 전에 우선 데이터 일관성이 어떻게 깨지는지 예제를 통해 알아보자. 그림 6-7과 같이 어떤 데이터의 사본이 노드 n1과 n2에 보관되어 있다고 하자. 이 데이터를 가져오려는 서버 1과 서버 2는 get("name") 연산의 결과로 같은 값을 얻는다.

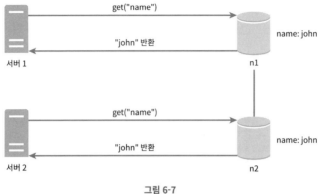

그림 6-7

이제 그림 6-8과 같이 서버 1은 "name"에 매달린 값을 "johnSanFrancisco"로 바꾸고, 서버 2는 "johnNewYork"으로 바꾼다고 하자. 그리고 이 두 연산은 동시에 이뤄진다고 하자. 이제 우리는 충돌(conflict)하는 두 값을 갖게 되었다. 그 각각을 버전 v1, v2라고 하자.

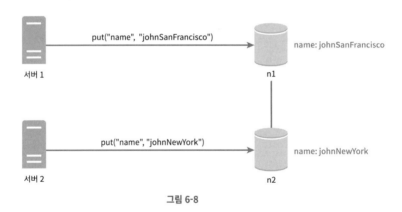

그림 6-8

이 변경이 이루어진 이후에, 원래 값은 무시할 수 있다. 변경이 끝난 옛날 값이어서다. 하지만 마지막 두 버전 v1과 v2 사이의 충돌은 해소하기 어려워 보인다. 이 문제를 해결하려면, 충돌을 발견하고 자동으로 해결해 낼 버저닝 시스템이 필요하다. 벡터 시계(vector clock)는 이런 문제를 푸는데 보편적으로 사용되는 기술이다. 지금부터 그 동작 원리를 살펴보자.

벡터 시계는 [서버, 버전]의 순서쌍을 데이터에 매단 것이다. 어떤 버전이 선행 버전인지, 후행 버전인지, 아니면 다른 버전과 충돌이 있는지 판별하는데 쓰인다.

벡터 시계는 D([S1, v1], [S2, v2], ···, [Sn, vn])와 같이 표현한다고 가정하자. 여기서 D는 데이터이고, vi는 버전 카운터, Si는 서버 번호이다. 만일 데이터 D 를 서버 Si에 기록하면, 시스템은 아래 작업 가운데 하나를 수행하여야 한다.

- [Si, vi]가 있으면 vi를 증가시킨다.
- 그렇지 않으면 새 항목 [Si, 1]를 만든다.

이 추상적 로직이 실제로 어떻게 수행되는지를 그림 6-9의 구체적 사례를 통해 알아보자.

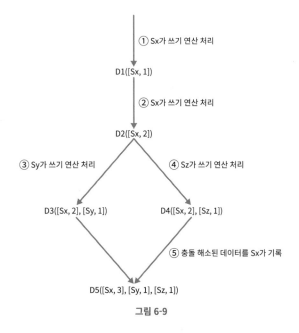

① Sx가 쓰기 연산 처리

D1([Sx, 1])

② Sx가 쓰기 연산 처리

D2([Sx, 2])

③ Sy가 쓰기 연산 처리   ④ Sz가 쓰기 연산 처리

D3([Sx, 2], [Sy, 1])   D4([Sx, 2], [Sz, 1])

⑤ 충돌 해소된 데이터를 Sx가 기록

D5([Sx, 3], [Sy, 1], [Sz, 1])

그림 6-9

① 클라이언트가 데이터 D1을 시스템에 기록한다. 이 쓰기 연산을 처리한 서 버는 Sx이다. 따라서 벡터 시계는 D1[(Sx, 1)]으로 변한다.

② 다른 클라이언트가 데이터 D1을 읽고 D2로 업데이트한 다음 기록한다. D2 는 D1에 대한 변경이므로 D1을 덮어쓴다. 이때 쓰기 연산은 같은 서버 Sx 가 처리한다고 가정하자. 벡터 시계는 D2([Sx, 2])로 바뀔 것이다.

③ 다른 클라이언트가 D2를 읽어 D3로 갱신한 다음 기록한다. 이 쓰기 연산은 Sy가 처리한다고 가정하자. 벡터 시계 상태는 D3([Sx, 2], [Sy, 1])로 바뀐다.

④ 또 다른 클라이언트가 D2를 읽고 D4로 갱신한 다음 기록한다. 이때 쓰기 연산은 서버 Sz가 처리한다고 가정하자. 벡터 시계는 D4([Sx, 2], [Sz, 1])일 것이다.

⑤ 어떤 클라이언트가 D3과 D4를 읽으면 데이터 간 충돌이 있다는 것을 알게 된다. D2를 Sy와 Sz가 각기 다른 값으로 바꾸었기 때문이다. 이 충돌은 클라이언트가 해소한 후에 서버에 기록한다. 이 쓰기 연산을 처리한 서버는 Sx였다고 하자. 벡터 시계는 D5([Sx, 3], [Sy, 1], [Sz, 1])로 바뀐다. 충돌이 일어났다는 것을 어떻게 감지하는지는 잠시 후에 더 자세히 살펴볼 것이다.

벡터 시계를 사용하면 어떤 버전 X가 버전 Y의 이전 버전인지(따라서 충돌이 없는지) 쉽게 판단할 수 있다. 버전 Y에 포함된 모든 구성요소의 값이 X에 포함된 모든 구성요소 값보다 같거나 큰지만 보면 된다. 예를 들어 벡터 시계 D([s0, 1], [s1, 1])은 D([s0, 1], [s1, 2])의 이전 버전이다. 따라서 두 데이터 사이에 충돌은 없다.

어떤 버전 X와 Y 사이에 충돌이 있는지 보려면 (다시 말해 그 두 버전이 같은 이전 버전에서 파생된 다른 버전들인지 보려면) Y의 벡터 시계 구성요소 가운데 X의 벡터 시계 동일 서버 구성요소보다 작은 값을 갖는 것이 있는지 보면 된다(물론 모든 구성요소가 작은 값을 갖는 경우에는 Y는 X의 이전 버전이다). 예를 들어, D([s0, 1], [s1, 2])와 D([s0, 2], [s1, 1])는 서로 충돌한다.

그러나 벡터 시계를 사용해 충돌을 감지하고 해소하는 방법에는 두 가지 분명한 단점이 있다. 첫 번째는 충돌 감지 및 해소 로직이 클라이언트에 들어가야 하므로, 클라이언트 구현이 복잡해진다는 것이다.

두 번째는 [서버: 버전]의 순서쌍 개수가 굉장히 빨리 늘어난다는 것이다. 이 문제를 해결하려면 그 길이에 어떤 임계치(threshold)를 설정하고, 임계치 이상으로 길이가 길어지면 오래된 순서쌍을 벡터 시계에서 제거하도록 해야 한다. 그러나 이렇게 하면 버전 간 선후 관계가 정확하게 결정될 수 없기 때문에 충돌 해소 과정의 효율성이 낮아지게 된다. 하지만 다이나모 데이터베이스에 관계된 문헌[4]에 따르면 아마존은 실제 서비스에서 그런 문제가 벌어지는 것을 발견한 적이 없다고 한다. 그러니 대부분의 기업에서 벡터 시계는 적용해도 괜찮은 솔루션일 것이다.

장애 처리

대다수 대규모 시스템에서 장애는 그저 불가피하기만 한 것이 아니라 아주 흔하게 벌어지는 사건이다. 따라서 장애를 어떻게 처리할 것이냐 하는 것은 굉장히 중요한 문제다. 이번 절에서 우리는 우선 장애 감지(failure detection) 기법들을 먼저 살펴보고, 그 다음으로 장애 해소(failure resolution) 전략들을 짚어볼 것이다.

장애 감지

분산 시스템에서는 그저 한 대 서버가 "지금 서버 A가 죽었습니다"라고 한다 해서 바로 서버 A를 장애처리 하지는 않는다. 보통 두 대 이상의 서버가 똑같이 서버 A의 장애를 보고해야 해당 서버에 실제로 장애가 발생했다고 간주하게 된다.

그림 6-10과 같이 모든 노드 사이에 멀티캐스팅(multicasting) 채널을 구축하는 것이 서버 장애를 감지하는 가장 손쉬운 방법이다. 하지만 이 방법은 서버가 많을 때는 분명 비효율적이다.

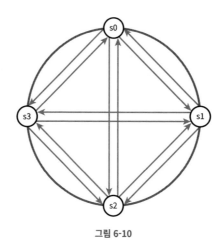

그림 6-10

가십 프로토콜(gossip protocol) 같은 분산형 장애 감지(decentralized failure detection) 솔루션을 채택하는 편이 보다 효율적이다. 가십 프로토콜의 동작 원리는 다음과 같다.

- 각 노드는 멤버십 목록(membership list)를 유지한다. 멤버십 목록은 각 멤버 ID와 그 박동 카운터(heartbeat counter) 쌍의 목록이다.
- 각 노드는 주기적으로 자신의 박동 카운터를 증가시킨다.
- 각 노드는 무작위로 선정된 노드들에게 주기적으로 자기 박동 카운터 목록을 보낸다.
- 박동 카운터 목록을 받은 노드는 멤버십 목록을 최신 값으로 갱신한다.
- 어떤 멤버의 박동 카운터 값이 지정된 시간 동안 갱신되지 않으면 해당 멤버는 장애(offline) 상태인 것으로 간주한다.

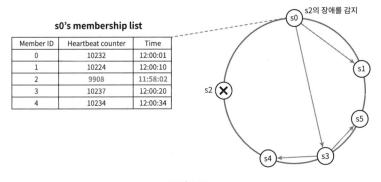

그림 6-11

그림 6-11의 예제를 보자.

- 노드 s0은 그림 좌측의 테이블과 같은 멤버십 목록을 가진 상태다.
- 노드 s0은 노드 s2(멤버 ID＝2)의 박동 카운터가 오랫동안 증가되지 않았다는 것을 발견한다.
- 노드 s0은 노드 s2를 포함하는 박동 카운터 목록을 무작위로 선택된 다른 노드에게 전달한다.
- 노드 s2의 박동 카운터가 오랫동안 증가되지 않았음을 발견한 모든 노드는 해당 노드를 장애 노드로 표시한다.

일시적 장애 처리

가십 프로토콜로 장애를 감지한 시스템은 가용성을 보장하기 위해 필요한 조치를 해야 한다. 엄격한 정족수(strict quorum) 접근법을 쓴다면, 앞서 "데이터 일관성" 절에서 설명한 대로, 읽기와 쓰기 연산을 금지해야 할 것이다.

느슨한 정족수(sloppy quorum)[4] 접근법은 이 조건을 완화하여 가용성을 높인다. 정족수 요구사항을 강제하는 대신, 쓰기 연산을 수행할 W개의 건강한 서버와 읽기 연산을 수행할 R개의 건강한 서버를 해시 링에서 고른다. 이때 장애 상태인 서버는 무시한다.

네트워크나 서버 문제로 장애 상태인 서버로 가는 요청은 다른 서버가 잠시 맡아 처리한다. 그동안 발생한 변경사항은 해당 서버가 복구되었을 때 일괄 반영하여 데이터 일관성을 보존한다. 이를 위해 임시로 쓰기 연산을 처리한 서버에는 그에 관한 단서(hint)를 남겨둔다. 따라서 이런 장애 처리 방안을 단서 후 임시 위탁(hinted handoff) 기법이라 부른다. 그림 6-12의 예제를 보자. 장애 상태인 노드 s2에 대한 읽기 및 쓰기 연산은 일시적으로 노드 s3가 처리한다. s2가 복구되면, s3은 갱신된 데이터를 s2로 인계할 것이다.

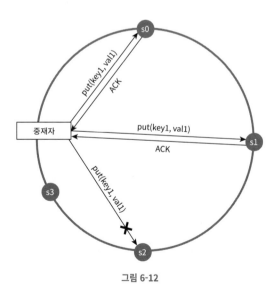

그림 6-12

영구 장애 처리

단서 후 임시 위탁 기법은 일시적 장애를 처리하기 위한 것이다. 영구적인 노드의 장애 상태는 어떻게 처리해야 할까? 그런 상황을 처리하기 위해 우리는 반-엔트로피(anti-entropy) 프로토콜을 구현하여 사본들을 동기화할 것이다. 반-엔트로피 프로토콜은 사본들을 비교하여 최신 버전으로 갱신하는 과정을 포함한다. 사본 간의 일관성이 망가진 상태를 탐지하고 전송 데이터의 양을 줄이기 위해서는 머클(Merkle) 트리를 사용할 것이다.

위키피디아에 따르면 머클 트리의 정의는 이렇다.[7] "해시 트리(hash tree)라고도 불리는 머클 트리는 각 노드에 그 자식 노드들에 보관된 값의 해시(자식 노드가 종단leaf 노드인 경우), 또는 자식 노드들의 레이블로부터 계산된 해시 값을 레이블로 붙여두는 트리다. 해시 트리를 사용하면 대규모 자료 구조의 내용을 효과적이면서도 보안상 안전한 방법으로 검증(verification)할 수 있다."

키 공간(key space)이 1부터 12까지일 때 머클 트리를 만드는 예제를 한번 살펴보자. 일관성이 망가진 데이터가 위치한 상자는 다른 색으로 표시해두었다.

1 단계: 키 공간을 그림 6-13과 같이 버킷(bucket)으로 나눈다(본 예제의 경우에는 네 개 버킷으로 나누었다).

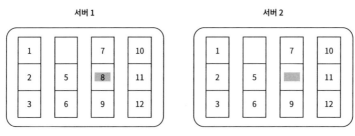

그림 6-13

2 단계: 버킷에 포함된 각각의 키에 균등 분포 해시(uniform hash) 함수를 적용하여 해시 값을 계산한다(그림 6-14).

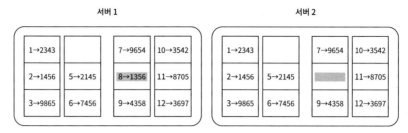

그림 6-14

3 단계: 버킷별로 해시값을 계산한 후, 해당 해시 값을 레이블로 갖는 노드를
만든다(그림 6-15).

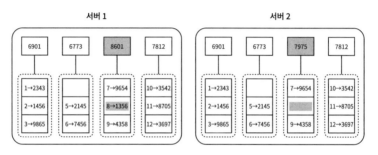

그림 6-15

4 단계: 자식 노드의 레이블로부터 새로운 해시 값을 계산하여, 이진 트리를 상
향식으로 구성해 나간다(그림 6-16).

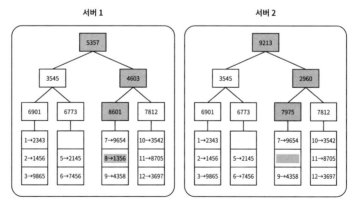

그림 6-16

이 두 머클 트리의 비교는 루트(root) 노드의 해시값을 비교하는 것으로 시작한다. 루트 노드의 해시 값이 일치한다면 두 서버는 같은 데이터를 갖는 것이다. 그 값이 다른 경우에는 왼쪽 자식 노드의 해시 값을 비교하고, 그 다음으로 오른쪽 자식 노드의 해시 값을 비교한다. 이렇게 하면서 아래쪽으로 탐색해 나가다 보면 다른 데이터를 갖는 버킷을 찾을 수 있으므로, 그 버킷들만 동기화하면 된다.

머클 트리를 사용하면 동기화해야 하는 데이터의 양은 실제로 존재하는 차이의 크기에 비례할 뿐, 두 서버에 보관된 데이터의 총량과는 무관해진다. 하지만 실제로 쓰이는 시스템의 경우 버킷 하나의 크기가 꽤 크다는 것은 알아두어야 한다. 가능한 구성 가운데 하나를 예로 들면 10억(1B) 개의 키를 백만(1M) 개의 버킷으로 관리하는 것인데, 그 경우 하나의 버킷은 1,000개 키를 관리하게 된다.

데이터 센터 장애 처리

데이터 센터 장애는 정전, 네트워크 장애, 자연재해 등 다양한 이유로 발생할 수 있다. 데이터 센터 장애에 대응할 수 있는 시스템을 만들려면 데이터를 여러 데이터 센터에 다중화하는 것이 중요하다. 한 데이터센터가 완전히 망가져도 사용자는 다른 데이터 센터에 보관된 데이터를 이용할 수 있을 것이다.

시스템 아키텍처 다이어그램

키-값 저장소를 만드는 데 필요한 다양한 기술적 고려사항들을 살펴보았으니, 이제 아키텍처 다이어그램을 그려보자. 그림 6-17을 보라.

이 아키텍처의 주된 기능은 다음과 같다.

- 클라이언트는 키-값 저장소가 제공하는 두 가지 단순한 API, 즉 get(key) 및 put(key, value)와 통신한다.
- 중재자(coordinator)는 클라이언트에게 키-값 저장소에 대한 프락시(proxy) 역할을 하는 노드다.
- 노드는 안정 해시(consistent hash)의 해시 링(hash ring) 위에 분포한다.

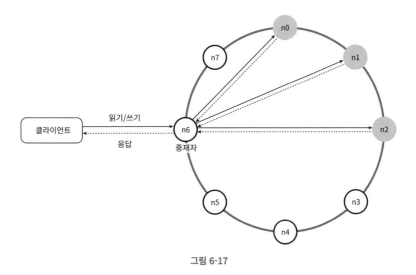

그림 6-17

- 노드를 자동으로 추가 또는 삭제할 수 있도록, 시스템은 완전히 분산된다 (decentralized).
- 데이터는 여러 노드에 다중화된다.
- 모든 노드가 같은 책임을 지므로, SPOF(Single Point of Failure)는 존재하지 않는다.

완전히 분산된 설계를 채택하였으므로, 모든 노드는 그림 6-18에 제시된 기능 전부를 지원해야 한다.

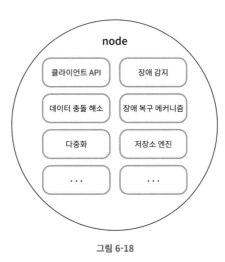

그림 6-18

쓰기 경로

그림 6-19는 쓰기 요청이 특정 노드에 전달되면 무슨 일이 벌어지는지를 보여준다. 이 그림에서 보인 구조는 기본적으로 카산드라(Cassandra)의 사례를 참고한 것임에 유의하기 바란다.[8]

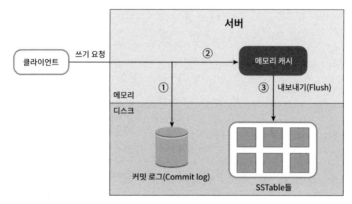

그림 6-19

① 쓰기 요청이 커밋 로그(commit log) 파일에 기록된다.

② 데이터가 메모리 캐시에 기록된다.

③ 메모리 캐시가 가득차거나 사전에 정의된 어떤 임계치에 도달하면 데이터는 디스크에 있는 SSTable[9]에 기록된다. SSTable은 Sorted-String Table의 약어로, 〈키, 값〉의 순서쌍을 정렬된 리스트 형태로 관리하는 테이블이다. SSTable에 대해 더 알고 싶다면 [9]를 참고하기 바란다.

읽기 경로

읽기 요청을 받은 노드는 데이터가 메모리 캐시에 있는지부터 살핀다. 있는 경우에는 그림 6-20과 같이 해당 데이터를 클라이언트에게 반환한다.

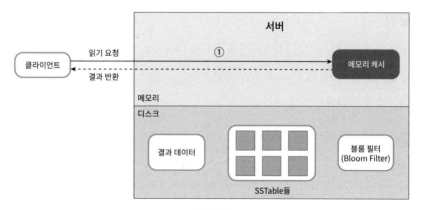

그림 6-20

데이터가 메모리에 없는 경우에는 디스크에서 가져와야 한다. 어느 SSTable에 찾는 키가 있는지 알아낼 효율적인 방법이 필요할 것이다. 이런 문제를 푸는 데는 블룸 필터(Bloom filter)가 흔히 사용된다.[10]

데이터가 메모리에 없을 때 읽기 연산이 처리되는 경로를 보면 그림 6-21과 같다.

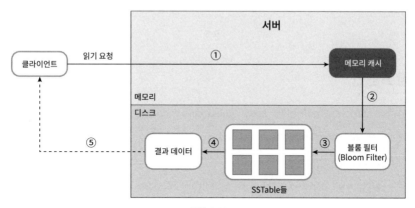

그림 6-21

① 데이터가 메모리 있는지 검사한다. 없으면 2로 간다.

② 데이터가 메모리에 없으므로 블룸 필터를 검사한다.

③ 블룸 필터를 통해 어떤 SSTable에 키가 보관되어 있는지 알아낸다.

④ SSTable에서 데이터를 가져온다.

⑤ 해당 데이터를 클라이언트에게 반환한다.

요약

이번 장에서는 많은 개념과 기술들을 다루었다. 기억을 되살리는 차원에서 아래 테이블에 분산 키-값 저장소가 가져야 하는 기능과 그 기능 구현에 이용되는 기술을 정리해 두었다.

목표/문제	기술
대규모 데이터 저장	안정 해시를 사용해 서버들에 부하 분산
읽기 연산에 대한 높은 가용성 보장	데이터를 여러 데이터센터에 다중화
쓰기 연산에 대한 높은 가용성 보장	버저닝 및 벡터 시계를 사용한 충돌 해소
데이터 파티션	안정 해시
점진적 규모 확장성	안정 해시
다양성(heterogeneity)	안정 해시
조절 가능한 데이터 일관성	정족수 합의(quorum consensus)
일시적 장애 처리	느슨한 정족수 프로토콜(sloppy quorum)과 단서 후 임시 위탁 (hinted handoff)
영구적 장애 처리	머클 트리(Merkle tree)
데이터 센터 장애 대응	여러 데이터 센터에 걸친 데이터 다중화

표 6-2

참고문헌

[1]   Amazon DynamoDB: *https://aws.amazon.com/dynamodb/*

[2]   memcached: *https://memcached.org/*

[3]   Redis: *https://redis.io/*

[4]   Dynamo: Amazon's Highly Available Key-value Store: *https://www.all thingsdistributed.com/files/amazon-dynamo-sosp2007.pdf*

[5]   Cassandra: *https://cassandra.apache.org/*

[6]   Bigtable: A Distributed Storage System for Structured Data: *https://static. googleusercontent.com/media/research.google.com/en//archive/bigtable-osdi06.pdf*

[7]   Merkle tree: *https://en.wikipedia.org/wiki/Merkle_tree*

[8]   Cassandra architecture: *https://cassandra.apache.org/doc/latest/architec ture/*

[9]   SStable: *https://www.igvita.com/2012/02/06/sstable-and-log-structured- storage-leveldb/*

[10]   Bloom filter: *https://en.wikipedia.org/wiki/Bloom_filter*

7장

분산 시스템을 위한
유일 ID 생성기 설계

이번 장에서는 분산 시스템에서 사용될 유일 ID 생성기를 설계해 볼 것이다. 이 질문을 받았을 때 여러분은 'auto_increment 속성이 설정된 관계형 데이터베이스의 기본 키를 쓰면 되지 않을까?' 하고 생각할지도 모르겠다. 하지만 분산 환경에서 이 접근법은 통하지 않을 텐데, 데이터베이스 서버 한 대로는 그 요구를 감당할 수 없을뿐더러, 여러 데이터베이스 서버를 쓰는 경우에는 지연 시간(delay)을 낮추기가 무척 힘들 것이기 때문이다.

유일성이 보장되는 ID의 몇 가지 예를 보자.

```
+--------------------------+
|         user_id          |
+--------------------------+
|   1227238262110117894    |
+--------------------------+
|   1241107244890099715    |
+--------------------------+
|   1243643959492173824    |
+--------------------------+
|   1247686501489692673    |
+--------------------------+
|   1567981766075453440    |
+--------------------------+
```

그림 7-1

1단계 문제 이해 및 설계 범위 확정

시스템 설계 면접 문제를 푸는 첫 단계는 적절한 질문을 통해 모호함을 없애고 설계 방향을 정하는 것이다. 다음은 면접관과 지원자 사이에 오갈 수 있는 질문과 답변의 예시다.

지원자: ID는 어떤 특성을 갖나요?

면접관: ID는 유일해야 하고, 정렬 가능해야 합니다.

지원자: 새로운 레코드에 붙일 ID는 항상 1만큼 큰 값이어야 하나요?

면접관: ID의 값은 시간이 흐름에 따라 커질 테지만 언제나 1씩 증가한다고 할 수는 없습니다. 다만 확실한 것은, 아침에 만든 ID보다는 저녁에 만든 ID가 큰 값을 갖는다는 점입니다.

지원자: ID는 숫자로만 구성되나요?

면접관: 그렇습니다.

지원자: 시스템 규모는 어느 정도입니까?

면접관: 초당 10,000 ID를 생성할 수 있어야 합니다.

질문을 할 때는 요구사항을 이해하고 모호함을 해소하는 데 초점을 맞추어야 한다. 이번 문제에 대한 답안이 만족해야 할 요구사항은 아래와 같다.

- ID는 유일해야 한다.
- ID는 숫자로만 구성되어야 한다.
- ID는 64비트로 표현될 수 있는 값이어야 한다.
- ID는 발급 날짜에 따라 정렬 가능해야 한다.
- 초당 10,000개의 ID를 만들 수 있어야 한다.

2단계 개략적 설계안 제시 및 동의 구하기

분산 시스템에서 유일성이 보장되는 ID를 만드는 방법은 여러 가지다. 우리는 다음과 같은 선택지를 살펴볼 것이다.

- 다중 마스터 복제(multi-master replication)
- UUID(Universally Unique Identifier)
- 티켓 서버(ticket server)
- 트위터 스노플레이크(twitter snowflake) 접근법

이들 각각의 동작 원리와 장단점을 살펴보도록 하자.

다중 마스터 복제

다중 마스터 복제(multi-master replication)는 대략 그림 7-2와 같은 구성을 갖는다.

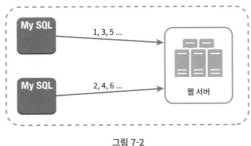

그림 7-2

이 접근법은 데이터베이스의 auto_increment 기능을 활용하는 것이다. 다만 다음 ID의 값을 구할 때 1만큼 증가시켜 얻는 것이 아니라, k만큼 증가시킨다. 여기서 k는 현재 사용 중인 데이터베이스 서버의 수다. 그림 7-2의 예제를 보자. 어떤 서버가 만들어 낼 다음 아이디는, 해당 서버가 생성한 이전 ID 값에 전체 서버의 수 2를 더한 값이다. 이렇게 하면 규모 확장성 문제를 어느 정도 해결할 수 있는데, 데이터베이스 수를 늘리면 초당 생산 가능 ID 수도 늘릴 수 있기 때문이다. 하지만 이 방법은 다음과 같은 중대한 단점이 있다.

- 여러 데이터 센터에 걸쳐 규모를 늘리기 어렵다.
- ID의 유일성은 보장되겠지만 그 값이 시간 흐름에 맞추어 커지도록 보장할 수는 없다.
- 서버를 추가하거나 삭제할 때도 잘 동작하도록 만들기 어렵다.

UUID

UUID는 유일성이 보장되는 ID를 만드는 또 하나의 간단한 방법이다. UUID는 컴퓨터 시스템에 저장되는 정보를 유일하게 식별하기 위한 128비트짜리 수다. UUID 값은 충돌 가능성이 지극히 낮다. 위키피디아를 인용하면 "중복 UUID가

1개 생길 확률을 50%로 끌어 올리려면 초당 10억 개의 UUID를 100년 동안 계속해서 만들어야 한다."[1]

UUID 값은 09c93e62-50b4-468d-bf8a-c07e1040bfb2와 같은 형태를 띤다. UUID는 서버 간 조율 없이 독립적으로 생성 가능하다. 그림 7-3은 UUID를 사용하는 시스템의 구조다.

그림 7-3

이 구조에서 각 웹 서버는 별도의 ID 생성기를 사용해 독립적으로 ID를 만들어 낸다.

장점

- UUID를 만드는 것은 단순하다. 서버 사이의 조율이 필요 없으므로 동기화 이슈도 없다.
- 각 서버가 자기가 쓸 ID를 알아서 만드는 구조이므로 규모 확장도 쉽다.

단점

- ID가 128비트로 길다. 이번 장에서 다루는 문제의 요구사항은 64비트다.
- ID를 시간순으로 정렬할 수 없다.
- ID에 숫자(numeric) 아닌 값이 포함될 수 있다.

티켓 서버

티켓 서버(ticket server)는 유일성이 보장되는 ID를 만들어 내는 데 쓰일 수 있는 또 하나의 흥미로운 방법이다. 플리커(Flickr)는 분산 기본 키(distributed primary key)[2]를 만들어 내기 위해 이 기술을 이용하였다. 이 기술은 그림 7-4와 같이 동작한다.

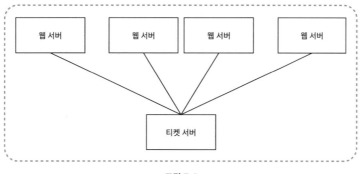

그림 7-4

이 아이디어의 핵심은 auto_increment 기능을 갖춘 데이터베이스 서버, 즉 티켓 서버를 중앙 집중형으로 하나만 사용하는 것이다. 이에 대해 좀 더 자세히 알고 싶다면 [2]를 참고하기 바란다.

장점

- 유일성이 보장되는 오직 숫자로만 구성된 ID를 쉽게 만들 수 있다.
- 구현하기 쉽고, 중소 규모 애플리케이션에 적합하다.

단점

- 티켓 서버가 SPOF(Single-Point-of-Failure)가 된다. 이 서버에 장애가 발생하면, 해당 서버를 이용하는 모든 시스템이 영향을 받는다. 이 이슈를 피하려면 티켓 서버를 여러 대 준비해야 한다. 하지만 그렇게 하면 데이터 동기화 같은 새로운 문제가 발생할 것이다.

트위터 스노플레이크 접근법

지금까지 여러 가지 ID 생성기 구현 방법을 살펴보았다. 하지만 그 가운데 이번 장에서 풀어야 하는 문제의 요구사항을 만족시키는 것은 없었다. 따라서 다른 접근법을 살펴보아야 한다. 트위터는 스노플레이크(snowflake)라고 부르는 독창적인 ID 생성 기법을 사용한다. 이 고무적인 기법은 이번 장에서 풀어야 하는 문제의 요구사항을 만족시킬 수 있다.

그러나 ID를 바로 생성하는 대신, 언제나 우리의 좋은 친구가 되어주는 각개

격파 전략(divide and conquer)을 먼저 적용해 보자. 생성해야 하는 ID의 구조를 여러 절(section)로 분할하는 것이다. 그림 7-5는 우리가 생성할 64비트 ID의 구조다.

1비트	41비트	5비트	5비트	12비트
0	타임스탬프	데이터센터 ID	서버 ID	일련번호

그림 7-5

각 절의 쓰임새를 살펴보면 다음과 같다.

- 사인(sign) 비트: 1비트를 할당한다. 지금으로서는 쓰임새가 없지만 나중을 위해 유보해 둔다. 음수와 양수를 구별하는 데 사용할 수 있을 것이다.
- 타임스탬프(timestamp): 41비트를 할당한다. 기원 시각(epoch) 이후로 몇 밀리초(millisecond)가 경과했는지를 나타내는 값이다. 본 설계안의 경우에는 기원 시각으로 트위터 스노플레이크 구현에서 사용하는 값 1288834974657(Nov 04, 2010, 01:42:54 UTC에 해당)을 이용할 것이다.
- 데이터센터 ID: 5비트를 할당한다. 따라서 $2^5 = 32$개 데이터센터를 지원할 수 있다.
- 서버 ID: 5비트를 할당한다. 따라서 데이터센터당 32개 서버를 사용할 수 있다.
- 일련번호: 12비트를 할당한다. 각 서버에서는 ID를 생성할 때마다 이 일련번호를 1만큼 증가시킨다. 이 값은 1밀리초가 경과할 때마다 0으로 초기화(reset)된다.

3단계 상세 설계

개략적 설계를 진행하면서 우리는 분산 시스템에서 사용할 유일성 보장 ID 생성기를 설계하는 데 쓰일 수 있는 다양한 기술적 선택지를 살펴보았다. 그 가운데 트위터 스노플레이크 접근법을 사용하여 보다 상세한 설계를 진행해 보겠다. 기억을 되살리는 차원에서 ID 구조 다이어그램을 다시 한번 보자.

1비트	41비트	5비트	5비트	12비트
0	타임스탬프	데이터센터 ID	서버 ID	일련번호

그림 7-6

데이터센터 ID와 서버 ID는 시스템이 시작할 때 결정되며, 일반적으로 시스템 운영 중에는 바뀌지 않는다. 데이터센터 ID나 서버 ID를 잘못 변경하게 되면 ID 충돌이 발생할 수 있으므로, 그런 작업을 해야 할 때는 신중해야 한다. 타임 스탬프나 일련번호는 ID 생성기가 돌고 있는 중에 만들어지는 값이다.

타임스탬프

타임스탬프는 앞서 살펴본 ID 구조에서 가장 중요한 41비트를 차지하고 있다. 타임스탬프는 시간이 흐름에 따라 점점 큰 값을 갖게 되므로, 결국 ID는 시간 순으로 정렬 가능하게 될 것이다. 그림 7-7은 앞서 살펴본 ID 구조를 따르는 값 의 이진 표현 형태로부터 UTC 시각을 추출하는 예제다. 이 방법을 역으로 적 용하면 어떤 UTC 시각도 상술한 타임스탬프 값으로 변환할 수 있다.

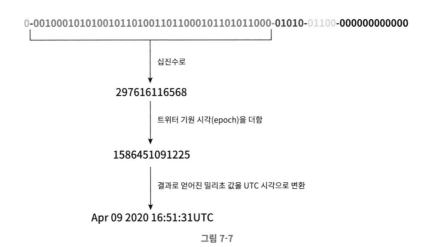

그림 7-7

41비트로 표현할 수 있는 타임스탬프의 최댓값은 $2^{41}-1=2199023255551$밀리 초이다. 이 값은 대략 69년에 해당한다(2199023255551밀리초/1000/365일/

24시간/3600초). 따라서 이 ID 생성기는 69년동안만 정상 동작하는데. 기원 시각을 현재에 가깝게 맞춰서 오버플로(overflow)가 발생하는 시점을 늦춰 놓은 것이다. 69년이 지나면 기원 시각을 바꾸거나 ID 체계를 다른 것으로 이전 (migration)하여야 한다.

일련번호

일련번호는 12비트이므로, $2^{12}=4096$개의 값을 가질 수 있다. 어떤 서버가 같은 밀리초 동안 하나 이상의 ID를 만들어 낸 경우에만 0보다 큰 값을 갖게 된다.

4단계 마무리

이번 장에서는 유일성이 보장되는 ID 생성기 구현에 쓰일 수 있는 다양한 전략, 즉 다중 마스터 복제, UUID, 티켓 서버, 트위터 스노플레이크의 네 가지 방법을 살펴보았다. 우리가 선택한 방식은 스노플레이크인데, 모든 요구사항을 만족하면서도 분산 환경에서 규모 확장이 가능했기 때문이었다.

설계를 진행하고 시간이 조금 남았다면 면접관과 다음을 추가로 논의할 수도 있을 것이다.

- 시계 동기화(clock synchronization): 이번 설계를 진행하면서 우리는 ID 생성 서버들이 전부 같은 시계를 사용한다고 가정하였다. 하지만 이런 가정은 하나의 서버가 여러 코어에서 실행될 경우 유효하지 않을 수 있다. 여러 서버가 물리적으로 독립된 여러 장비에서 실행되는 경우에도 마찬가지다. 시계 동기화의 실제 방법은 이 책이 다룰 주제는 아니지만, 그런 문제가 있다는 점을 알아두는 것은 중요하다. NTP(Network Time Protocol)은 이 문제를 해결하는 가장 보편적 수단이다. 관심 있는 독자는 [4]를 참고하기 바란다.
- 각 절(section)의 길이 최적화: 예를 들어 동시성(concurrency)이 낮고 수명이 긴 애플리케이션이라면 일련번호 절의 길이를 줄이고 타임스탬프 절의 길이를 늘리는 것이 효과적일 수도 있을 것이다.

- 고가용성(high availability): ID 생성기는 필수 불가결(mission critical) 컴포넌트이므로 아주 높은 가용성을 제공해야 할 것이다.

여기까지 성공적으로 마친 여러분, 축하한다. 멋지게 마무리한 스스로를 마음껏 격려하도록 하자!

참고문헌

[1] Universally unique identifier: *https://en.wikipedia.org/wiki/Universally_unique_identifier*

[2] Ticket Servers: Distributed Unique Primary Keys on the Cheap: *https://code.flickr.net/2010/02/08/ticket-servers-distributed-unique-primary-keys-on-the-cheap/*

[3] Announcing Snowflake: *https://blog.twitter.com/engineering/en_us/a/2010/announcing-snowflake.html*

[4] Network time protocol: *https://en.wikipedia.org/wiki/Network_Time_Protocol*

8장

URL 단축기 설계

이번 장에서는 재미있으면서도 고전적인 시스템 설계 문제 가운데 하나인, tiny url 같은 URL 단축기를 설계하는 문제를 풀어보도록 하겠다.

1단계 문제 이해 및 설계 범위 확정

시스템 설계 면접 문제는 의도적으로 어떤 정해진 결말을 갖지 않도록 만들어 진다. 따라서 면접장에서 시스템을 성공적으로 설계해 내려면 질문을 통해 모호함을 줄이고 요구사항을 알아내야 한다.

지원자: URL 단축기가 어떻게 동작해야 하는지 예제를 보여주실 수 있을까요?

면접관: *https://www.systeminterview.com/q=chatsystem&c=loggedin&v=v3&l=long*이 입력으로 주어졌다고 해 봅시다. 이 서비스는 *https://tinyurl.com/y7ke-ocwj*와 같은 단축 URL을 결과로 제공해야 합니다. 이 URL에 접속하면 원래 URL로 갈 수도 있어야 하죠.

지원자: 트래픽 규모는 어느 정도일까요?

면접관: 매일 1억(100million) 개의 단축 URL을 만들어 낼 수 있어야 합니다.

지원자: 단축 URL의 길이는 어느 정도여야 하나요?

면접관: 짧으면 짧을수록 좋습니다.

지원자: 단축 URL에 포함될 문자에 제한이 있습니까?

면접관: 단축 URL에는 숫자(0부터 9까지)와 영문자(a부터 z, A부터 Z까지)만 사용할 수 있습니다.

지원자: 단축된 URL을 시스템에서 지우거나 갱신할 수 있습니까?

면접관: 시스템을 단순화하기 위해 삭제나 갱신은 할 수 없다고 가정합시다.

이 시스템의 기본적 기능은 아래와 같다.

1. URL 단축: 주어진 긴 URL을 훨씬 짧게 줄인다.
2. URL 리디렉션(redirection): 축약된 URL로 HTTP 요청이 오면 원래 URL로 안내
3. 높은 가용성과 규모 확장성, 그리고 장애 감내가 요구됨

개략적 추정

- 쓰기 연산: 매일 1억 개의 단축 URL 생성
- 초당 쓰기 연산: 1억(100million)/24/3600 = 1160
- 읽기 연산: 읽기 연산과 쓰기 연산 비율은 10:1이라고 하자. 그 경우 읽기 연산은 초당 11,600회 발생한다(1160 × 10 = 11,600).
- URL 단축 서비스를 10년간 운영한다고 가정하면 1억(100million) × 365 × 10 = 3650억(365billion) 개의 레코드를 보관해야 한다.
- 축약 전 URL의 평균 길이는 100이라고 하자.
- 따라서 10년 동안 필요한 저장 용량은 3650억(365billion) × 100바이트 = 36.5TB이다.

계산이 끝나면 결과를 면접관과 점검하여 합의한 후에 진행하도록 하자.

2단계 개략적 설계안 제시 및 동의 구하기

이번 절에서는 API 엔드포인트(endpoint), URL 리디렉션, 그리고 URL 단축 플로에 대해 살펴보겠다.

API 엔드포인트

클라이언트는 서버가 제공하는 API 엔드포인트를 통해 서버와 통신한다. 우리는 이 엔드포인트를 REST 스타일로 설계할 것이다. RESTful API에 대해 잘 모른다면 [1]과 같은 자료를 살펴보도록 하자. URL 단축기는 기본적으로 두 개의 엔드포인트를 필요로 한다.

1. URL 단축용 엔드포인트: 새 단축 URL을 생성하고자 하는 클라이언트는 이 엔드포인트에 단축할 URL을 인자로 실어서 POST 요청을 보내야 한다. 이 엔드포인트는 다음과 같은 형태를 띤다.

   POST /api/v1/data/shorten
   - 인자: {longUrl: longURLstring}
   - 반환: 단축 URL

2. URL 리디렉션용 엔드포인트: 단축 URL에 대해서 HTTP 요청이 오면 원래 URL로 보내주기 위한 용도의 엔드포인트. 다음과 같은 형태를 띤다.

   GET /api/v1/shortUrl
   - 반환: HTTP 리디렉션 목적지가 될 원래 URL

URL 리디렉션

그림 8-1은 브라우저에 단축 URL을 입력하면 무슨 일이 생기는지 보여준다. 단

Request URL: https://tinyurl.com/qtj5opu
Request Method: GET
Status Code: ● 301
Remote Address: [2606:4700:10::6814:391e]:443
Referrer Policy: no-referrer-when-downgrade

▼ Response Headers
alt-svc: h3-27=":443"; ma=86400, h3-25=":443"; ma=86400, h3-24=":443"; ma=86400, h3-23=":443"; ma=86400
cache-control: max-age=0, no-cache, private
cf-cache-status: DYNAMIC
cf-ray: 581fbd8ac986ed33-SJC
content-type: text/html; charset=UTF-8
date: Fri, 10 Apr 2020 22:00:23 GMT
expect-ct: max-age=604800, report-uri="https://report-uri.cloudflare.com/cdn-cgi/beacon/expect-ct"
location: https://www.amazon.com/dp/B017V4NTFA?pLink=63eaef76-979c-4d&ref=adblp13nvvxx_0_2_im

그림 8-1

축 URL을 받은 서버는 그 URL을 원래 URL로 바꾸어서 301 응답의 Location 헤더에 넣어 반환한다.

그림 8-2는 클라이언트와 서버 사이의 통신 절차를 좀 더 자세히 보여준다.

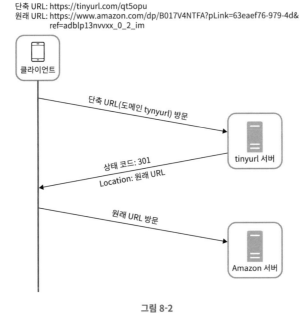

그림 8-2

여기서 유의할 것은 301 응답과 302 응답의 차이이다. 둘 다 리디렉션 응답이긴 하지만 차이가 있다.

- 301 Permanently Moved: 이 응답은 해당 URL에 대한 HTTP 요청의 처리 책임이 영구적으로 Location 헤더에 반환된 URL로 이전되었다는 응답이다. 영구적으로 이전되었으므로, 브라우저는 이 응답을 캐시(cache)한다. 따라서 추후 같은 단축 URL에 요청을 보낼 필요가 있을 때 브라우저는 캐시된 원래 URL로 요청을 보내게 된다.
- 302 Found: 이 응답은 주어진 URL로의 요청이 '일시적으로' Location 헤더가 지정하는 URL에 의해 처리되어야 한다는 응답이다. 따라서 클라이언트의 요청은 언제나 단축 URL 서버에 먼저 보내진 후에 원래 URL로 리디렉션되어야 한다.

이 두 방법은 각기 다른 장단점을 갖고 있다. 서버 부하를 줄이는 것이 중요하다면 301 Permanent Moved를 사용하는 것이 좋은데 첫 번째 요청만 단축 URL 서버로 전송될 것이기 때문이다. 하지만 트래픽 분석(analytics)이 중요할 때는 302 Found를 쓰는 쪽이 클릭 발생률이나 발생 위치를 추적하는 데 좀 더 유리할 것이다.

URL 리디렉션을 구현하는 가장 직관적인 방법은 해시 테이블을 사용하는 것이다. 해시 테이블에 〈단축 URL, 원래 URL〉의 쌍을 저장한다고 가정한다면, URL 리디렉션은 다음과 같이 구현될 수 있을 것이다.

- 원래 URL=hashTable.get(단축 URL)
- 301 또는 302 응답 Location 헤더에 원래 URL을 넣은 후 전송

URL 단축

단축 URI이 www.tinyurl.com/{hashValue} 같은 형태라고 해 보자. 결국 중요한 것은 긴 URL을 이 해시 값으로 대응시킬 해시 함수 fx를 찾는 일이 될 것이다(그림 8-3).

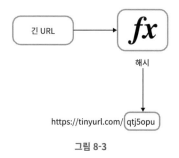

그림 8-3

이 해시 함수는 다음 요구사항을 만족해야 한다.

- 입력으로 주어지는 긴 URL이 다른 값이면 해시 값도 달라야 한다.
- 계산된 해시 값은 원래 입력으로 주어졌던 긴 URL로 복원될 수 있어야 한다.

이 해시 함수에 대한 상세 설계는 다음 절에서 살펴볼 것이다.

3단계 상세 설계

지금까지 URL을 단축하는 방법과 리디렉션 처리에 관계된 개략적 설계안을 살펴보았다. 이번 절에서는 데이터 모델, 해시 함수, URL 단축 및 리디렉션에 관한 보다 구체적인 설계안을 만들어 보겠다.

데이터 모델

개략적 설계를 진행할 때는 모든 것을 해시 테이블에 두었었다. 이 접근법은 초기 전략으로는 괜찮지만 실제 시스템에 쓰기에는 곤란한데, 메모리는 유한한 데다 비싸기 때문이다. 더 나은 방법은 〈단축 URL, 원래 URL〉의 순서쌍을 관계형 데이터베이스에 저장하는 것이다. 그림 8-4는 이 테이블의 간단한 설계 사례다. 이 테이블은 단순화된 것으로(실제 테이블은 이것보다 더 많은 칼럼을 가질 수 있지만 중요한 칼럼만 추린 것이다), id, shortURL, longURL의 세 개 칼럼을 갖는다.

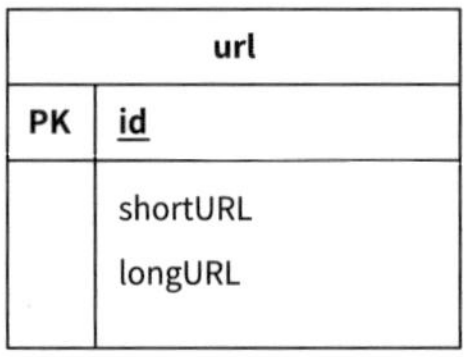

url	
PK	<u>id</u>
	shortURL
	longURL

그림 8-4

해시 함수

해시 함수(hash function)는 원래 URL을 단축 URL로 변환하는 데 쓰인다. 편의상 해시 함수가 계산하는 단축 URL 값을 hashValue라고 지칭하겠다.

해시 값 길이

hashValue는 [0-9, a-z, A-Z]의 문자들로 구성된다. 따라서 사용할 수 있는 문자의 개수는 $10 + 26 + 26 = 62$개다. hashValue의 길이를 정하기 위해서는 $62^n \geq 3650$억(365billion)인 n의 최솟값을 찾아야 한다. 개략적으로 계산했던 추정치에 따르면 이 시스템은 3650억 개의 URL을 만들어 낼 수 있어야 한다.

표 8-1은 hashValue의 길이와, 해시 함수가 만들 수 있는 URL의 개수 사이의 관계를 나타낸다.

n	URL 개수
1	$62^1 = 62$
2	$62^2 = 3,844$
3	$62^3 = 238,328$
4	$62^4 = 14,776,336$
5	$62^5 = 916,132,832$
6	$62^6 = 56,800,235,584$
7	$62^7 = 3,521,614,606,208 = \sim 3.5$조(trillion)
8	$62^8 = 218,340,105,584,896$

표 8-1

n=7이면 3.5조 개의 URL을 만들 수 있다. 요구사항을 만족시키기 충분한 값이다. 따라서 hashValue의 길이는 7로 하도록 하겠다.

해시 함수 구현에 쓰일 기술로는 두 가지 방법을 살펴보겠다. 하나는 '해시 후 충돌 해소' 방법이고, 다른 하나는 'base-62 변환' 법이다. 각각을 차례대로 살펴보자.

해시 후 충돌 해소

긴 URL을 줄이려면, 원래 URL을 7글자 문자열로 줄이는 해시 함수가 필요하다. 손쉬운 방법은 CRC32, MD5, SHA-1같이 잘 알려진 해시 함수를 이용하는 것이다. 아래는 이들 함수를 사용하여 *https://en.wikipedia.org/wiki/Systems_design*을 축약한 결과다.

해시 함수	해시 결과 (16진수)
CRC32	5cb54054
MD5	5a62509a84df9ee03fe1230b9df8b84e
SHA-1	0eeae7916c06853901d9ccbefbfcaf4de57ed85b

표 8-2

그런데 표 8-2에 정리한 바와 같이, CRC32가 계산한 가장 짧은 해시값조차도 7보다는 길다. 어떻게 하면 줄일 수 있을까?

이 문제를 해결할 첫 번째 방법은 계산된 해시 값에서 처음 7개 글자만 이용하는 것이다. 하지만 이렇게 하면 해시 결과가 서로 충돌할 확률이 높아진다. 충돌이 실제로 발생했을 때는, 충돌이 해소될 때까지 사전에 정한 문자열을 해시값에 덧붙인다. 이 절차는 그림 8-5와 같다.

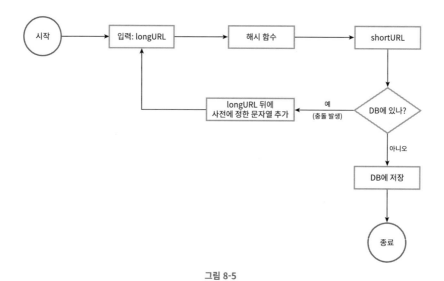

그림 8-5

이 방법을 쓰면 충돌은 해소할 수 있지만 단축 URL을 생성할 때 한 번 이상 데이터베이스 질의를 해야 하므로 오버헤드가 크다. 데이터베이스 대신 블룸 필터를 사용하면 성능을 높일 수 있다. 블룸 필터는 어떤 집합에 특정 원소가 있는지 검사할 수 있도록 하는, 확률론에 기초한 공간 효율이 좋은 기술이다. 이에 대해 더 상세히 알고 싶다면 [2]를 참고하기 바란다.

base-62 변환

진법 변환(base conversion)은 URL 단축기를 구현할 때 흔히 사용되는 접근법 중 하나다. 이 기법은 수의 표현 방식이 다른 두 시스템이 같은 수를 공유하여야 하는 경우에 유용하다. 62진법을 쓰는 이유는 hashValue에 사용할 수 있는 문자(character) 개수가 62개이기 때문이다. 그럼 지금부터 base-62 변환이 어떻게 이루어지는지 살펴보자. 10진수로 11157, 즉 11157_{10}을 62진수(62진법을 따르는 수)로 변환해 보겠다.

- 62진법은 수를 표현하기 위해 총 62개의 문자를 사용하는 진법이다. 따라서 0은 0으로, 9는 9로, 10은 a로, 11은 b로, ⋯ 35는 z로, 36은 A로, ⋯ 61은 Z로 대응시켜 표현하도록 할 것이다. 따라서 62진법에서 'a'는 10을 나타내고, 'Z'는 61을 나타낸다.
- $11157_{10} = 2 \times 62^2 + 55 \times 62^1 + 59 \times 62^0 = [2, 55, 59] \Rightarrow [2, T, X] \Rightarrow 2TX_{62}$이다. 그림 8-6에 이 변환 과정을 요약하여 보았다.

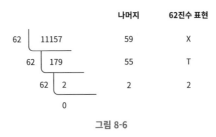

그림 8-6

- 따라서 단축 URL은 *https://tinyurl.com/2TX*가 된다.

두 접근법 비교

표 8-3은 이 두 접근법 사이의 차이를 요약한 내용이다.

해시 후 충돌 해소 전략	base-62 변환
단축 URL의 길이가 고정됨	단축 URL의 길이가 가변적. ID 값이 커지면 같이 길어짐
유일성이 보장되는 ID 생성기가 필요치 않음	유일성 보장 ID 생성기가 필요
충돌이 가능해서 해소 전략이 필요	ID의 유일성이 보장된 후에야 적용 가능한 전략이라 충돌은 아예 불가능
ID로부터 단축 URL을 계산하는 방식이 아니라서 다음에 쓸 수 있는 URL을 알아내는 것이 불가능	ID가 1씩 증가하는 값이라고 가정하면 다음에 쓸 수 있는 단축 URL이 무엇인지 쉽게 알아낼 수 있어서 보안상 문제가 될 소지가 있음

표 8-3

URL 단축기 상세 설계

URL 단축기는 시스템의 핵심 컴포넌트이므로, 그 처리 흐름이 논리적으로는 단순해야 하고 기능적으로는 언제나 동작하는 상태로 유지되어야 한다. 본 예제에서는 62진법 변환 기법을 사용해 설계할 것이다. 그림 8-7에 그 처리 흐름을 순서도 형태로 정리했다.

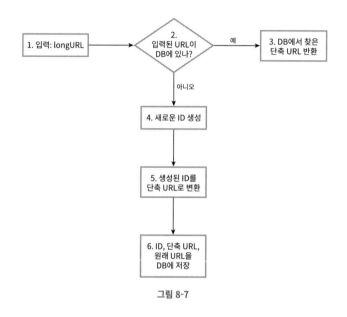

그림 8-7

1. 입력으로 긴 URL을 받는다.
2. 데이터베이스에 해당 URL이 있는지 검사한다.
3. 데이터베이스에 있다면 해당 URL에 대한 단축 URL을 만든 적이 있는 것이다. 따라서 데이터베이스에서 해당 단축 URL을 가져와서 클라이언트에게 반환한다.
4. 데이터베이스에 없는 경우에는 해당 URL은 새로 접수된 것이므로 유일한 ID를 생성한다. 이 ID는 데이터베이스의 기본 키로 사용된다.
5. 62진법 변환을 적용, ID를 단축 URL로 만든다.
6. ID, 단축 URL, 원래 URL로 새 데이터베이스 레코드를 만든 후 단축 URL을 클라이언트에 전달한다.

이해가 조금 어렵다면 아래의 예제를 보도록 하자.

- 입력된 URL이 *https://en.wikipedia.org/wiki/Systems_design*이라고 하자.
- 이 URL에 대해 ID 생성기가 반환한 ID는 2009215674938이다.
- 이 ID를 62진수로 변환하면 zn9edcu를 얻는다.
- 아래 표 8-4와 같은 새로운 데이터베이스 레코드를 만든다.

ID	shortURL	longURL
2009215674938	zn9edcu	https://en.wikipedia.org/ wiki/Systems_design

표 8-4

ID 생성기에 대해서는 한 마디 언급하고 넘어가야 할 것 같다. 이 생성기의 주된 용도는, 단축 URL을 만들 때 사용할 ID를 만드는 것이고, 이 ID는 전역적 유일성(globally unique)이 보장되는 것이어야 한다. 고도로 분산된 환경에서 이런 생성기를 만드는 것은 무척 어려운 일이다. 다행히도 우리는 7장에서 분산 ID 생성기를 구현하는 몇 가지 방법을 살펴본 적이 있다. 기억이 잘 나지 않는다면 다시 한번 훑어보고 오도록 하자.

URL 리디렉션 상세 설계

그림 8-8은 URL 리디렉션(redirection) 메커니즘의 상세한 설계를 그리고 있다. 쓰기보다 읽기를 더 자주 하는 시스템이라, 〈단축 URL, 원래 URL〉의 쌍을 캐시에 저장하여 성능을 높였다.

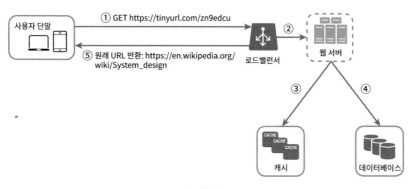

그림 8-8

로드밸런서의 동작 흐름은 다음과 같이 요약할 수 있다.

1. 사용자가 단축 URL을 클릭한다.
2. 로드밸런서가 해당 클릭으로 발생한 요청을 웹 서버에 전달한다.
3. 단축 URL이 이미 캐시에 있는 경우에는 원래 URL을 바로 꺼내서 클라이언트에게 전달한다.
4. 캐시에 해당 단축 URL이 없는 경우에는 데이터베이스에서 꺼낸다. 데이터베이스에 없다면 아마 사용자가 잘못된 단축 URL을 입력한 경우일 것이다.
5. 데이터베이스에서 꺼낸 URL을 캐시에 넣은 후 사용자에게 반환한다.

4단계 마무리

이번 장에서는 URL 단축기의 API, 데이터 모델, 해시 함수, URL 단축 및 리디렉션 절차를 설계해 보았다.

설계를 마친 후에도 시간이 좀 남는다면 다음과 같은 것을 면접관과 이야기할 수 있을 것이다.

- 처리율 제한 장치(rate limiter): 지금까지 살펴본 시스템은 엄청난 양의 URL 단축 요청이 밀려들 경우 무력화될 수 있다는 잠재적 보안 결함을 갖고 있다. 처리율 제한 장치를 두면, IP 주소를 비롯한 필터링 규칙(filtering rule)들을 이용해 요청을 걸러낼 수 있을 것이다. 처리율 제한 장치에 대해서는 4장에서 다룬 바 있다. 기억이 가물가물하다면 다시 한번 살펴보도록 하자.
- 웹 서버의 규모 확장: 본 설계에 포함된 웹 계층은 무상태(stateless) 계층이므로, 웹 서버를 자유로이 증설하거나 삭제할 수 있다.
- 데이터베이스의 규모 확장: 데이터베이스를 다중화하거나 샤딩(sharding)하여 규모 확장성을 달성할 수 있다.
- 데이터 분석 솔루션(analytics): 성공적인 비즈니스를 위해서는 데이터가 중요하다. URL 단축기에 데이터 분석 솔루션을 통합해 두면 어떤 링크를 얼마나 많은 사용자가 클릭했는지, 언제 주로 클릭했는지 등 중요한 정보를 알아낼 수 있을 것이다.

- 가용성, 데이터 일관성, 안정성: 대규모 시스템이 성공적으로 운영되기 위해서는 반드시 갖추어야 할 속성들이다. 이에 대해서는 1장에서 자세히 다루었다. 기억을 되살리고 싶다면 다시 한번 읽어보도록 하자.

이번 장도 성공적으로 마친 여러분, 축하한다. 멋지게 마무리한 스스로를 마음껏 격려하도록 하자!

참고문헌

[1]   A RESTful Tutorial: *https://www.restapitutorial.com/index.html*

[2]   Bloom filter: *https://en.wikipedia.org/wiki/Bloom_filter*

9장

웹 크롤러 설계

이번 장에서는 웹 크롤러(web crawler)를 설계해 보겠다. 재미있으면서도 고전적인 시스템 설계 문제다.

웹 크롤러는 로봇(robot) 또는 스파이더(spider)라고도 부른다. 검색 엔진에서 널리 쓰는 기술로, 웹에 새로 올라오거나 갱신된 콘텐츠를 찾아내는 것이 주된 목적이다. 여기서 콘텐츠는 웹 페이지일 수도 있고, 이미지나 비디오, 또는 PDF 파일일 수도 있다. 웹 크롤러는 몇 개 웹 페이지에서 시작하여 그 링크를 따라 나가면서 새로운 콘텐츠를 수집한다. 다음 쪽 그림 9-1은 이 과정을 시각적 예제로 정리한 내용이다.

크롤러는 다양하게 이용된다.

- 검색 엔진 인덱싱(search engine indexing): 크롤러의 가장 보편적인 용례다. 크롤러는 웹 페이지를 모아 검색 엔진을 위한 로컬 인덱스(local index)를 만든다. 일례로 Googlebot은 구글(Google) 검색 엔진이 사용하는 웹 크롤러다.
- 웹 아카이빙(web archiving): 나중에 사용할 목적으로 장기보관하기 위해 웹에서 정보를 모으는 절차를 말한다. 많은 국립 도서관이 크롤러를 돌려 웹사이트를 아카이빙하고 있다. 대표적으로는 미국 국회 도서관(US Library of Congress)[1], EU 웹 아카이브[2]가 있다.

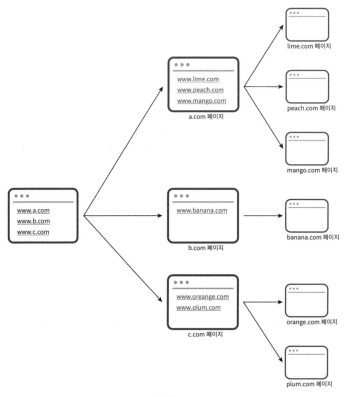

그림 9-1

- 웹 마이닝(web mining): 웹의 폭발적 성장세는 데이터 마이닝(data mining) 업계에 전례 없는 기회다. 웹 마이닝을 통해 인터넷에서 유용한 지식을 도출해 낼 수 있는 것이다. 일례로, 유명 금융 기업들은 크롤러를 사용해 주주 총회 자료나 연차 보고서(annual report)를 다운받아 기업의 핵심 사업 방향을 알아내기도 한다.
- 웹 모니터링(web monitoring). 크롤러를 사용하면 인터넷에서 저작권이나 상표권이 침해되는 사례를 모니터링할 수 있다. 일례로 디지마크(Digimarc) 사는 웹 크롤러를 사용해 해적판 저작물을 찾아내서 보고한다.[3]

웹 크롤러의 복잡도는 웹 크롤러가 처리해야 하는 데이터의 규모에 따라 달라진다. 몇 시간이면 끝낼 수 있는 작은 학급 프로젝트 수준일 수도 있고, 별도의 엔지니어링 팀을 꾸려서 지속적으로 관리하고 개선해야 하는 초대형 프로젝트가 될 수도 있다. 따라서 우선 우리가 설계할 웹 크롤러가 감당해야 하는 데이터의 규모와 기능들을 알아내야만 한다.

1단계 문제 이해 및 설계 범위 확정

웹 크롤러의 기본 알고리즘은 간단하다.

1. URL 집합이 입력으로 주어지면, 해당 URL들이 가리키는 모든 웹 페이지를 다운로드한다.
2. 다운받은 웹 페이지에서 URL들을 추출한다.
3. 추출된 URL들을 다운로드할 URL 목록에 추가하고 위의 과정을 처음부터 반복한다.

그런데 웹 크롤러가 정말로 이처럼 단순하게 동작할까? 그렇지 않다. 엄청난 규모 확장성을 갖는 웹 크롤러를 설계하는 것은 엄청나게 어려운 작업이다. 주어진 인터뷰 시간 동안 완성하기는 거의 불가능할 것이다. 그러니 설계를 진행하기 전에 질문을 던져서 요구사항을 알아내고 설계 범위를 좁히자.

지원자: 이 크롤러의 주된 용도는 무엇인가요? 검색 엔진 인덱스 생성용인가요? 아니면 데이터 마이닝? 아니면 그 외의 다른 용도가 있나요?

면접관: 검색 엔진 인덱싱에 쓰일 것입니다.

지원자: 매달 얼마나 많은 웹 페이지를 수집해야 하나요?

면접관: 10억 개(1billion)의 웹 페이지를 수집해야 합니다.

지원자: 새로 만들어진 웹 페이지나 수정된 웹 페이지도 고려해야 하나요?

면접관: 그렇습니다.

지원자: 수집한 웹 페이지는 저장해야 합니까?

면접관: 네. 5년간 저장해 두어야 합니다.

지원자: 중복된 콘텐츠는 어떻게 해야 하나요?

면접관: 중복된 콘텐츠를 갖는 페이지는 무시해도 됩니다.

이 질문들은 몇 가지 사례일 뿐이다. 중요한 것은 이런 질문을 통해 요구사항을 알아내고 모호한 부분을 제거하는 것이다. 웹 크롤러가 직관적으로 이해하기 쉬운 제품이긴 하지만 그렇다고 해도 여러분과 면접관은 마음속으로 다른 가정을 하고 있을 수 있다.

면접관과 크롤러 기능 요구사항을 명확히 하는 한편, 좋은 웹 크롤러가 만족시켜야 할 다음과 같은 속성에 주의를 기울이는 것도 바람직하다.

- 규모 확장성: 웹은 거대하다. 오늘날 웹에는 수십억 개의 페이지가 존재하는 것으로 알려져 있다. 따라서 병행성(parallelism)을 활용하면 보다 효과적으로 웹 크롤링을 할 수 있을 것이다.
- 안정성(robustness): 웹은 함정으로 가득하다. 잘못 작성된 HTML, 아무 반응이 없는 서버, 장애, 악성 코드가 붙어 있는 링크 등이 그 좋은 예다. 크롤러는 이런 비정상적 입력이나 환경에 잘 대응할 수 있어야 한다.
- 예절(politeness): 크롤러는 수집 대상 웹 사이트에 짧은 시간 동안 너무 많은 요청을 보내서는 안 된다.
- 확장성(extensibility): 새로운 형태의 콘텐츠를 지원하기가 쉬워야 한다. 예를 들어, 이미지 파일도 크롤링하고 싶다고 해 보자. 이를 위해 전체 시스템을 새로 설계해야 한다면 곤란할 것이다.

개략적 규모 추정

아래의 추정치는 많은 가정으로부터 나온 것이다. 그에 관해 면접관과 합의해 두는 것이 중요하다.

- 매달 10억 개의 웹 페이지를 다운로드한다.
- QPS = 10억(1billion, 즉 1,000,000,000) / 30일 / 24시간 / 3600초 = 대략 400페이지/초
- 최대(Peak) QPS = 2 × QPS = 800
- 웹 페이지의 크기 평균은 500k라고 가정
- 10억 페이지 × 500k = 500TB/월. 저장 용량을 나타내는데 쓰이는 단위에 익숙하지 않다면 2장으로 돌아가 '2의 제곱수' 부분을 다시 한번 읽어보도록 하자.

- 1개월치 데이터를 보관하는 데는 500TB, 5년간 보관한다고 가정하면 결국 500TB × 12개월 × 5년 = 30PB의 저장용량이 필요할 것이다.

2단계 개략적 설계안 제시 및 동의 구하기

요구사항이 분명해지면 개략적 설계를 진행하자. 그림 9-2와 같은 설계안을 제시할 것인데, 이 구조는 웹 크롤러에 관한 선행연구 [4][5]를 참고한 것이다.

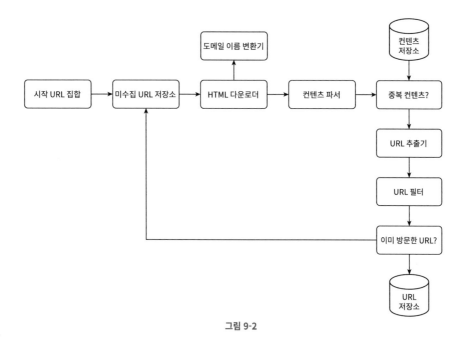

그림 9-2

우선 이 다이어그램에 등장하는 컴포넌트 각각이 어떤 기능을 수행하는지 살펴보자. 그런 후에 크롤러의 작업 흐름을 살펴볼 것이다.

시작 URL 집합

시작 URL 집합은 웹 크롤러가 크롤링을 시작하는 출발점이다. 예를 들어, 어떤 대학 웹사이트로부터 찾아 나갈 수 있는 모든 웹 페이지를 크롤링하는 가장 직관적인 방법은 해당 대학의 도메인 이름이 붙은 모든 페이지의 URL을 시작 URL로 쓰는 것이다.

전체 웹을 크롤링해야 하는 경우에는 시작 URL을 고를 때 좀 더 창의적일 필요가 있다. 크롤러가 가능한 한 많은 링크를 탐색할 수 있도록 하는 URL을 고르는 것이 바람직할 것이다. 일반적으로는 전체 URL 공간을 작은 부분집합으로 나누는 전략을 쓴다. 지역적인 특색, 그러니까 나라별로 인기 있는 웹 사이트가 다르다는 점에 착안하는 것이다. 또 다른 방법은 주제별로 다른 시작 URL을 사용하는 것이다. 예를 들어 URL 공간을 쇼핑, 스포츠, 건강 등등의 주제별로 세분화하고 그 각각에 다른 시작 URL을 쓰는 것이다.

시작 URL로 무엇을 쓸 것이냐는 질문에 정답은 없다. 면접관도 완벽한 답안을 기대하는 것이 아니니 의도가 무엇인지만 정확히 전달하도록 하자.

미수집 URL 저장소

대부분의 현대적 웹 크롤러는 크롤링 상태를 (1) 다운로드할 URL, 그리고 (2) 다운로드된 URL의 두 가지로 나눠 관리한다. 이 중 '다운로드할 URL'을 저장 관리하는 컴포넌트를 미수집 URL 저장소(URL frontier)라고 부른다. FIFO (First-In-First-Out) 큐(queue)라고 생각하면 된다. 이에 관한 상세 정보는 상세 설계 절을 참고하기 바란다.

HTML 다운로더

HTML 다운로더(downloader)는 인터넷에서 웹 페이지를 다운로드하는 컴포넌트다. 다운로드할 페이지의 URL은 미수집 URL 저장소가 제공한다.

도메인 이름 변환기

웹 페이지를 다운받으려면 URL을 IP 주소로 변환하는 절차가 필요하다. HTML 다운로더는 도메인 이름 변환기를 사용하여 URL에 대응되는 IP 주소를 알아낸다. 예를 들어 URL *www.wikipedia.org*의 IP 주소는 2019년 3월 5일 현재 198. 35.26.96이다.

콘텐츠 파서

웹 페이지를 다운로드하면 파싱(parsing)과 검증(validation) 절차를 거쳐야 한다. 이상한 웹 페이지는 문제를 일으킬 수 있는데다 저장 공간만 낭비하게 되기 때문이다. 크롤링 서버 안에 콘텐츠 파서를 구현하면 크롤링 과정이 느려지게 될 수 있으므로, 독립된 컴포넌트로 만들었다.

중복 콘텐츠인가?

웹에 공개된 연구 결과에 따르면, 29% 가량의 웹 페이지 콘텐츠는 중복이다.[6] 따라서 같은 콘텐츠를 여러 번 저장하게 될 수 있다. 본 설계안의 경우, 이 문제를 해결하기 위한 자료 구조를 도입하여 데이터 중복을 줄이고 데이터 처리에 소요되는 시간을 줄인다. 이미 시스템에 저장된 콘텐츠임을 알아내기 쉽게 하는 것이다. 두 HTML 문서를 비교하는 가장 간단한 방법은 그 두 문서를 문자열로 보고 비교하는 것이겠지만, 비교 대상 문서의 수가 10억에 달하는 경우에는 느리고 비효율적이어서 적용하기 곤란할 것이다. 효과적인 방법은 웹 페이지의 해시 값을 비교하는 것이다.[7]

콘텐츠 저장소

콘텐츠 저장소는 HTML 문서를 보관하는 시스템이다. 저장소를 구현하는 데 쓰일 기술을 고를 때는 저장할 데이터의 유형, 크기, 저장소 접근 빈도, 데이터의 유효 기간 등을 종합적으로 고려해야 한다. 본 설계안의 경우에는 디스크와 메모리를 동시에 사용하는 저장소를 택할 것이다.

- 데이터 양이 너무 많으므로 대부분의 콘텐츠는 디스크에 저장한다.
- 인기 있는 콘텐츠는 메모리에 두어 접근 지연시간을 줄일 것이다.

URL 추출기

URL 추출기는 HTML 페이지를 파싱하여 링크들을 골라내는 역할을 한다. 그림 9-3에 링크 추출 사례를 보였다. 상대 경로(relative path)는 전부 *https://en.wikipedia.org*를 붙여 절대 경로(absolute path)로 변환한다.

```
<html class="client-nojs" lang="en" dir="ltr">
  <head>
    <meta charset="UTF-8"/>
    <title>Wikipedia, the free encyclopedia</title>
  </head>
  <body>
    <li><a href="/wiki/Cong_Weixi" title="Cong Weixi">Cong Weixi</a></li>
    <li><a href="/wiki/Kay_Hagan" title="Kay Hagan">Kay Hagan</a></li>
    <li><a href="/wiki/Vladimir_Bukovsky" title="Vladimir Bukovsky">Vladimir Bukovsky</a></li>
    <li><a href="/wiki/John_Conyers" title="John Conyers">John Conyers</a></li>
  </body>
</html>
```

추출된 링크들:
```
https://en.wikipedia.org/wiki/Cong_Weixi
https://en.wikipedia.org/wiki/Kay-Hagan
https://en.wikipedia.org/wiki/Vladimir_Bukovsky
https://en.wikipedia.org/wiki/John_Conyers
```

그림 9-3

URL 필터

URL 필터는 특정한 콘텐츠 타입이나 파일 확장자를 갖는 URL, 접속 시 오류가 발생하는 URL, 접근 제외 목록(deny list)에 포함된 URL 등을 크롤링 대상에서 배제하는 역할을 한다.

이미 방문한 URL?

이 단계를 구현하기 위해서 이미 방문한 URL이나 미수집 URL 저장소에 보관된 URL을 추적할 수 있도록 하는 자료 구조를 사용할 것이다. 이미 방문한 적이 있는 URL인지 추적하면 같은 URL을 여러 번 처리하는 일을 방지할 수 있으므로 서버 부하를 줄이고 시스템이 무한 루프에 빠지는 일을 방지할 수 있다.

해당 자료 구조로는 블룸 필터(bloom filter)나 해시 테이블이 널리 쓰인다. 블룸 필터나 해시 테이블의 구현 방법에 대해서는 여기서 구체적으로 다루지 않겠다. 더 자세한 내용을 알고 싶다면 [4][8]을 참고하기 바란다.

URL 저장소

URL 저장소는 이미 방문한 URL을 보관하는 저장소다.

지금까지 각각의 시스템 컴포넌트가 하는 일을 개략적으로 살펴보았다. 이제 이 컴포넌트들이 상호 연동하는 과정을 작업 흐름(workflow) 관점에서 살펴보자.

웹 크롤러 작업 흐름

그림 9-4는 작업 흐름의 각 단계를 쉽게 설명하기 위해 일련번호(sequence number)를 붙인 다이어그램이다.

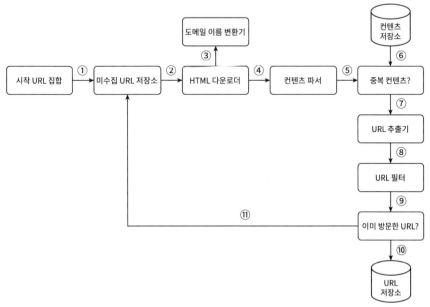

그림 9-4

① 시작 URL들을 미수집 URL 저장소에 저장한다.

② HTML 다운로더는 미수집 URL 저장소에서 URL 목록을 가져온다.

③ HTML 다운로더는 도메인 이름 변환기를 사용하여 URL의 IP 주소를 알아내고, 해당 IP 주소로 접속하여 웹 페이지를 다운받는다.

④ 콘텐츠 파서는 다운된 HTML 페이지를 파싱하여 올바른 형식을 갖춘 페이지인지 검증한다.

⑤ 콘텐츠 파싱과 검증이 끝나면 중복 콘텐츠인지 확인하는 절차를 개시한다.

⑥ 중복 콘텐츠인지 확인하기 위해서, 해당 페이지가 이미 저장소에 있는지 본다.

　∘ 이미 저장소에 있는 콘텐츠인 경우에는 처리하지 않고 버린다.

　∘ 저장소에 없는 콘텐츠인 경우에는 저장소에 저장한 뒤 URL 추출기로 전달한다.

⑦ URL 추출기는 해당 HTML 페이지에서 링크를 골라낸다.

⑧ 골라낸 링크를 URL 필터로 전달한다.

⑨ 필터링이 끝나고 남은 URL만 중복 URL 판별 단계로 전달한다.

⑩ 이미 처리한 URL인지 확인하기 위하여, URL 저장소에 보관된 URL인지 살핀다. 이미 저장소에 있는 URL은 버린다.

⑪ 저장소에 없는 URL은 URL 저장소에 저장할 뿐 아니라 미수집 URL 저장소에도 전달한다.

3단계 상세 설계

지금까지 개략적 설계안을 살펴보았다. 지금부터는 가장 중요한 컴포넌트와 그 구현 기술을 심도 있게 살펴보겠다.

- DFS(Depth-First Search) vs BFS(Breadth-First Search)
- 미수집 URL 저장소
- HTML 다운로더
- 안정성 확보 전략
- 확장성 확보 전략
- 문제 있는 콘텐츠 감지 및 회피 전략

DFS를 쓸 것인가, BFS를 쓸 것인가

웹은 유향 그래프(directed graph)나 같다. 페이지는 노드이고, 하이퍼링크(URL)는 에지(edge)라고 보면 된다. 크롤링 프로세스는 이 유향 그래프를 에지를 따라 탐색하는 과정이다. DFS, BFS는 바로 이 그래프 탐색에 널리 사용되는 두 가지 알고리즘이다. 하지만 DFS, 즉 깊이 우선 탐색법(depth-first search)은 좋은 선택이 아닐 가능성이 높다. 그래프 크기가 클 경우 어느 정도로 깊숙이 가게 될지 가늠하기 어려워서다.

따라서 웹 크롤러는 보통 BFS, 즉 너비 우선 탐색법(breadth-first search)을 사용한다. BFS는 FIFO(First-In-First-Out) 큐를 사용하는 알고리즘이다. 이 큐의 한쪽으로는 탐색할 URL을 집어넣고, 다른 한쪽으로는 꺼내기만 한다. 하지만 이 구현법에는 다음의 두 가지 문제점이 있다.

• 한 페이지에서 나오는 링크의 상당수는 같은 서버로 되돌아간다. 그림 9-5
의 예제를 보자. wikipedia.com 페이지에서 추출한 모든 링크는 내부 링크,
즉 동일한 wikipedia.com 서버의 다른 페이지를 참조하는 링크다. 결국 크
롤러는 같은 호스트에 속한 많은 링크를 다운받느라 바빠지게 되는데, 이때
링크들을 병렬로 처리하게 된다면 위키피디아 서버는 수많은 요청으로 과
부하에 걸리게 될 것이다. 이런 크롤러는 보통 '예의 없는(impolite)' 크롤러
로 간주된다.

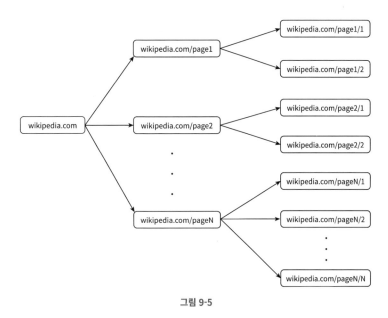

그림 9-5

• 표준적 BFS 알고리즘은 URL 간에 우선순위를 두지 않는다. 처리 순서에 있
어 모든 페이지를 공평하게 대우한다는 뜻이다. 하지만 모든 웹 페이지가
같은 수준의 품질, 같은 수준의 중요성을 갖지는 않는다. 그러니 페이지 순
위(page rank), 사용자 트래픽의 양, 업데이트 빈도 등 여러 가지 척도에 비
추어 처리 우선순위를 구별하는 것이 온당할 것이다.

미수집 URL 저장소

미수집 URL 저장소를 활용하면 이런 문제를 좀 쉽게 해결할 수 있다. 앞서 살펴본 대로, URL 저장소는 다운로드할 URL을 보관하는 장소다. 이 저장소를 잘 구현하면 '예의(politeness)'를 갖춘 크롤러, URL 사이의 우선순위와 신선도(freshness)를 구별하는 크롤러를 구현할 수 있다. 미수집 URL 저장소의 구현 방법에 대해서는 논문도 다수 나와 있는데, 특히 [5][9]가 읽어 둘만 하다. 이들 논문의 연구 결과 가운데 중요한 것을 요약하면 다음과 같다.

예의

웹 크롤러는 수집 대상 서버로 짧은 시간 안에 너무 많은 요청을 보내는 것을 삼가야 한다. 너무 많은 요청을 보내는 것은 '무례한(impolite)' 일이며, 때로는 DoS(Denial-of-Service) 공격으로 간주되기도 한다. 가령 아무 안전장치가 없는 웹 크롤러의 경우, 초당 수천 건의 페이지 요청을 동일한 웹 사이트로 보내어 사이트를 마비시켜버릴 수도 있다.

예의 바른 크롤러를 만드는 데 있어서 지켜야 할 한 가지 원칙은, 동일 웹 사이트에 대해서는 한 번에 한 페이지만 요청한다는 것이다. 같은 웹 사이트의 페이지를 다운받는 태스크는 시간차를 두고 실행하도록 하면 될 것이다. 이 요구사항을 만족시키려면 웹사이트의 호스트명(hostname)과 다운로드를 수행하는 작업 스레드(worker thread) 사이의 관계를 유지하면 된다. 즉, 각 다운로드 스레드는 별도 FIFO 큐를 가지고 있어서, 해당 큐에서 꺼낸 URL만 다운로드한다. 그림 9-6은 이 아이디어를 이용한 설계를 보여준다.

- 큐 라우터(queue router): 같은 호스트에 속한 URL은 언제나 같은 큐(b1, b2, ... , bn)로 가도록 보장하는 역할을 한다.
- 매핑 테이블(mapping table): 호스트 이름과 큐 사이의 관계를 보관하는 테이블. 표 9-1과 같은 형태를 띤다.
- FIFO 큐(b1부터 bn까지): 같은 호스트에 속한 URL은 언제나 같은 큐에 보관된다.

호스트	큐
wikipedia.com	b1
apple.com	b2
...	...
nike.com	bn

표 9-1

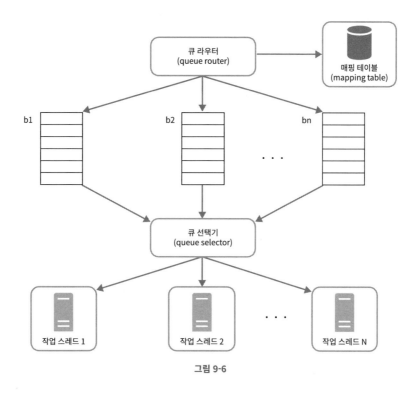

그림 9-6

- 큐 선택기(queue selector): 큐 선택기는 큐들을 순회하면서 큐에서 URL을 꺼내서 해당 큐에서 나온 URL을 다운로드하도록 지정된 작업 스레드에 전달하는 역할을 한다.
- 작업 스레드(worker thread): 작업 스레드는 전달된 URL을 다운로드하는 작업을 수행한다. 전달된 URL은 순차적으로 처리될 것이며, 작업들 사이에는 일정한 지연시간(delay)을 둘 수 있다.

우선순위

애플(Apple) 제품에 대한 사용자 의견이 올라오는 포럼의 한 페이지가 애플 홈페이지와 같은 중요도를 갖는다고 보기는 어려울 것이다. 둘 다 'Apple'이 키워드로 등장하기는 하겠지만, 크롤러 입장에서는 중요한 페이지, 그러니까 애플 홈페이지를 먼저 수집하도록 하는 것이 바람직할 것이다.

유용성에 따라 URL의 우선순위를 나눌 때는 페이지랭크(PageRank)[10], 트래픽 양, 갱신 빈도(update frequency) 등 다양한 척도를 사용할 수 있을 것이다. 본 절에서 설명할 순위결정장치(prioritizer)는 URL 우선순위를 정하는 컴포넌트다. 이 주제에 대해서는 [5][10] 등의 문헌을 참고하면 좀 더 상세한 정보를 얻을 수 있다.

그림 9-7은 URL 우선순위를 고려하여 변경한 설계를 보여준다.

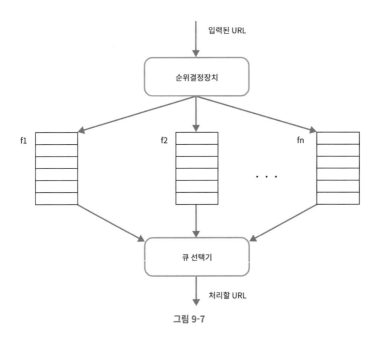

그림 9-7

- 순위결정장치(prioritizer): URL을 입력으로 받아 우선순위를 계산한다.
- 큐(f1, … fn): 우선순위별로 큐가 하나씩 할당된다. 우선순위가 높으면 선택될 확률도 올라간다.
- 큐 선택기: 임의 큐에서 처리할 URL을 꺼내는 역할을 담당한다. 순위가 높은 큐에서 더 자주 꺼내도록 프로그램되어 있다.

그림 9-8은 이를 반영한 전체 설계다. 아래의 두 개 모듈이 존재하는 것을 볼 수 있을 것이다.

- 전면 큐(front queue): 우선순위 결정 과정을 처리한다.
- 후면 큐(back queue): 크롤러가 예의 바르게 동작하도록 보증한다.

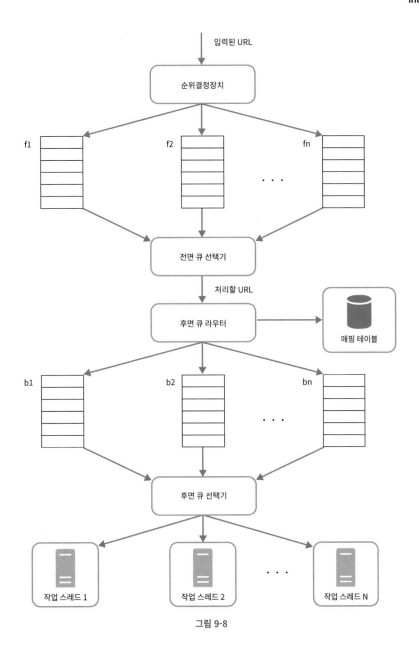

그림 9-8

신선도

웹 페이지는 수시로 추가되고, 삭제되고, 변경된다. 따라서 데이터의 신선함 (freshness)을 유지하기 위해서는 이미 다운로드한 페이지라고 해도 주기적으로 재수집(recrawl)할 필요가 있다. 그러나 모든 URL을 재수집하는 것은 많은 시간과 자원이 필요한 작업이다. 이 작업을 최적화하기 위한 전략으로는 다음과 같은 것들이 있다.

- 웹 페이지의 변경 이력(update history) 활용
- 우선순위를 활용하여, 중요한 페이지는 좀 더 자주 재수집

미수집 URL 저장소를 위한 지속성 저장장치

검색 엔진을 위한 크롤러의 경우, 처리해야 하는 URL의 수는 수억 개에 달한다.[4] 그러니 그 모두를 메모리에 보관하는 것은 안정성이나 규모 확장성 측면에서 바람직하지 않다. 전부 디스크에 저장하는 것도 좋은 방법은 아닌데, 느려서 쉽게 성능 병목지점이 되기 때문이다.

따라서 본 설계안은 절충안(hybrid approach)을 택했다. 대부분의 URL은 디스크에 두지만 IO 비용을 줄이기 위해 메모리 버퍼에 큐를 두는 것이다. 버퍼에 있는 데이터는 주기적으로 디스크에 기록할 것이다.

HTML 다운로더

HTML 다운로더(downloader)는 HTTP 프로토콜을 통해 웹 페이지를 내려 받는다. 다운로더에 대해 알아보기 전에 먼저 로봇 제외 프로토콜(Robot Exclusion Protocol)부터 살펴보고 넘어가자.

Robots.txt

로봇 제외 프로토콜이라고 부르기도 하는 Robots.txt는 웹사이트가 크롤러와 소통하는 표준적 방법이다. 이 파일에는 크롤러가 수집해도 되는 페이지 목록이 들어 있다. 따라서 웹 사이트를 긁어 가기 전에 크롤러는 해당 파일에 나열된 규칙을 먼저 확인해야 한다.

Robots.txt 파일을 거푸 다운로드하는 것을 피하기 위해, 이 파일은 주기적으로 다시 다운받아 캐시에 보관할 것이다. *https://www.amazon.com/robots.txt* 파일을 예로 들면 그 안에는 다음과 같은 규칙이 나열되어 있다. Creatorhub 같

은 디렉터리의 내용은 다운받을 수 없다는 것을 알 수 있다.

User-agent: Googlebot

Disallow: /creatorhub/*

Disallow: /rss/people/*/reviews

Disallow: /gp/pdp/rss/*/reviews

Disallow: /gp/cdp/member-reviews/

Disallow: /gp/aw/c r/

Robots.txt도 중요하지만 HTML 다운로더를 설계할 때는 성능최적화도 아주 중요하다. 다음 절에서 상세히 살펴보겠다.

성능 최적화

아래는 HTML 다운로더에 사용할 수 있는 성능 최적화 기법들이다.

1. 분산 크롤링

성능을 높이기 위해 크롤링 작업을 여러 서버에 분산하는 방법이다. 각 서버는 여러 스레드를 돌려 다운로드 작업을 처리한다. 이 구성을 위해 URL 공간은 작은 단위로 분할하여, 각 서버는 그중 일부의 다운로드를 담당하도록 한다. 그림 9-9은 이렇게 최적화한 사례를 보여준다.

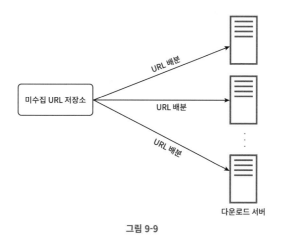

그림 9-9

2. 도메인 이름 변환 결과 캐시

도메인 이름 변환기(DNS Resolver)는 크롤러 성능의 병목 중 하나인데, 이는 DNS 요청을 보내고 결과를 받는 작업의 동기적 특성 때문이다. DNS 요청의 결과를 받기 전까지는 다음 작업을 진행할 수 없는 것이다. DNS 요청이 처리되는 데는 보통 10ms에서 200ms가 소요된다. 크롤러 스레드 가운데 어느 하나라도 이 작업을 하고 있으면 다른 스레드의 DNS 요청은 전부 블록(block)된다. 따라서 DNS 조회 결과로 얻어진 도메인 이름과 IP 주소 사이의 관계를 캐시에 보관해 놓고 크론 잡(cron job) 등을 돌려 주기적으로 갱신하도록 해 놓으면 성능을 효과적으로 높일 수 있다.

3. 지역성

크롤링 작업을 수행하는 서버를 지역별로 분산하는 방법이다. 크롤링 서버가 크롤링 대상 서버와 지역적으로 가까우면 페이지 다운로드 시간은 줄어들 것이다. 지역성(locality)을 활용하는 전략은 크롤 서버, 캐시, 큐, 저장소 등 대부분의 컴포넌트에 적용 가능하다.

4. 짧은 타임아웃

어떤 웹 서버는 응답이 느리거나 아예 응답하지 않는다. 이런 경우에 대기 시간(wait time)이 길어지면 좋지 않으므로, 최대 얼마나 기다릴지를 미리 정해 두는 것이다. 이 시간 동안 서버가 응답하지 않으면 크롤러는 해당 페이지 다운로드를 중단하고 다음 페이지로 넘어간다.

안정성

최적화된 성능뿐 아니라 안정성도 다운로더 설계 시 중요하게 고려해야 할 부분이다. 시스템 안정성을 향상시키기 위한 접근법 가운데 중요한 몇 가지는 아래와 같다.

- 안정 해시(consistent hashing): 다운로더 서버들에 부하를 분산할 때 적용 가능한 기술이다. 이 기술을 이용하면 다운로더 서버를 쉽게 추가하고 삭제

할 수 있다. 5장 "안정 해시 설계"를 참고하기 바란다.

- 크롤링 상태 및 수집 데이터 저장: 장애가 발생한 경우에도 쉽게 복구할 수 있도록 크롤링 상태와 수집된 데이터를 지속적 저장장치에 기록해 두는 것이 바람직하다. 저장된 데이터를 로딩하고 나면 중단되었던 크롤링을 쉽게 재시작할 수 있을 것이다.

- 예외 처리(exception handling): 대규모 시스템에서 에러(error)는 불가피할 뿐 아니라 흔하게 벌어지는 일이다. 예외가 발생해도 전체 시스템이 중단되는 일 없이 그 작업을 우아하게 이어나갈 수 있어야 한다.

- 데이터 검증(data validation): 시스템 오류를 방지하기 위한 중요 수단 가운데 하나다.

확장성

진화하지 않는 시스템은 없는 법이라서, 이런 시스템을 설계할 때는 새로운 형태의 콘텐츠를 쉽게 지원할 수 있도록 신경 써야 한다. 본 예제의 경우에는 새로운 모듈을 끼워 넣음으로써 새로운 형태의 콘텐츠를 지원할 수 있도록 설계하였다. 그림 9-10에서 그 방법을 보여준다.

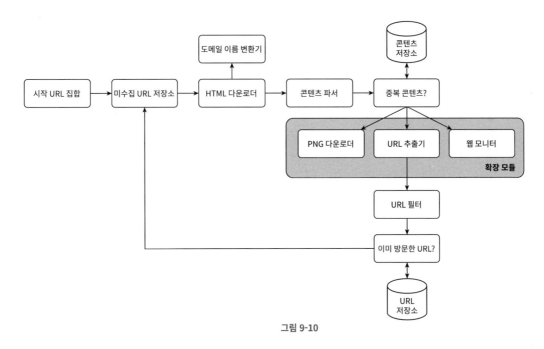

그림 9-10

- PNG 다운로더는 PNG 파일을 다운로드하는 플러그인(plug-in) 모듈이다.
- 웹 모니터(web monitor)는 웹을 모니터링하여 저작권이나 상표권이 침해되는 일을 막는 모듈이다.

문제 있는 콘텐츠 감지 및 회피

이번 절에서는 중복이거나 의미 없는, 또는 유해한 콘텐츠를 어떻게 감지하고 시스템으로부터 차단할지 살펴보겠다.

1. 중복 콘텐츠

앞서 살펴본 대로, 웹 콘텐츠의 30% 가량은 중복이다. 해시나 체크섬(check-sum)을 사용하면 중복 콘텐츠를 보다 쉽게 탐지할 수 있다.[11]

2. 거미 덫

거미 덫(spider trap)은 크롤러를 무한 루프에 빠뜨리도록 설계한 웹 페이지다. 예를 들어, 다음과 같이 무한히 깊은 디렉터리 구조를 포함하는 링크가 있다고 해 보자.

spidertrapexample.com/foo/bar/foo/bar/foo/bar/⋯

이런 덫은 URL의 최대 길이를 제한하면 회피할 수 있다. 하지만 가능한 모든 종류의 덫을 피할 수 있는 만능 해결책은 없다. 이런 덫이 설치된 웹 사이트인지 알아내는 것은 어렵지 않은데, 기이할 정도로 많은 웹 페이지를 가지고 있는 것이 일반적이라서다. 하지만 덫을 자동으로 피해가는 알고리즘을 만들어내는 것은 까다롭다. 한 가지 방법은 사람이 수작업으로 덫을 확인하고 찾아낸 후에 덫이 있는 사이트를 크롤러 탐색 대상에서 제외하거나 URL 필터 목록에 걸어두는 것이다.

3. 데이터 노이즈

어떤 콘텐츠는 거의 가치가 없다. 광고나 스크립트 코드, 스팸 URL 같은 것이 그렇다. 이런 콘텐츠는 크롤러에게 도움될 것이 없으므로 가능하다면 제외해야 한다.

4단계 마무리

이번 장에서 우리는 좋은 크롤러가 갖추어야 하는 특성을 살펴보았다. 규모 확장성(scalability), 예의, 확장성(extensibility), 안정성 등이 그것이다. 아울러 크롤러의 설계안을 제시하고, 핵심 컴포넌트에 쓰이는 기술들도 살펴보았다. 규모 확장성이 뛰어난 웹 크롤러 설계 작업은 단순하지 않다. 웹이 워낙 방대한 데다, 수없이 많은 덫이 도사리고 있기 때문이다. 가능한 한 많은 주제를 다루려고 하긴 했으나, 부족한 점이 있을 것이다. 시간이 허락한다면 면접관과 다음과 같은 것을 추가로 논의해보면 좋을 것이다.

- 서버 측 렌더링(server-side rendering): 많은 웹사이트가 자바스크립트(Java Script), AJAX 등의 기술을 사용해서 링크를 즉석에서 만들어 낸다. 그러니 웹 페이지를 그냥 있는 그대로 다운받아서 파싱해보면 그렇게 동적으로 생성되는 링크는 발견할 수 없을 것이다. 이 문제는 페이지를 파싱하기 전에 서버 측 렌더링(동적 렌더링dynamic rendering이라고도 불린다)을 적용하면 해결할 수 있다. [12]
- 원치 않는 페이지 필터링: 저장 공간 등 크롤링에 소요되는 자원은 유한하기 때문에 스팸 방지(anti-spam) 컴포넌트를 두어 품질이 조악하거나 스팸성인 페이지를 걸러내도록 해 두면 좋다. [13][14]
- 데이터베이스 다중화 및 샤딩: 다중화(replication)나 샤딩(sharding) 같은 기법을 적용하면 데이터 계층(data layer)의 가용성, 규모 확장성, 안정성이 향상된다.
- 수평적 규모 확장성(horizontal scalability): 대규모의 크롤링을 위해서는 다운로드를 실행할 서버가 수백 혹은 수천 대 필요하게 될 수도 있다. 수평적 규모 확장성을 달성하는 데 중요한 것은 서버가 상태정보를 유지하지 않도록 하는 것, 즉 무상태(stateless) 서버로 만드는 것이다.

- 가용성, 일관성, 안정성: 이런 개념들은 성공적인 대형 시스템을 만들기 위해 필수적으로 고려해야 하는 것들이다. 이 개념들에 대해서는 1장에서 자세히 다뤘으니 기억이 가물가물하다면 다시 한번 읽어보자.
- 데이터 분석 솔루션(analytics): 데이터를 수집하고 분석하는 것은 어느 시스템에게나 중요하다. 시스템을 세밀히 조정하기 위해서는 이런 데이터와 그 분석 결과가 필수적이라서다.

여기까지 성공적으로 마친 여러분, 축하한다. 멋지게 마무리한 스스로를 마음껏 격려하도록 하자!

참고문헌

[1]   US Library of Congress: *https://www.loc.gov/websites/*

[2]   EU Web Archive: *http://data.europa.eu/webarchive*

[3]   Digimarc: *https://www.digimarc.com/products/digimarc-services/piracy-intelligence*

[4]   Heydon A., Najork M. Mercator: A scalable, extensible web crawler World Wide Web, 2 (4) (1999), pp. 219-229

[5]   By Christopher Olston, Marc Najork: Web Crawling. *http://infolab.stanford.edu/~olston/publications/crawling_survey.pdf*

[6]   29% Of Sites Face Duplicate Content Issues: *https://tinyurl.com/y6tmh55y*

[7]   Rabin M.O., et al. Fingerprinting by random polynomials Center for Research in Computing Techn., Aiken Computation Laboratory, Univ. (1981)

[8]   B. H. Bloom, "Space/time trade-offs in hash coding with allowable errors," Communications of the ACM, vol. 13, no. 7, pp. 422-426, 1970.

[9]   Donald J. Patterson, Web Crawling: *https://www.ics.uci.edu/~lopes/teaching/cs221W12/slides/Lecture05.pdf*

[10] L. Page, S. Brin, R. Motwani, and T. Winograd, "The PageRank citation ranking: Bringing order to the web," Technical Report, Stanford University, 1998.

[11] Burton Bloom. Space/time trade-offs in hash coding with allowable er-
      rors. Communications of the ACM, 13(7), pages 422--426, July 1970.

[12] Google Dynamic Rendering: *https://developers.google.com/search/docs/
      guides/dynamic-rendering*

[13] T. Urvoy, T. Lavergne, and P. Filoche, "Tracking web spam with hidden
      style similarity," in Proceedings of the 2nd International Workshop on
      Adversarial Information Retrieval on the Web, 2006.

[14] H.-T. Lee, D. Leonard, X. Wang, and D. Loguinov, "IRLbot: Scaling to 6
      billion pages and beyond," in Proceedings of the 17th International World
      Wide Web Conference, 2008.

10장

알림 시스템 설계

알림 시스템(notification system)은 최근 많은 프로그램이 채택한 인기 있는 기능이다. 이 기능을 갖춘 애플리케이션 프로그램은 최신 뉴스, 제품 업데이트, 이벤트, 선물 등 고객에게 중요할 만한 정보를 비동기적으로 제공한다. 이 기능은 이미 우리 일상생활의 중요한 부분으로 자리 잡았다. 이번 장에서는 바로 이 알림 시스템을 설계해 볼 것이다.

알림 시스템은 단순히 모바일 푸시 알림(mobile push notification)에 한정되지 않는다. 사실 알림 시스템은 모바일 푸시 알림, SMS 메시지, 그리고 이메일의 세 가지로 분류할 수 있다. 그림 10-1에 각각의 예가 나와 있다.

푸시 알림   SMS   이메일

그림 10-1

1단계 문제 이해 및 설계 범위 확정

하루에 백만 건 이상의 알림을 처리하는 확장성 높은 시스템을 구축하는 게 쉬운 과제는 아니다. 알림 시스템이 어떻게 구현되는지에 대한 깊은 이해가 필요한 작업이다. 이에 관한 문제가 면접에 출제될 때는 보통 정해진 정답이 없고 문제 자체가 모호하게 주어지는 것이 일반적이므로, 적절한 질문을 통해 요구사항이 무엇인지 지원자 스스로 알아내야 한다.

지원자: 이 시스템은 어떤 종류의 알림을 지원해야 하나요?

면접관: 푸시 알림, SMS 메시지, 그리고 이메일입니다.

지원자: 실시간(real-time) 시스템이어야 하나요?

면접관: 연성 실시간(soft real-time) 시스템이라고 가정합니다. 알림은 가능한 한 빨리 전달되어야 하지만 시스템에 높은 부하가 걸렸을 때 약간의 지연은 무방합니다.

지원자: 어떤 종류의 단말을 지원해야 하나요?

면접관: iOS 단말, 안드로이드(android) 단말, 그리고 랩톱/데스크톱을 지원해야 합니다.

지원자: 사용자에게 보낼 알림은 누가 만들 수 있나요?

면접관: 클라이언트 애플리케이션 프로그램이 만들 수도 있구요. 서버 측에서 스케줄링 할 수도 있습니다.

지원자: 사용자가 알림을 받지 않도록(opt-out) 설정할 수도 있어야 하나요?

면접관: 네. 해당 설정을 마친 사용자는 더 이상 알림을 받지 않습니다.

지원자: 하루에 몇 건의 알림을 보낼 수 있어야 하나요?

면접관: 천만 건의 모바일 푸시 알림, 백만 건의 SMS 메시지, 5백만 건의 이메일을 보낼 수 있어야 합니다.

2단계 개략적 설계안 제시 및 동의 구하기

이번 절에서는 iOS 푸시 알림, 안드로이드 푸시 알림, SMS 메시지, 그리고 이메일을 지원하는 알림 시스템의 개략적 설계안을 살펴볼 것이다. 다음과 같은 내용을 다룬다.

- 알림 유형별 지원 방안
- 연락처 정보 수집 절차
- 알림 전송 및 수신 절차

알림 유형별 지원 방안

우선 각각의 알림 메커니즘이 어떻게 동작하는지부터 알아보자.

iOS 푸시 알림

iOS에서 푸시 알림을 보내기 위해서는 세 가지 컴포넌트가 필요하다.

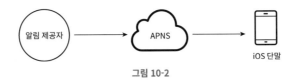

그림 10-2

- 알림 제공자(provider): 알림 요청(notification request)을 만들어 애플 푸시 알림 서비스(APNS: Apple Push Notification Service)로 보내는 주체다. 알림 요청을 만들려면 다음과 같은 데이터가 필요하다.
  - 단말 토큰(device token): 알림 요청을 보내는 데 필요한 고유 식별자다.
  - 페이로드(payload): 알림 내용을 담은 JSON 딕셔너리(dictionary)다. 아래는 그 예다.

```
{
  "aps": {
          "alert": {
            "title": "Game Request",
            "body": "Bob wants to play chess",
            "action-loc-key":"PLAY"
          },
          "badge":5
        }
}
```

- APNS: 애플이 제공하는 원격 서비스다. 푸시 알림을 iOS 장치로 보내는 역할을 담당한다.

- iOS 단말(iOS device): 푸시 알림을 수신하는 사용자 단말이다.

안드로이드 푸시 알림

안드로이드 푸시 알림도 비슷한 절차로 전송된다. APNS 대신 FCM(Firebase Cloud Messaging)을 사용한다는 점만 다르다.

알림 제공자 → FCM → 안드로이드 단말

그림 10-3

SMS 메시지

SMS 메시지를 보낼 때는 보통 트윌리오(Twilio)[1], 넥스모(Nexmo)[2] 같은 제3 사업자의 서비스를 많이 이용한다. 이런 서비스는 대부분 상용 서비스라서 이용요금을 내야 한다.

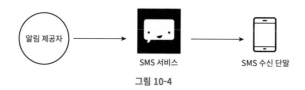

알림 제공자 → SMS 서비스 → SMS 수신 단말

그림 10-4

이메일

대부분의 회사는 고유 이메일 서버를 구축할 역량은 갖추고 있다. 그럼에도 많은 회사가 상용 이메일 서비스를 이용한다. 그중 유명한 서비스로 센드그리드 (Sendgrid)[3], 메일침프(Mailchimp)[4]가 있다. 전송 성공률도 높고, 데이터 분석 서비스(analytics)도 제공한다.

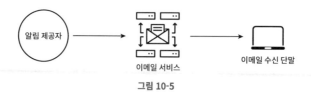

알림 제공자 → 이메일 서비스 → 이메일 수신 단말

그림 10-5

그림 10-6은 지금까지 살펴본 알림 유형 전부를 한 시스템으로 묶은 결과다.

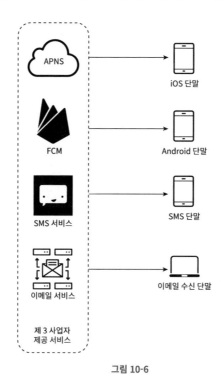

그림 10-6

연락처 정보 수집 절차

알림을 보내려면 모바일 단말 토큰, 전화번호, 이메일 주소 등의 정보가 필요
하다. 그림 10-7과 같이 사용자가 우리 앱을 설치하거나 처음으로 계정을 등록
하면 API 서버는 해당 사용자의 정보를 수집하여 데이터베이스에 저장한다.

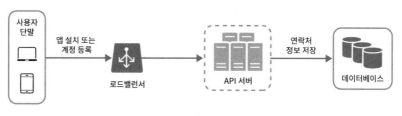

그림 10-7

이 데이터베이스에 연락처 정보를 저장할 테이블 구조는 그림 10-8과 같다. 필수 정보만 담은 개략적인 설계안으로서, 이메일 주소와 전화번호는 user 테이블에 저장하고, 단말 토큰은 device 테이블에 저장한다. 한 사용자가 여러 단말을 가질 수 있고, 알림은 모든 단말에 전송되어야 한다는 점을 고려하였다.

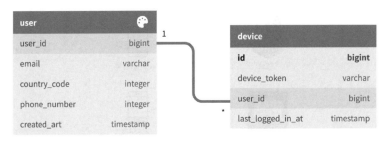

그림 10-8

알림 전송 및 수신 절차

우선 개략적인 설계안부터 살펴보고, 점차로 최적화해 나가도록 할 것이다.

개략적 설계안 (초안)

그림 10-9는 개략적 설계 초안이다. 각 시스템 컴포넌트에 대한 설명은 그 아래에 두었다.

- 1부터 N까지의 서비스: 이 서비스 각각은 마이크로서비스(microservice)일 수도 있고, 크론잡(cronjob)일 수도 있고, 분산 시스템 컴포넌트일 수도 있다. 사용자에게 납기일을 알리고자 하는 과금 서비스(billing service), 배송 알림을 보내려는 쇼핑몰 웹사이트 등이 그 예다.
- 알림 시스템(notification system): 알림 시스템은 알림 전송/수신 처리의 핵심이다. 우선은 1개 서버만 사용하는 시스템이라고 가정해 보자. 이 시스템은 서비스 1~N에 알림 전송을 위한 API를 제공해야 하고, 제3자 서비스에 전달할 알림 페이로드(payload)를 만들어 낼 수 있어야 한다.
- 제3자 서비스(third party services): 이 서비스들은 사용자에게 알림을 실제로 전달하는 역할을 한다. 제3자 서비스와의 통합을 진행할 때 유의할 것은

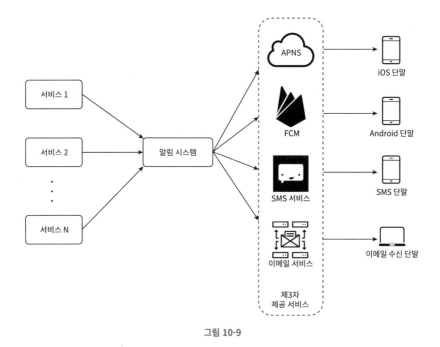

그림 10-9

확장성(extensibility)이다. 쉽게 새로운 서비스를 통합하거나 기존 서비스를 제거할 수 있어야 한다는 뜻이다. 또 하나 고려해야 할 것은, 어떤 서비스는 다른 시장에서는 사용할 수 없을 수도 있다는 것이다. 가령 FCM은 중국에서는 사용할 수 없다. 따라서 중국 시장에서는 제이푸시(Jpush), 푸시와이(PushY) 같은 서비스를 사용해야만 한다.

- iOS, 안드로이드, SMS, 이메일 단말: 사용자는 자기 단말에서 알림을 수신한다.

이 설계에는 몇 가지 문제가 있다.

- SPOF(Single-Point-Of-Failure): 알림 서비스에 서버가 하나밖에 없다는 것은, 그 서버에 장애가 생기면 전체 서비스의 장애로 이어진다는 뜻이다.
- 규모 확장성: 한 대 서비스로 푸시 알림에 관계된 모든 것을 처리하므로, 데이터베이스나 캐시 등 중요 컴포넌트의 규모를 개별적으로 늘릴 방법이 없다.

- 성능 병목: 알림을 처리하고 보내는 것은 자원을 많이 필요로 하는 작업일 수 있다. 예를 들어 HTML 페이지를 만들고 제3자 서비스의 응답을 기다리는 일은 시간이 많이 걸릴 가능성이 있는 작업이다. 따라서 모든 것을 한 서버로 처리하면 사용자 트래픽이 많이 몰리는 시간에는 시스템이 과부하 상태에 빠질 수 있다.

개략적 설계안 (개선된 버전)

초안의 문제점을 알아보았으니, 다음과 같은 방향으로 개선해 보도록 하자.

- 데이터베이스와 캐시를 알림 시스템의 주 서버에서 분리한다.
- 알림 서버를 증설하고 자동으로 수평적 규모 확장이 이루어질 수 있도록 한다.
- 메시지 큐를 이용해 시스템 컴포넌트 사이의 강한 결합을 끊는다.

그림 10-10은 이 아이디어를 적용할 시스템 개선안을 보여주고 있다. 왼쪽에서 오른쪽 순서로 살펴보자.

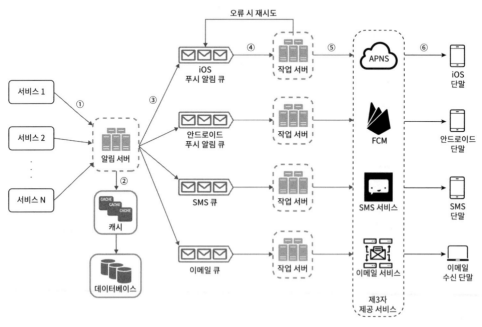

그림 10-10

- 1부터 N까지의 서비스: 알림 시스템 서버의 API를 통해 알림을 보낼 서비스들.

- 알림 서버(notification server): 다음 기능을 제공한다.
  - 알림 전송 API: 스팸 방지를 위해 보통 사내 서비스 또는 인증된 클라이언트만 이용 가능하다.
  - 알림 검증(validation): 이메일 주소, 전화번호 등에 대한 기본적 검증을 수행한다.
  - 데이터베이스 또는 캐시 질의: 알림에 포함시킬 데이터를 가져오는 기능이다.
  - 알림 전송: 알림 데이터를 메시지 큐에 넣는다. 본 설계안의 경우 하나 이상의 메시지 큐를 사용하므로 알림을 병렬적으로 처리할 수 있다.

다음은 이메일 형태의 알림을 보내는 데 사용하는 API 예제다.

POST https://api.example.com/v/sms/send

API 호출 시 전송할 데이터(body)의 사례:

```
{
  "to": [
    {
      "user_id": 123456
    }
  ],
  "from": {
    "email": "from_address@example.com"
  },
  "subject": "Hello, World!",
  "content": [
    {
      "type": "text/plain",
      "value": "Hello, World!"
    }
  ]
}
```

- 캐시(cache): 사용자 정보, 단말 정보, 알림 템플릿(template) 등을 캐시한다.

- 데이터베이스(DB): 사용자, 알림, 설정 등 다양한 정보를 저장한다.
- 메시지 큐(message queue): 시스템 컴포넌트 간 의존성을 제거하기 위해 사용한다. 다량의 알림이 전송되어야 하는 경우를 대비한 버퍼 역할도 한다. 본 설계안에서는 알림의 종류별로 별도 메시지 큐를 사용하였다. 따라서 제 3자 서비스 가운데 하나에 장애가 발생해도 다른 종류의 알림은 정상 동작하게 된다.
- 작업 서버(workers): 메시지 큐에서 전송할 알림을 꺼내서 제3자 서비스로 전달하는 역할을 담당하는 서버다.
- 제3자 서비스(third-party service): 설계 초안을 이야기할 때 이미 설명하였다.
- iOS, 안드로이드, SMS, 이메일 단말: 역시 이미 설명하였다.

이제 이 컴포넌트들이 어떻게 협력하여 알림을 전송하게 되는지 살펴보자.

1. API를 호출하여 알림 서버로 알림을 보낸다.
2. 알림 서버는 사용자 정보, 단말 토큰, 알림 설정 같은 메타데이터(metadata)를 캐시나 데이터베이스에서 가져온다.
3. 알림 서버는 전송할 알림에 맞는 이벤트를 만들어서 해당 이벤트를 위한 큐에 넣는다. 가령 iOS 푸시 알림 이벤트는 iOS 푸시 알림 큐에 넣어야 한다.
4. 작업 서버는 메시지 큐에서 알림 이벤트를 꺼낸다.
5. 작업 서버는 알림을 제3자 서비스로 보낸다.
6. 제3자 서비스는 사용자 단말로 알림을 전송한다.

3단계 상세 설계

지금까지 개략적 설계를 진행하면서 알림의 종류, 연락처 정보 수집 절차, 그리고 알림 전송/수신 절차에 대해서 살펴보았다. 이제 다음 내용을 좀 더 자세히 알아볼 것이다.

- 안정성(reliability)
- 추가로 필요한 컴포넌트 및 고려사항: 알림 템플릿, 알림 설정, 전송률 제한 (rate limiting), 재시도 메커니즘(retry mechanism), 보안(security), 큐에 보관된 알림에 대한 모니터링과 이벤트 추적 등이 이에 해당한다.
- 개선된 설계안

안정성

분산 환경에서 운영될 알림 시스템을 설계할 때는 안정성을 확보하기 위한 사항 몇 가지를 반드시 고려해야 한다.

데이터 손실 방지

알림 전송 시스템의 가장 중요한 요구사항 가운데 하나는 어떤 상황에서도 알림이 소실되면 안 된다는 것이다. 알림이 지연되거나 순서가 틀려도 괜찮지만, 사라지면 곤란하다는 것이다. 이 요구사항을 만족하려면 알림 시스템은 알림 데이터를 데이터베이스에 보관하고 재시도 메커니즘을 구현해야 한다. 그림 10-11과 같이 알림 로그(notification log) 데이터베이스를 유지하는 것이 한 가지 방법이다.

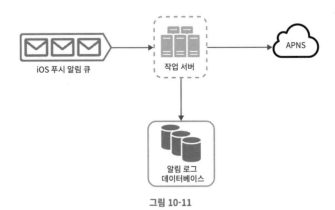

iOS 푸시 알림 큐 　 작업 서버 　 APNS

알림 로그
데이터베이스

그림 10-11

알림 중복 전송 방지

같은 알림이 여러 번 반복되는 것을 완전히 막는 것은 가능하지 않다. 대부분의 경우 알림은 딱 한 번만 전송되겠지만, 분산 시스템의 특성상 가끔은 같은 알림이 중복되어 전송되기도 할 것이다. 그 빈도를 줄이려면 중복을 탐지하는 메커니즘을 도입하고, 오류를 신중하게 처리해야 한다. 다음은 간단한 중복 방지 로직의 사례다.

- 보내야 할 알림이 도착하면 그 이벤트 ID를 검사하여 이전에 본 적이 있는 이벤트인지 살핀다. 중복된 이벤트라면 버리고, 그렇지 않으면 알림을 발송한다.

중복 전송을 100% 방지하는 것이 왜 불가능한지 알고 싶다면 [5]를 참고하기 바란다.

추가로 필요한 컴포넌트 및 고려사항

지금까지 사용자 연락처 정보를 어떻게 수집하고, 알림은 어떻게 보내고 받을 것인지 살펴보았다. 그러나 알림 시스템은 사실 이보다 훨씬 복잡하다. 지금부터는 알림 템플릿, 알림 설정, 이벤트 추적, 시스템 모니터링, 처리율 제한 등 알림 시스템 구현을 위해 필요한 추가 컴포넌트들에 대해 알아보자.

알림 템플릿

대형 알림 시스템은 하루에도 수백만 건 이상의 알림을 처리한다. 그런데 그 알림 메시지 대부분은 형식이 비슷하다. 알림 템플릿은 이런 유사성을 고려하여, 알림 메시지의 모든 부분을 처음부터 다시 만들 필요 없도록 해 준다. 알림 템플릿은 인자(parameter)나 스타일, 추적 링크(tracking link)를 조정하기만 하면 사전에 지정한 형식에 맞춰 알림을 만들어 내는 틀이다. 아래는 간단한 예제다.

본문:
여러분이 꿈꿔온 그 상품을 우리가 준비했습니다. [item_name]이 다시 입고되었습니다! [date]까지만 주문 가능합니다!

타이틀(CTA: Call to Action):

지금 [item_name]을 주문 또는 예약하세요!

템플릿을 사용하면 전송될 알림들의 형식을 일관성 있게 유지할 수 있고, 오류 가능성뿐 아니라 알림 작성에 드는 시간도 줄일 수 있다.

알림 설정

사용자는 이미 너무 많은 알림을 받고 있어서 쉽게 피곤함을 느낀다. 따라서 많은 웹사이트와 앱에서는 사용자가 알림 설정을 상세히 조정할 수 있도록 하고 있다. 이 정보는 알림 설정 테이블에 보관되며, 이 테이블에는 아마 다음과 같은 필드들이 필요할 것이다.

user_id	bigInt	
channel	varchar	# 알림이 전송될 채널. 푸시 알림, 이메일, SMS 등
opt_in	boolean	# 해당 채널로 알림을 받을 것인지의 여부

이와 같은 설정을 도입한 뒤에는 특정 종류의 알림을 보내기 전에 반드시 해당 사용자가 해당 알림을 켜 두었는지 확인해야 한다.

전송률 제한

사용자에게 너무 많은 알림을 보내지 않도록 하는 한 가지 방법은, 한 사용자가 받을 수 있는 알림의 빈도를 제한하는 것이다. 이것이 중요한 이유는, 알림을 너무 많이 보내기 시작하면 사용자가 알림 기능을 아예 꺼 버릴 수도 있기 때문이다.

재시도 방법

제3자 서비스가 알림 전송에 실패하면, 해당 알림을 재시도 전용 큐에 넣는다. 같은 문제가 계속해서 발생하면 개발자에게 통지한다(alert).

푸시 알림과 보안

iOS와 안드로이드 앱의 경우, 알림 전송 API는 appKey와 appSecret을 사용하여 보안을 유지한다.[6] 따라서 인증된(authenticated), 혹은 승인된(verified) 클라이언트만 해당 API를 사용하여 알림을 보낼 수 있다. 이에 대해 더 자세히 알고 싶은 독자는 [6]을 참고하기 바란다.

큐 모니터링

알림 시스템을 모니터링 할 때 중요한 메트릭(metric) 하나는 큐에 쌓인 알림의 개수이다. 이 수가 너무 크면 작업 서버들이 이벤트를 빠르게 처리하고 있지 못하다는 뜻이다. 그런 경우에는 작업 서버를 증설하는 게 바람직할 것이다. 이 메트릭으로 그린 그래프의 사례가 그림 10-12다.[7]

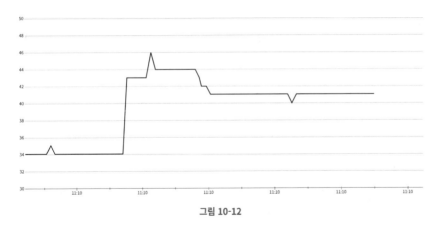

그림 10-12

이벤트 추적

알림 확인율, 클릭율, 실제 앱 사용으로 이어지는 비율 같은 메트릭은 사용자를 이해하는데 중요하다. 데이터 분석 서비스(analytics)는 보통 이벤트 추적 기능도 제공한다. 따라서 보통 알림 시스템을 만들면 데이터 분석 서비스와도 통합해야만 한다. 그림 10-13은 데이터 분석 서비스를 통해 추적하게 될 알림 시스템 이벤트의 사례다.

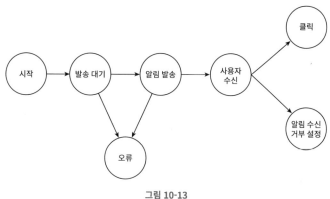

그림 10-13

수정된 설계안

지금까지 설명한 내용을 모두 반영하여 수정한 설계안이 그림 10-14다.

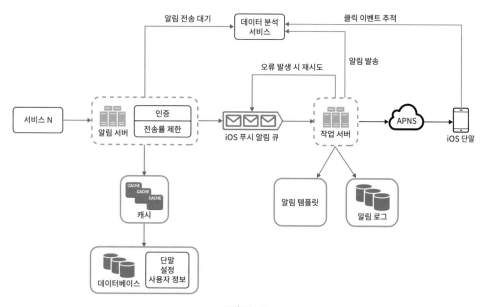

그림 10-14

종전 설계안에 없던 많은 컴포넌트가 추가된 것을 확인할 수 있다.

- 알림 서버에 인증(authentication)과 전송률 제한(rate-limiting) 기능이 추가 되었다.

- 전송 실패에 대응하기 위한 재시도 기능이 추가되었다. 전송에 실패한 알림은 다시 큐에 넣고 지정된 횟수만큼 재시도한다.
- 전송 템플릿을 사용하여 알림 생성 과정을 단순화하고 알림 내용의 일관성을 유지한다.
- 모니터링과 추적 시스템을 추가하여 시스템 상태를 확인하고 추후 시스템을 개선하기 쉽도록 하였다.

4단계 마무리

알림은 중요 정보를 계속 알려준다는 점에서 필요불가결한 기능이다. 넷플릭스 신작 영화 출시 정보, 신규 상품에 대한 할인 쿠폰 이메일, 온라인 쇼핑 결제 확정 메시지 같은 것이 전부 이 알림 기능을 통해 제공되는 것들이다.

이번 장에서 우리는 규모 확장이 쉬울 뿐 아니라 푸시 알림, SMS 메시지, 이메일 등 다양한 정보 전달 방식을 지원하는 알림 시스템을 만들어 보았다. 시스템 컴포넌트 사이의 결합도를 낮추기 위해 메시지 큐를 적극적으로 사용하였다.

개략적 설계안과 더불어 각 컴포넌트의 구현 방법과 최적화 기법에 대해서도 심도 있게 알아보았다. 특히 아래 주제에 집중하였다.

- 안정성(reliability): 메시지 전송 실패율을 낮추기 위해 안정적인 재시도 메커니즘을 도입하였다.
- 보안(security): 인증된 클라이언트만이 알림을 보낼 수 있도록 appKey, appSecret 등의 메커니즘을 이용하였다.
- 이벤트 추적 및 모니터링: 알림이 만들어진 후 성공적으로 전송되기까지의 과정을 추적하고 시스템 상태를 모니터링하기 위해 알림 전송의 각 단계마다 이벤트를 추적하고 모니터링할 수 있는 시스템을 통합하였다.
- 사용자 설정: 사용자가 알림 수신 설정을 조정할 수 있도록 하였다. 따라서 알림을 보내기 전 반드시 해당 설정을 확인하도록 시스템 설계를 변경하였다.

- 전송률 제한: 사용자에게 알림을 보내는 빈도(frequency)를 제한할 수 있도록 하였다.

여기까지 성공적으로 마친 여러분, 축하한다. 멋지게 마무리한 스스로를 마음껏 격려하도록 하자!

참고문헌

[1]   Twilio SMS: *https://www.twilio.com/sms*

[2]   Nexmo SMS: *https://www.nexmo.com/products/sms*

[3]   Sendgrid: *https://sendgrid.com/*

[4]   Mailchimp: *https://mailchimp.com/*

[5]   You Cannot Have Exactly-Once Delivery: *https://bravenewgeek.com/you-cannot-have-exactly-once-delivery/*

[6]   Security in Push Notifications: *https://cloud.ibm.com/docs/services/mobile push?topic=mobile-pushnotification-security-in-push-notifications*

[7]   Key metrics for RabbitMQ monitoring: *www.datadoghq.com/blog/rabbitmq -monitoring*

11장

뉴스 피드 시스템 설계

이번 장에서는 뉴스 피드 시스템 설계 문제를 살펴볼 것이다. 뉴스 피드(news feed)란 무엇인가? 페이스북의 도움말 페이지는, "뉴스 피드는 여러분의 홈 페이지 중앙에 지속적으로 업데이트되는 스토리들로, 사용자 상태 정보 업데이트, 사진, 비디오, 링크, 앱 활동(app activity), 그리고 여러분이 페이스북에서 팔로하는 사람들, 페이지, 또는 그룹으로부터 나오는 '좋아요(likes)' 등을 포함한다"고 설명하고 있다.[1] 뉴스 피드 시스템 설계는 아주 유명한 면접 문제다. 비슷한 유형의 문제로는 "페이스북 뉴스 피드 설계", "인스타그램 피드 설계", "트위터 타임라인 설계" 등이 있다.

그림 11-1

1단계 문제 이해 및 설계 범위 확정

가정 먼저 해야 할 일은, 뉴스 피드 시스템을 설계하라고 했을 때 면접관의 의도는 무엇이었는지 질문을 통해 알아내는 것이다. 최소한 어떤 기능을 지원해야 할지는 반드시 파악해야 한다. 아래에 질문과 답변 사례를 보였다.

지원자: 모바일 앱을 위한 시스템인가요? 아니면 웹? 둘 다 지원해야 합니까?

면접관: 둘 다 지원해야 합니다.

지원자: 중요한 기능으로는 어떤 것이 있을까요?

면접관: 사용자는 뉴스 피드 페이지에 새로운 스토리를 올릴 수 있어야 하고, 친구들이 올리는 스토리를 볼 수도 있어야 합니다.

지원자: 뉴스 피드에는 어떤 순서로 스토리가 표시되어야 하나요? 최신 포스트가 위에 오도록 해야 하나요? 아니면 토픽 점수(topic score) 같은 다른 기준이 있습니까? 예를 들어, 가까운 친구의 포스트는 좀 더 위에 배치되어야 한다든가 하는.

면접관: 그냥 단순히 시간 흐름 역순(reverse chronological order)으로 표시된다고 가정합시다.

지원자: 한 명의 사용자는 최대 몇 명의 친구를 가질 수 있습니까?

면접관: 5,000명입니다.

지원자: 트래픽 규모는 어느 정도입니까?

면접관: 매일 천만 명이 방문한다고 가정합시다(10million DAU).

지원자: 피드에 이미지나 비디오 스토리도 올라올 수 있습니까?

면접관: 스토리에는 이미지나 비디오 등의 미디어 파일이 포함될 수 있습니다.

이제 요구사항은 파악했으니, 시스템 설계를 시작해 보자.

2단계 개략적 설계안 제시 및 동의 구하기

지금부터 살펴볼 설계안은 (1) 피드 발행(feed publishing)과 (2) 뉴스 피드 생성(news feed building)의 두 가지 부분으로 나뉘어 있다.

- 피드 발행: 사용자가 스토리를 포스팅하면 해당 데이터를 캐시와 데이터베이스에 기록한다. 새 포스팅은 친구의 뉴스 피드에도 전송된다.
- 뉴스 피드 생성: 지면 관계상 뉴스 피드는 모든 친구의 포스팅을 시간 흐름 역순으로 모아서 만든다고 가정한다.

뉴스 피드 API

뉴스 피드 API는 클라이언트가 서버와 통신하기 위해 사용하는 수단이다. HTTP 프로토콜 기반이고, 상태 정보를 업데이트하거나, 뉴스 피드를 가져오거나, 친구를 추가하는 등의 다양한 작업을 수행하는 데 사용한다. 지금부터 이 가운데 가장 중요한 두 가지 API, 즉 피드 발행 API와 피드 읽기 API를 살펴보자.

피드 발행 API

새 스토리를 포스팅하기 위한 API다. HTTP POST 형태로 요청을 보내면 된다. 다음과 같은 형태를 띤다.

POST /v1/me/feed

인자:

- 바디(body): 포스팅 내용에 해당한다.
- Authorization 헤더: API 호출을 인증하기 위해 사용한다.

피드 읽기 API

뉴스 피드를 가져오는 API다. 다음 형태를 띤다.

GET /v1/me/feed

인자:

- Authorization 헤더: API 호출을 인증하기 위해 사용한다.

피드 발행

피드 발행 시스템의 개략적 형태는 그림 11-2와 같다.

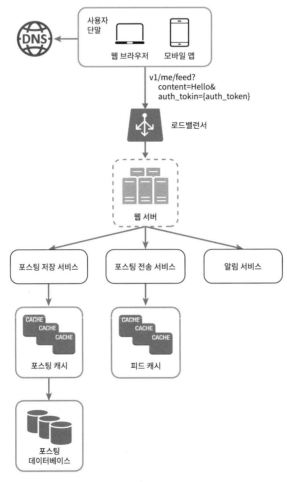

그림 11-2

- 사용자: 모바일 앱이나 브라우저에서 새 포스팅을 올리는 주체다. POST /v1/me/feed API를 사용한다.
- 로드밸런서(load balancer): 트래픽을 웹 서버들로 분산한다.
- 웹 서버: HTTP 요청을 내부 서비스로 중계하는 역할을 담당한다.

- 포스팅 저장 서비스(post service): 새 포스팅을 데이터베이스와 캐시에 저장한다.
- 포스팅 전송 서비스(fanout service): 새 포스팅을 친구의 뉴스 피드에 푸시(push)한다. 뉴스 피드 데이터는 캐시에 보관하여 빠르게 읽어갈 수 있도록 한다.
- 알림 서비스(notification service): 친구들에게 새 포스팅이 올라왔음을 알리거나, 푸시 알림을 보내는 역할을 담당한다.

뉴스 피드 생성

이번 절에서는 사용자가 보는 뉴스 피드가 어떻게 만들어지는지 살펴보겠다. 개략적인 설계는 그림 11-3과 같다.

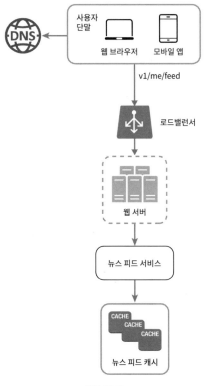

그림 11-3

- 사용자: 뉴스 피드를 읽는 주체다. GET /v1/me/feed API를 이용한다.
- 로드 밸런서: 트래픽을 웹 서버들로 분산한다.
- 웹 서버: 트래픽을 뉴스 피드 서비스로 보낸다.
- 뉴스 피드 서비스(news feed service): 캐시에서 뉴스 피드를 가져오는 서비스다.
- 뉴스 피드 캐시(news feed cache): 뉴스 피드를 렌더링할 때 필요한 피드 ID를 보관한다.

3단계 상세 설계

지금까지 뉴스 피드 발행과 생성의 두 가지 흐름이 포함된 개략적 설계안을 살펴보았다. 이제 이 두 가지 부분의 설계를 보다 상세히 살펴보겠다.

피드 발행 흐름 상세 설계

그림 11-4는 피드 발행 흐름의 상세 설계안이다. 대부분의 컴포넌트는 개략적 설계안에서 다룬 정도로 충분할 것이라, 웹 서버와 포스팅 전송 서비스(fanout service)에 초점을 맞추었다.

웹 서버

웹 서버는 클라이언트와 통신할 뿐 아니라 인증이나 처리율 제한 등의 기능도 수행한다. 올바른 인증 토큰을 Authorization 헤더에 넣고 API를 호출하는 사용자만 포스팅을 할 수 있어야 한다. 또한, 스팸을 막고 유해한 콘텐츠가 자주 올라오는 것을 방지하기 위해서 특정 기간 동안 한 사용자가 올릴 수 있는 포스팅의 수에 제한을 두어야 한다.

포스팅 전송(팬아웃) 서비스

포스팅 전송, 즉 팬아웃(fanout)은 어떤 사용자의 새 포스팅을 그 사용자와 친구 관계에 있는 모든 사용자에게 전달하는 과정이다. 팬아웃에는 두 가지 모델이 있는데 하나는 쓰기 시점에 팬아웃(fanout-on-write)하는 모델이고(푸시push

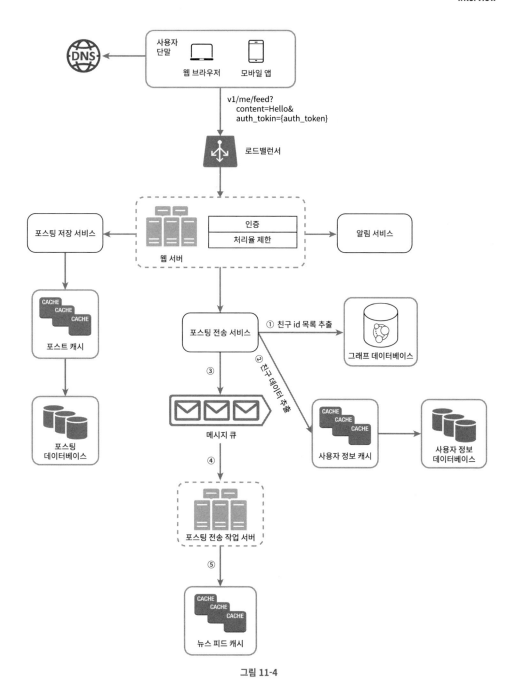

v1/me/feed?
content=Hello&
auth_tokin={auth_token}

DNS

사용자
단말
웹 브라우저   모바일 앱

로드밸런서

포스팅 저장 서비스

웹 서버
인증
처리율 제한

알림 서비스

CACHE
CACHE
CACHE
포스트 캐시

포스팅
데이터베이스

포스팅 전송 서비스

① 친구 id 목록 추출

그래프 데이터베이스

③

② 친구 데이터 추출

메시지 큐

CACHE
CACHE
CACHE
사용자 정보 캐시

사용자 정보
데이터베이스

④

포스팅 전송 작업 서버

⑤

CACHE
CACHE
CACHE
뉴스 피드 캐시

그림 11-4

모델이라고도 함), 다른 하나는 읽기 시점에 팬아웃(fanout-on-read)하는 모델이다(풀pull 모델이라고도 함). 이 각각의 동작 원리를 좀 더 자세히 살펴본 후에, 우리 시스템에 적합한 모델은 무엇인지 알아보겠다.

쓰기 시점에 팬아웃하는 모델: 이 접근법의 경우 새로운 포스팅을 기록하는 시점에 뉴스 피드를 갱신하게 된다. 다시 말해, 포스팅이 완료되면 바로 해당 사용자의 캐시에 해당 포스팅을 기록하는 것이다.

장점

- 뉴스 피드가 실시간으로 갱신되며 친구 목록에 있는 사용자에게 즉시 전송된다.
- 새 포스팅이 기록되는 순간에 뉴스 피드가 이미 갱신되므로(pre-computed) 뉴스 피드를 읽는 데 드는 시간이 짧아진다.

단점

- 친구가 많은 사용자의 경우 친구 목록을 가져오고 그 목록에 있는 사용자 모두의 뉴스 피드를 갱신하는 데 많은 시간이 소요될 수도 있다. 핫키(hotkey)라고 부르는 문제다.
- 서비스를 자주 이용하지 않는 사용자의 피드까지 갱신해야 하므로 컴퓨팅 자원이 낭비된다.

읽기 시점에 팬아웃하는 모델: 피드를 읽어야 하는 시점에 뉴스 피드를 갱신한다. 따라서 요청 기반(on-demand) 모델이다. 사용자가 본인 홈페이지나 타임라인을 로딩하는 시점에 새로운 포스트를 가져오게 된다.

장점

- 비활성화된 사용자, 또는 서비스에 거의 로그인하지 않는 사용자의 경우에는 이 모델이 유리하다. 로그인하기까지는 어떤 컴퓨팅 자원도 소모하지 않아서다.
- 데이터를 친구 각각에 푸시하는 작업이 필요 없으므로 핫키 문제도 생기지 않는다.

단점

- 뉴스 피드를 읽는 데 많은 시간이 소요될 수 있다.

본 설계안의 경우에는 이 두 가지 방법을 결합하여 장점은 취하고 단점은 버리는 전략을 취하도록 하겠다. 뉴스 피드를 빠르게 가져올 수 있도록 하는 것은 아주 중요하므로 대부분의 사용자에 대해서는 푸시 모델을 사용한다. 친구나 팔로어(follower)가 아주 많은 사용자의 경우에는 팔로어로 하여금 해당 사용자의 포스팅을 필요할 때 가져가도록 하는 풀 모델을 사용하여 시스템 과부하를 방지할 것이다. 아울러 안정 해시(consistent hashing)를 통해 요청과 데이터를 보다 고르게 분산하여 핫키 문제를 줄여볼 것이다.

그림 11-4에 제시한 설계안 가운데 팬아웃 서비스에 관한 부분만 따로 떼어 그림 11-5에 옮겼다. 지금부터 이 부분을 더 자세히 살펴보자.

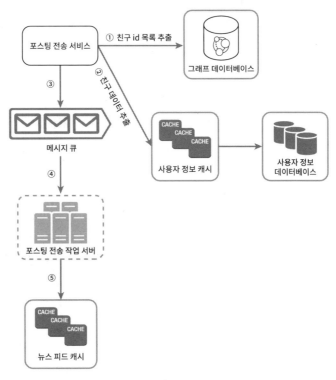

그림 11-5

팬아웃 서비스는 다음과 같이 동작한다.

1. 그래프 데이터베이스에서 친구 ID 목록을 가져온다. 그래프 데이터베이스는 친구 관계나 친구 추천을 관리하기 적합하다. 관심 있는 독자는 [2]를 읽어보기 바란다.

2. 사용자 정보 캐시에서 친구들의 정보를 가져온다. 그런 후에 사용자 설정에 따라 친구 가운데 일부를 걸러낸다. 예를 들어 여러분이 친구 중 누군가의 피드 업데이트를 무시하기로 설정했다면(mute) 친구 관계는 유지될지언정 해당 사용자의 새 스토리는 여러분의 뉴스 피드에 보이지 않아야 한다. 새로 포스팅된 스토리가 일부 사용자에게만 공유되도록 설정된 경우에도 비슷한 일이 벌어질 것이다.

3. 친구 목록과 새 스토리의 포스팅 ID를 메시지 큐에 넣는다.

4. 팬아웃 작업 서버가 메시지 큐에서 데이터를 꺼내어 뉴스 피드 데이터를 뉴스 피드 캐시에 넣는다. 뉴스 피드 캐시는 〈포스팅 ID, 사용자 ID〉의 순서쌍을 보관하는 매핑 테이블이라고 볼 수 있다. 따라서 새로운 포스팅이 만들어질 때마다 이 캐시에 그림 11-6과 같은 레코드들이 추가될 것이다. 사용자 정보와 포스팅 정보 전부를 이 테이블에 저장하지 않는 이유는, 그렇게 하면 메모리 요구량이 지나치게 늘어날 수 있기 때문이다. 따라서 ID만 보관한다. 또한 메모리 크기를 적정 수준으로 유지하기 위해서, 이 캐시의 크기에 제한을 두며, 해당 값은 조정이 가능하도록 한다. 어떤 사용자가 뉴스 피드에 올라온 수천 개의 스토리를 전부 훑어보는 일이 벌어질 확률은 지극히 낮다. 대부분의 사용자가 보려 하는 것은 최신 스토리다. 따라서 캐시 미스(cache miss)가 일어날 확률은 낮다.

post_id	user_id
post_id	user_id
post_id	user_id
post_id	user_id
post_id	user_id
post_id	user_id
post_id	user_id
post_id	user_id

그림 11-6

피드 읽기 흐름 상세 설계

뉴스 피드를 읽는 과정 전반의 상세 설계안은 그림 11-7과 같다.

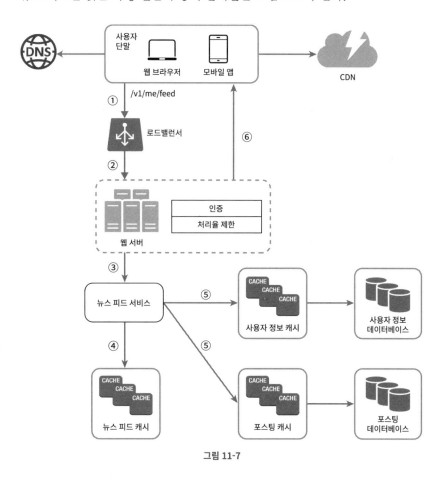

그림 11-7

그림에 보인 대로, 이미지나 비디오와 같은 미디어 콘텐츠는 CDN에 저장하여 빨리 읽어갈 수 있도록 하였다. 이제 클라이언트가 뉴스 피드를 어떻게 읽어 가는지 단계별로 알아보자.

1. 사용자가 뉴스 피드를 읽으려는 요청을 보낸다. 요청은 /v1/me/feed로 전송될 것이다.
2. 로드밸런서가 요청을 웹 서버 가운데 하나로 보낸다.

3. 웹 서버는 피드를 가져오기 위해 뉴스 피드 서비스를 호출한다.

4. 뉴스 피드 서비스는 뉴스 피드 캐시에서 포스팅 ID 목록을 가져온다.

5. 뉴스 피드에 표시할 사용자 이름, 사용자 사진, 포스팅 콘텐츠, 이미지 등을 사용자 캐시와 포스팅 캐시에서 가져와 완전한 뉴스 피드를 만든다.

6. 생성된 뉴스 피드를 JSON 형태로 클라이언트에게 보낸다. 클라이언트는 해당 피드를 렌더링한다.

캐시 구조

캐시는 뉴스 피드 시스템의 핵심 컴포넌트다. 본 설계안의 경우에는 그림 11-8 과 같이 캐시를 다섯 계층으로 나눈다.

그림 11-8

• 뉴스 피드: 뉴스 피드의 ID를 보관한다.

• 콘텐츠: 포스팅 데이터를 보관한다. 인기 콘텐츠는 따로 보관한다.

• 소셜 그래프: 사용자 간 관계 정보를 보관한다.

• 행동(action): 포스팅에 대한 사용자의 행위에 관한 정보를 보관한다. 포스 팅에 대한 '좋아요', 답글 등등이 이에 해당한다.

• 횟수(counter): '좋아요' 횟수, 응답 수, 팔로어 수, 팔로잉 수 등의 정보를 보 관한다.

4단계 마무리

이번 장에서는 뉴스 피드 시스템을 설계해 보았다. 이번 설계안은 뉴스 피드 발행과 생성의 두 부분으로 구성되어 있다.

다른 설계 면접 문제와 마찬가지로, 이번 문제에도 정답은 없다. 회사마다 독특한 제약이나 요구조건이 있기 때문에, 시스템을 설계할 때는 그런 점을 고려해야만 한다. 설계를 진행하고 기술을 선택할 때는 그 배경에 어떤 타협적 결정들(trade-off)이 있었는지 잘 이해하고 설명할 수 있어야 한다. 설계를 마친 후에도 시간이 좀 남는다면 면접관과 규모 확장성 이슈를 논의하는 것도 좋겠다. 이 책의 다른 부분에서 논의한 내용과 겹칠 수 있어서, 다루면 좋을 만한 주제만 아래에 몇 가지 나열해 보았다.

데이터베이스 규모 확장
- 수직적 규모 확장 vs 수평적 규모 확장
- SQL vs NoSQL
- 주-부(master-slave) 다중화
- 복제본(replica)에 대한 읽기 연산
- 일관성 모델(consistency model)
- 데이터베이스 샤딩(sharding)

이 외에도 논의해 보면 좋을 만한 주제로는 다음과 같은 것이 있다.

- 웹 계층(web tier)을 무상태로 운영하기
- 가능한 한 많은 데이터를 캐시할 방법
- 여러 데이터 센터를 지원할 방법
- 메시지 큐를 사용하여 컴포넌트 사이의 결합도 낮추기
- 핵심 메트릭(key metric)에 대한 모니터링. 예를 들어 트래픽이 몰리는 시간대의 QPS(Queries per Second), 사용자가 뉴스 피드를 새로고침(refresh) 할 때의 지연시간 등이 이에 해당한다.

여기까지 성공적으로 마친 여러분, 축하한다. 멋지게 마무리한 스스로를 마음껏 격려하도록 하자!

참고문헌

[1]   How News Feed Works: *https://www.facebook.com/help/327131014036297/*

[2]   TAO: Facebook's Distributed Data Store for the Social Graph: *https://www.usenix.org/system/files/conference/atc13/atc13-bronson.pdf*

12장

채팅 시스템 설계

이번 장에서는 채팅 시스템을 설계해 볼 것이다. 채팅 시스템 하나쯤 사용하지 않는 사람은 드물다. 그림 12-1에 현재 시장에서 가장 널리 쓰이고 있는 채팅 시스템을 몇 가지 나열해 보았다.

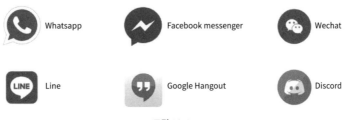

그림 12-1

채팅 앱이라고 했을 때 사람들이 떠올리는 것은 제각각이다. 그러니 요구사항을 확실하게 해 두는 것이 아주 중요하다. 예를 들어 면접관이 생각하고 있는 게 일대일 채팅 앱일 때 그룹 채팅 앱을 설계하면 곤란할 것이다. 기능 요구사항을 확실히 알아두도록 하자.

1단계 문제 이해 및 설계 범위 확정

어떤 채팅 앱을 설계하려는지 확실히 해 두는 것이 면접에서 가장 중요하다.

현재 시장에 나와 있는 앱들을 보면 페이스북 메신저, 위챗(WeChat), 왓츠앱(WhatsApp)처럼 1:1 채팅에 집중하는 앱들이 있는가 하면 슬랙(Slack) 같은 그룹 채팅에 중점을 둔 업무용 앱이나, 게임 채팅에 쓰이는 디스코드(Discord) 같이 대규모 그룹의 소통과 응답지연(latency)이 낮은 음성 채팅에 집중하는 앱도 있다.

따라서 초반에 던져야 하는 질문들은 면접관이 원하는 앱이 정확히 무엇인지 알아내기 위한 것이어야 한다. 적어도 설계 대상이 1:1 채팅 앱인지 아니면 그룹 채팅 앱인지 정도는 알아내야 한다. 아래는 면접관에게 던져볼 수 있는 질문의 사례다.

지원자: 어떤 앱을 설계해야 하나요? 1:1 채팅 앱입니까 아니면 그룹 채팅 앱입니까?

면접관: 둘 다 지원할 수 있어야 합니다.

지원자: 모바일 앱인가요 아니면 웹 앱인가요?

면접관: 둘 다입니다.

지원자: 처리해야 하는 트래픽 규모는 어느 정도입니까?

면접관: 일별 능동 사용자 수(DAU: Daily Active User) 기준으로 5천만(50million) 명을 처리할 수 있어야 합니다.

지원자: 그룹 채팅의 경우에 인원 제한이 있습니까?

면접관: 최대 100명까지 참가할 수 있습니다.

지원자: 중요 기능으로는 어떤 것이 있을까요? 가령, 첨부파일도 지원할 수 있어야 하나요?

면접관: 1:1 채팅, 그룹 채팅, 사용자 접속상태 표시를 지원해야 합니다. 텍스트 메시지만 주고받을 수 있습니다.

지원자: 메시지 길이에 제한이 있나요?

면접관: 네. 100,000자 이하여야 합니다.

지원자: 종단 간 암호화(end-to-end encryption)를 지원해야 하나요?

면접관: 현재로서는 필요 없습니다만 시간이 허락하면 논의해볼 수 있겠습니다.

지원자: 채팅 이력은 얼마나 오래 보관해야 할까요?

면접관: 영원히요.

이번 장에서 우리는 페이스북 메신저와 유사한 채팅 앱을 설계해 볼 것이다. 이 앱은 다음과 같은 기능을 갖는다.

- 응답지연이 낮은 일대일 채팅 기능
- 최대 100명까지 참여할 수 있는 그룹 채팅 기능
- 사용자의 접속상태 표시 기능
- 다양한 단말 지원. 하나의 계정으로 여러 단말에 동시 접속 지원
- 푸시 알림

그리고 위의 질의응답 사례에 나온 대로, 5천만 DAU를 처리할 수 있도록 할 것이다.

2단계 개략적 설계안 제시 및 동의 구하기

이 문제에 훌륭한 답을 내기 위해서는 클라이언트와 서버의 통신 방법에 대한 기본적 지식은 갖추고 있어야만 한다. 채팅 시스템의 경우 클라이언트는 모바일 앱이거나 웹 애플리케이션이다. 클라이언트는 서로 직접 통신하지 않는다. 대신, 각 클라이언트는 위에 나열한 모든 기능을 지원하는 채팅 서비스와 통신한다. 우선은 기본 기능에 집중하도록 하자. 이 채팅 서비스는 아래 기능을 제공해야 한다.

- 클라이언트들로부터 메시지 수신
- 메시지 수신자(recipient) 결정 및 전달
- 수신자가 접속(online) 상태가 아닌 경우에는 접속할 때까지 해당 메시지 보관

그림 12-2에 클라이언트(메시지 송신 클라이언트와 수신 클라이언트)와 채팅 서비스 사이의 관계를 요약해 보았다.

그림 12-2

채팅을 시작하려는 클라이언트는 네트워크 통신 프로토콜을 사용하여 서비스에 접속한다. 따라서 채팅 서비스의 경우 어떤 통신 프로토콜을 사용할 것인가도 중요한 문제다. 면접관과 상의하도록 하자.

대부분의 클라이언트/서버 애플리케이션에서 요청을 보내는 것은 클라이언트인데, 채팅 시스템의 경우도 마찬가지다. 메시지 송신 클라이언트(sender)가이 역할을 한다. 그림 12-2에서 송신 클라이언트는 수신 클라이언트에게 전달할 메시지를 채팅 서비스에 보낼 때, 오랜 세월 검증된 HTTP 프로토콜을 사용한다. HTTP는 현재 웹에서 가장 널리 사용되는 프로토콜이다. 이 그림에서 클라이언트는 채팅 서비스에 HTTP 프로토콜로 연결한 다음 메시지를 보내어 수신자에게 해당 메시지를 전달하라고 알린다. 채팅 서비스와의 접속에는 keep-alive 헤더를 사용하면 효율적인데, 클라이언트와 서버 사이의 연결을 끊지 않고 계속 유지할 수 있어서다. TCP 접속 과정에서 발생하는 핸드셰이크(hand-shake) 횟수를 줄일 수 있음은 물론이다. HTTP는 메시지 전송 용도로는 괜찮은 선택이며, 페이스북 같은 많은 대중적 채팅 프로그램이 초기에 HTTP를 사용했다.[1]

하지만 메시지 수신 시나리오는 이것보다 복잡하다. HTTP는 클라이언트가 연결을 만드는 프로토콜이며, 서버에서 클라이언트로 임의 시점에 메시지를 보내는 데는 쉽게 쓰일 수 없다. 서버가 연결을 만드는 것처럼 동작할 수 있도록 하기 위해 많은 기법이 제안되어 왔는데, 폴링(polling), 롱 폴링(long poll-ing), 웹소켓(WebSocket) 등이 그런 기술이다. 이들은 시스템 설계 면접에서 폭넓게 사용되는 중요한 기술이므로 그 각각을 좀 더 자세히 살펴보겠다.

폴링

그림 12-3에 제시한 대로, 폴링은 클라이언트가 주기적으로 서버에게 새 메시

지가 있느냐고 물어보는 방법이다. 폴링 비용은 폴링을 자주하면 할수록 올라 간다. 답해줄 메시지가 없는 경우에는 서버 자원이 불필요하게 낭비된다는 문 제도 있다.

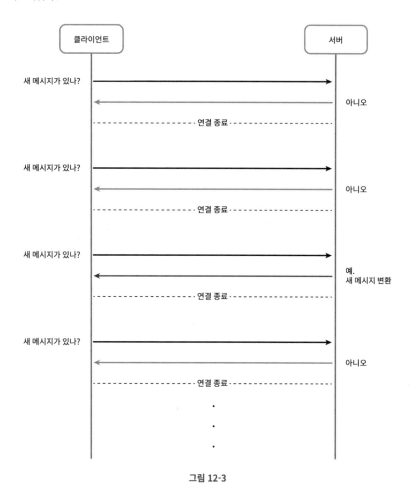

그림 12-3

롱 폴링

폴링은 여러 가지로 비효율적일 수 있어서 나온 기법이 롱 폴링(long polling) 이다.

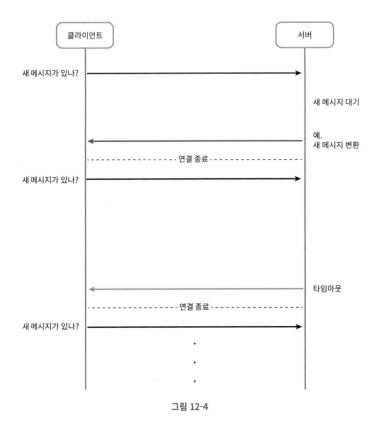

그림 12-4

롱 폴링의 경우 클라이언트는 새 메시지가 반환되거나 타임아웃 될 때까지 연결을 유지한다. 클라이언트는 새 메시지를 받으면 기존 연결을 종료하고 서버에 새로운 요청을 보내어 모든 절차를 다시 시작한다. 이 방법에는 다음과 같은 약점이 있다.

- 메시지를 보내는 클라이언트와 수신하는 클라이언트가 같은 채팅 서버에 접속하게 되지 않을 수도 있다. HTTP 서버들은 보통 무상태(stateless) 서버다. 로드밸런싱을 위해 라운드 로빈(round robin) 알고리즘을 사용하는 경우, 메시지를 받은 서버는 해당 메시지를 수신할 클라이언트와의 롱 폴링 연결을 가지고 있지 않은 서버일 수 있는 것이다.
- 서버 입장에서는 클라이언트가 연결을 해제했는지 아닌지 알 좋은 방법이 없다.

- 여전히 비효율적이다. 메시지를 많이 받지 않는 클라이언트도 타임아웃이 일어날 때마다 주기적으로 서버에 다시 접속할 것이다.

웹소켓

웹소켓(WebSocket)은 서버가 클라이언트에게 비동기(async) 메시지를 보낼 때 가장 널리 사용하는 기술이다. 그림 12-5에 이 기술이 어떻게 동작하는지를 보였다.

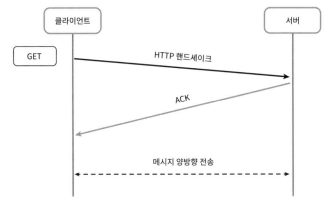

그림 12-5

웹소켓 연결은 클라이언트가 시작한다. 한번 맺어진 연결은 항구적이며 양방향이다. 이 연결은 처음에는 HTTP 연결이지만 특정 핸드셰이크 절차를 거쳐 웹소켓 연결로 업그레이드된다. 일단 이 항구적인 연결이 만들어지고 나면 서버는 클라이언트에게 비동기적으로 메시지를 전송할 수 있다. 웹소켓은 일반적으로 방화벽이 있는 환경에서도 잘 동작한다. 80이나 443처럼 HTTP 혹은 HTTPS 프로토콜이 사용하는 기본 포트번호를 그대로 쓰기 때문이다.

앞서 우리는 HTTP 프로토콜이 메시지를 보내려는 클라이언트에게 썩 괜찮은 프로토콜임을 설명했다. 하지만 웹소켓은 이에 더해 양방향 메시지 전송까지 가능하게 하므로, 웹소켓 대신 HTTP를 굳이 고집할 이유는 없는 셈이다. 그림 12-6에 어떻게 웹소켓이 메시지 전송이나 수신에 쓰일 수 있는지 간략히 제시한다.

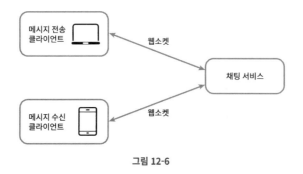

그림 12-6

웹소켓을 이용하면 메시지를 보낼 때나 받을 때 동일한 프로토콜을 사용할 수 있으므로 설계뿐 아니라 구현도 단순하고 직관적이다. 유의할 것은 웹소켓 연결은 항구적으로 유지되어야 하기 때문에 서버 측에서 연결 관리를 효율적으로 해야 한다는 것이다.

개략적 설계안

방금 우리는 클라이언트와 서버 사이의 주 통신 프로토콜로 웹소켓을 사용하기로 결정했다. 하지만 다른 부분에서는 굳이 웹소켓을 쓸 필요는 없다. 사실 대부분의 기능(회원가입, 로그인, 사용자 프로파일 등)은 일반적인 HTTP상에서 구현해도 된다.

지금부터 전체 시스템의 개략적 설계안을 살펴보자. 그림 12-7에 나온 대로, 이번 장에서 다루는 채팅 시스템은 세 부분으로 나누어 볼 수 있다. 즉 무상태 서비스, 상태유지(stateful) 서비스, 그리고 제3자 서비스 연동의 세 부분으로 나누어 살펴볼 수 있다.

무상태 서비스

이 설계안에서 무상태 서비스는 로그인, 회원가입, 사용자 프로파일 표시 등을 처리하는 전통적인 요청/응답 서비스다. 무상태 서비스가 제공하는 기능은 많은 웹사이트와 앱이 보편적으로 제공하는 기능이다.

무상태 서비스는 로드밸런서 뒤에 위치한다. 로드밸런서가 하는 일은 요청을 그 경로에 맞는 서비스로 정확하게 전달하는 것이다. 로드밸런서 뒤에 오

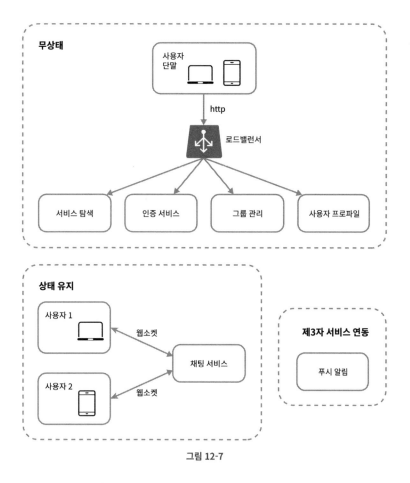

무상태

사용자 단말

http

로드밸런서

서비스 탐색　인증 서비스　그룹 관리　사용자 프로파일

상태 유지

사용자 1

웹소켓

채팅 서비스

사용자 2

웹소켓

제3자 서비스 연동

푸시 알림

그림 12-7

는 서비스는 모놀리틱(monolithic) 서비스일 수도 있고 마이크로서비스일 수도 있다. 이 서비스들 가운데 상당수가 시장에 완제품으로 나와 있어서 우리가 직접 구현하지 않아도 쉽게 사서 쓸 수 있다. 이들 가운데 나중에 좀 더 자세히 살펴볼 것은 '서비스 탐색(service discovery)' 서비스다. 이 서비스는 클라이언트가 접속할 채팅 서버의 DNS 호스트명을 클라이언트에게 알려주는 역할을 한다.

상태 유지 서비스

본 설계안에서 유일하게 상태 유지가 필요한 서비스는 채팅 서비스다. 각 클라이언트가 채팅 서버와 독립적인 네트워크 연결을 유지해야 하기 때문이다. 클라이언트는 보통 서버가 살아 있는 한 다른 서버로 연결을 변경하지 않는다. 앞서 간단히 설명한 서비스 탐색 서비스는 채팅 서비스와 긴밀히 협력하여 특정 서버에 부하가 몰리지 않도록 한다. 구체적인 내용은 나중에 다시 자세히 살펴볼 것이다.

제3자 서비스 연동

채팅 앱에서 가장 중요한 제3자 서비스는 푸시 알림이다. 새 메시지를 받았다면 설사 앱이 실행 중이지 않더라도 알림을 받아야 해서다. 따라서 푸시 알림 서비스와의 통합은 아주 중요하다. 이에 대해 좀 더 많은 정보가 필요하다면, 제3장 "알림 시스템 설계"를 참고하자.

규모 확장성

트래픽 규모가 얼마 되지 않을 때는 방금 설명한 모든 기능을 서버 한 대로 구현할 수 있다. 우리가 지금 설계 중인 시스템의 경우처럼 대량의 트래픽을 처리해야 하는 경우에도 이론적으로는 모든 사용자 연결을 최신 클라우드 서버 한 대로 처리할 수 있기는 하다. 이때 따져봐야 할 것은 서버 한 대로 얼마나 많은 접속을 동시에 허용할 수 있느냐다. 이번 장에서 다루는 시스템의 경우에는 동시 접속자가 1M이라고 가정할 것인데, 접속당 10K의 서버 메모리가 필요하다고 본다면(아주 개략적으로 추정한 수치이고 프로그래밍 언어에 따라 달라질 수 있다) 10GB 메모리만 있으면 모든 연결을 다 처리할 수 있을 것이다.

하지만 모든 것을 서버 한 대에 담은 설계안을 내밀면 면접에서 좋은 점수를 따기는 어려울 것이다. 누구도 그 정도 규모의 트래픽을 서버 한 대로 처리하려 하지 않을 것이기 때문이다. 거기에는 여러 가지 이유가 있는데 SPOF(Single-Point-Of-Failure)도 그 가운데 하나다.

하지만 서버만 한 대 갖는 설계안에서 출발하여 점차로 다듬어 나가는 것은 괜찮다. 면접관에게 '이것은 그저 시작일 뿐'이라는 것만 정확하게 전달해 놓으면 된다. 아무튼 지금까지 설명한 모든 것을 하나로 묶으면 그림 12-8과 같은 개략적 설계안이 만들어진다.

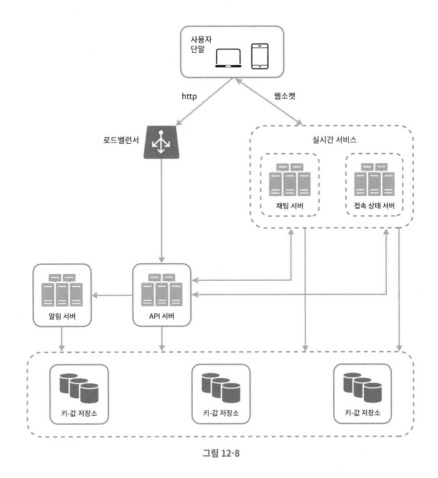

그림 12-8

그림 12-8에서 유의할 것은 실시간으로 메시지를 주고받기 위해 클라이언트는 채팅 서버와 웹소켓 연결을 끊지 않고 유지한다는 것이다.

- 채팅 서버는 클라이언트 사이에 메시지를 중계하는 역할을 담당한다.
- 접속상태 서버(presence server)는 사용자의 접속 여부를 관리한다.
- API 서버는 로그인, 회원가입, 프로파일 변경 등 그 외 나머지 전부를 처리한다.
- 알림 서버는 푸시 알림을 보낸다.
- 키-값 저장소(key-value store)에는 채팅 이력(chat history)을 보관한다. 시스템에 접속한 사용자는 이전 채팅 이력을 전부 보게 될 것이다.

저장소

이제 서버도 준비되었고 제3자 서비스 연동도 끝났다고 하자. 이 기술 스택 깊은 곳에 데이터 계층이 있다. 데이터 계층을 올바르게 만드는 데는 노력이 필요하다. 중요한 것 하나는 어떤 데이터베이스를 쓰느냐다. 관계형 데이터베이스를 쓸 것인가 아니면 NoSQL을 채택할 것인가? 이 질문에 대한 올바른 답을 하기 위해 중요하게 따져야 할 것은, 데이터의 유형과 읽기/쓰기 연산의 패턴이다.

채팅 시스템이 다루는 데이터는 보통 두 가지다. 첫 번째는 사용자 프로파일, 설정, 친구 목록처럼 일반적인 데이터다. 이런 데이터는 안정성을 보장하는 관계형 데이터베이스에 보관한다. 다중화(replication)와 샤딩(sharding)은 이런 데이터의 가용성과 규모확장성을 보증하기 위해 보편적으로 사용되는 기술이다.

두 번째 유형의 데이터는 채팅 시스템에 고유한 데이터로, 바로 채팅 이력(chat history)이다. 이 데이터를 어떻게 보관할지 결정하려면 읽기/쓰기 연산 패턴을 이해해야 한다.

- 채팅 이력 데이터의 양은 엄청나다. [2]에 따르면 페이스북 메신저나 왓츠앱은 매일 600억(60billion) 개의 메시지를 처리한다.
- 이 데이터 가운데 빈번하게 사용되는 것은 주로 최근에 주고받은 메시지다. 대부분의 사용자는 오래된 메시지는 들여다보지 않는다.
- 사용자는 대체로 최근에 주고받은 메시지 데이터만 보게 되는 것이 사실이나, 검색 기능을 이용하거나, 특정 사용자가 언급(mention)된 메시지를 보거나, 특정 메시지로 점프(jump)하거나 하여 무작위적인 데이터 접근을 하게 되는 일도 있다. 데이터 계층은 이런 기능도 지원해야 한다.
- 1:1 채팅 앱의 경우 읽기:쓰기 비율은 대략 1:1 정도다.

이 모두를 지원할 데이터베이스를 고르는 것은 아주 중요한 일이다. 본 설계안의 경우에는 키-값 저장소를 추천할 것인데, 그 이유는 다음과 같다.

- 키-값 저장소는 수평적 규모확장(horizontal scaling)이 쉽다.

- 키-값 저장소는 데이터 접근 지연시간(latency)이 낮다.
- 관계형 데이터베이스는 데이터 가운데 롱 테일(long tail)에 해당하는 부분을 잘 처리하지 못하는 경향이 있다.[3] 인덱스가 커지면 데이터에 대한 무작위적 접근(random access)을 처리하는 비용이 늘어난다.
- 이미 많은 안정적인 채팅 시스템이 키-값 저장소를 채택하고 있다. 페이스북 메신저나 디스코드가 그 사례다. 페이스북 메신저는 HBase를 사용하고 있고[4] 디스코드는 카산드라(Cassandra)를 이용하고 있다.[5]

데이터 모델

키-값 저장소를 데이터 계층 기술로 사용하기로 했으니, 메시지 데이터를 어떻게 보관할 것인지 자세히 살펴보도록 하자.

1:1 채팅을 위한 메시지 테이블

그림 12-9는 1:1 채팅을 지원하기 위한 메시지 테이블의 사례다. 이 테이블의 기본 키(primary key)는 message_id로, 메시지 순서를 쉽게 정할 수 있도록 하는 역할도 담당한다. created_at을 사용하여 메시지 순서를 정할 수는 없는데, 서로 다른 두 메시지가 동시에 만들어질 수도 있기 때문이다.

그림 12-9

그룹 채팅을 위한 메시지 테이블

그림 12-10은 그룹 채팅을 위한 메시지 테이블의 사례다. (channel_id, message_id)의 복합 키(composite key)를 기본 키로 사용한다. 여기서 채널(channel)은 채팅 그룹과 같은 뜻이다. channel_id는 파티션 키(partition key)로도 사용할 것인데, 그룹 채팅에 적용될 모든 질의는 특정 채널을 대상으로 할 것이기 때문이다.

group message	
channel_id	**bigint**
message_id	**bigint**
message_to	bitint
content	text
created_at	timestamp

그림 12-10

메시지 ID

message_id를 만드는 기법은 자세히 논의할 만한 가치가 있는 흥미로운 주제다. message_id는 메시지들의 순서도 표현할 수 있어야 한다. 그러기 위해서는 다음과 같은 속성을 만족해야 할 것이다.

- message_id의 값은 고유해야 한다(uniqueness).
- ID 값은 정렬 가능해야 하며 시간 순서와 일치해야 한다. 즉, 새로운 ID는 이전 ID보다 큰 값이어야 한다.

이 두 조건을 어떻게 만족시킬 것인가? RDBMS라면 auto_increment가 대안이 될 수 있겠지만 NoSQL은 보통 해당 기능을 제공하지 않는다.

두 번째 방법은 스노플레이크[6] 같은 전역적 64-bit 순서 번호(sequence number) 생성기를 이용하는 것이다. 이에 대해서는 제7장 "분산 시스템을 위한 유일 ID 생성기 설계"에서 살펴본 바 있다.

마지막 방법은 지역적 순서 번호 생성기(local sequence number generator)를 이용하는 것이다. 여기서 지역적이라 함은, ID의 유일성은 같은 그룹 안에서만 보증하면 충분하다는 것이다. 이 방법이 통하는 이유는 메시지 사이의 순서는 같은 채널, 혹은 같은 1:1 채팅 세션 안에서만 유지되면 충분하기 때문이다. 전역적 ID 생성기에 비해 구현하기 쉬운 접근법이다.

3단계 상세 설계

개략적 설계안에 포함된 컴포넌트 가운데 몇 가지를 골라 좀 더 자세히 들여다보게 되는 것은 면접장에서 흔히 벌어지는 일이다. 채팅 시스템의 경우에는 서비스 탐색(service discovery), 메시지 전달 흐름, 그리고 사용자 접속 상태를 표시하는 방법 정도가 좀 더 자세히 살펴볼 만한 부분이다.

서비스 탐색

서비스 탐색 기능의 주된 역할은 클라이언트에게 가장 적합한 채팅 서버를 추천하는 것이다. 이때 사용되는 기준으로는 클라이언트의 위치(geographical location), 서버의 용량(capacity) 등이 있다. 서비스 탐색 기능을 구현하는 데 널리 쓰이는 오픈 소스 솔루션으로는 아파치 주키퍼(Apache Zookeeper)[7] 같은 것이 있다. 사용 가능한 모든 채팅 서버를 여기 등록시켜 두고, 클라이언트가 접속을 시도하면 사전에 정한 기준에 따라 최적의 채팅 서버를 골라 주면 된다.

그림 12-11은 주키퍼로 구현한 서비스 탐색 기능이 어떻게 동작하는지를 보여준다.

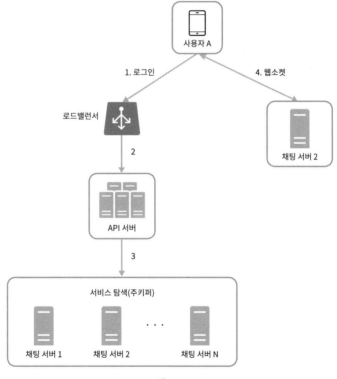

그림 12-11

1. 사용자 A가 시스템에 로그인을 시도한다.
2. 로드밸런서가 로그인 요청을 API 서버들 가운데 하나로 보낸다.
3. API 서버가 사용자 인증을 처리하고 나면 서비스 탐색 기능이 동작하여 해당 사용자를 서비스할 최적의 채팅 서버를 찾는다. 이 예제의 경우에는 채

팅 서버 2가 선택되어 사용자 A에게 반환되었다고 하겠다.

4. 사용자 A는 채팅 서버 2와 웹소켓 연결을 맺는다.

메시지 흐름

채팅 시스템에 있어서 종단 간 메시지 흐름을 이해하는 것은 흥미로운 주제다. 이번 절에서는 1:1 채팅 메시지의 처리 흐름과 여러 단말 간 메시지 동기화 과정을 살펴본 다음, 그룹 채팅 메시지의 처리 흐름도 살펴볼 것이다.

1:1 채팅 메시지 처리 흐름

그림 12-12는 1:1 채팅에서 사용자 A가 B에게 보낸 메시지가 어떤 경로로 처리되는지를 보여준다.

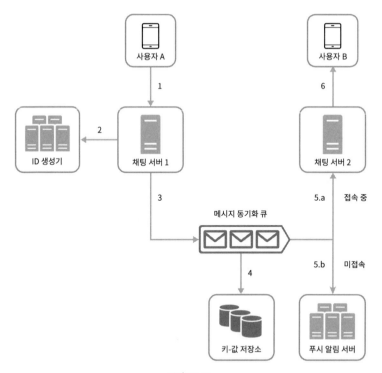

그림 12-12

1. 사용자 A가 채팅 서버 1로 메시지 전송

2. 채팅 서버 1은 ID 생성기를 사용해 해당 메시지의 ID 결정

3. 채팅 서버 1은 해당 메시지를 메시지 동기화 큐로 전송

4. 메시지가 키-값 저장소에 보관됨

5. (a) 사용자 B가 접속 중인 경우 메시지는 사용자 B가 접속 중인 채팅 서버 (본 예제의 경우에는 채팅 서버 2)로 전송됨 (b) 사용자 B가 접속 중이 아니라면 푸시 알림 메시지를 푸시 알림 서버로 보냄

6. 채팅 서버 2는 메시지를 사용자 B에게 전송. 사용자 B와 채팅 서버 2 사이에는 웹소켓 연결이 있는 상태이므로 그것을 이용

여러 단말 사이의 메시지 동기화

여러 개 단말을 사용하는 사람은 많다. 지금부터 여러 단말 사이에 메시지 동기화는 어떻게 하는지 설명할 것이다. 그림 12-13은 그 한 사례다.

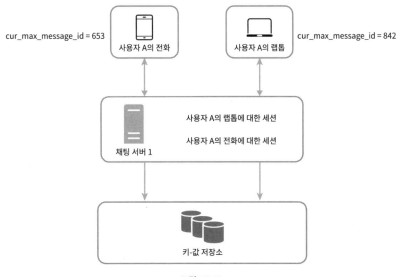

그림 12-13

그림 12-13에서 사용자 A는 전화기와 랩톱의 두 대 단말을 이용하고 있다. 사용자 A가 전화기에서 채팅 앱에 로그인한 결과로 채팅 서버 1과 해당 단말 사

이에 웹소켓 연결이 만들어져 있고, 랩톱에서 로그인한 결과로 역시 별도 웹소 켓이 채팅 서버 1에 연결되어 있는 상황이다.

각 단말은 cur_max_message_id라는 변수를 유지하는데, 해당 단말에서 관 측된 가장 최신 메시지의 ID를 추적하는 용도다. 아래 두 조건을 만족하는 메 시지는 새 메시지로 간주한다.

- 수신자 ID가 현재 로그인한 사용자 ID와 같다.
- 키-값 저장소에 보관된 메시지로서, 그 ID가 cur_max_message_id보다 크다.

cur_max_message_id는 단말마다 별도로 유지 관리하면 되는 값이라 키-값 저 장소에서 새 메시지를 가져오는 동기화 작업도 쉽게 구현할 수 있다.

소규모 그룹 채팅에서의 메시지 흐름

1:1 채팅에 비해 그룹 채팅에서의 메시지 흐름은 조금 더 복잡하다. 그림 12-14 와 12-15를 보자.

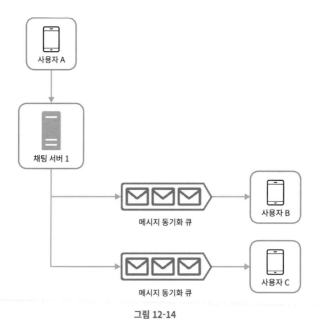

그림 12-14

그림 12-14는 사용자 A가 그룹 채팅 방에서 메시지를 보냈을 때 어떤 일이 벌어지는지 보여준다. 해당 그룹에 3명의 사용자가 있다고 하자(사용자 A, B, C). 우선 사용자 A가 보낸 메시지가 사용자 B와 C의 메시지 동기화 큐(message sync queue)에 복사된다. 이 큐를 사용자 각각에 할당된 메시지 수신함 같은 것으로 생각해도 무방할 것이다. 이 설계안은 소규모 그룹 채팅에 적합한데, 이유는 다음과 같다.

- 새로운 메시지가 왔는지 확인하려면 자기 큐만 보면 되니까 메시지 동기화 플로가 단순하다.
- 그룹이 크지 않으면 메시지를 수신자별로 복사해서 큐에 넣는 작업의 비용이 문제가 되지 않는다.

위챗(WeChat)이 이런 접근법을 쓰고 있으며, 그룹의 크기는 500명으로 제한하고 있다.[8] 하지만 많은 사용자를 지원해야 하는 경우라면 똑같은 메시지를 모든 사용자의 큐에 복사하는 게 바람직하지 않을 것이다.

지금 설명한 메시지 흐름을 수신자 관점에서 살펴보면, 한 수신자는 여러 사용자로부터 오는 메시지를 수신할 수 있어야 한다. 따라서 각 사용자의 수신함, 즉 메시지 동기화 큐는 그림 12-15와 같이 여러 사용자로부터 오는 메시지를 받을 수 있어야 한다.

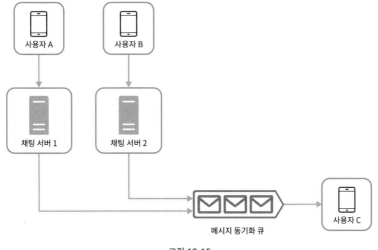

그림 12-15

접속상태 표시

사용자의 접속 상태를 표시하는 것은 상당수 채팅 애플리케이션의 핵심적 기능이다. 채팅 애플리케이션을 사용하다 보면 사용자의 프로파일 이미지나 대화명 옆에 녹색 점이 붙어 있는 것을 보게 되는데, 이것이 바로 사용자가 접속 중임을 나타낸다. 이번 절에서는 그 녹색 점을 표현하기 위해 무엇이 필요한지 자세히 살펴보겠다.

개략적 설계안에서는 접속상태 서버(presense server)를 통해 사용자의 상태를 관리한다고 했었다. 접속상태 서버는 클라이언트와 웹소켓으로 통신하는 실시간 서비스의 일부라는 점에 유의하라. 사용자의 상태가 바뀌는 시나리오는 몇 가지가 있는데, 지금부터 하나씩 살펴보자.

사용자 로그인

사용자 로그인 절차에 대해서는 "서비스 탐색" 절에서 설명한 바 있다. 클라이언트와 실시간 서비스(real-time service) 사이에 웹소켓 연결이 맺어지고 나면 접속상태 서버는 A의 상태와 last_active_at 타임스탬프 값을 키-값 저장소에 보관한다. 이 절차가 끝나고 나면 해당 사용자는 접속 중인 것으로 표시될 것이다.

그림 12-16

로그아웃

사용자 로그아웃은 그림 12-17과 같은 절차를 거친다. 키-값 저장소에 보관된 사용자 상태가 online에서 offline으로 바뀌게 된다는 점에 유의하자. 이 절차가 끝나고 나면 UI상에서 사용자의 상태는 접속 중이 아닌 것으로 표시될 것이다.

그림 12-17

접속 장애

인터넷을 통한 연결이 항상 안정적이라면 좋겠지만 그렇지 못하다는 것이 문제다. 그러니 그런 상황에 대응할 수 있는 설계를 준비해야 한다. 사용자의 인터넷 연결이 끊어지면 클라이언트와 서버 사이에 맺어진 웹소켓 같은 지속성 연결도 끊어진다. 이런 장애에 대응하는 간단한 방법은 사용자를 오프라인 상태로 표시하고 연결이 복구되면 온라인 상태로 변경하는 것이다. 하지만 이 방법에는 심각한 문제가 있다. 짧은 시간 동안 인터넷 연결이 끊어졌다 복구되는 일은 흔하다. 사용자가 차를 타고 터널을 지나가는 상황을 생각해 보자. 이런 일이 벌어질 때마다 사용자의 접속 상태를 변경한다면 그것은 지나친 일일 것이고, 사용자 경험 측면에서도 바람직하지 않을 것이다.

본 설계안에서는 박동(heartbeat) 검사를 통해 이 문제를 해결할 것이다. 즉, 온라인 상태의 클라이언트로 하여금 주기적으로 박동 이벤트(heartbeat event)를 접속상태 서버로 보내도록 하고, 마지막 이벤트를 받은 지 x초 이내에 또 다른 박동 이벤트 메시지를 받으면 해당 사용자의 접속상태를 계속 온라인으로 유지하는 것이다. 그렇지 않을 경우에만 오프라인으로 바꾸는 것이다.

그림 12-18의 예제에 등장하는 클라이언트는 박동 이벤트를 매 5초마다 서버로 보내고 있다. 그런데 이벤트를 3번 보낸 후, x=30초 동안(설명을 위해 임의로 고른 값이다) 아무런 메시지를 보내지 않아서 오프라인 상태로 변경되었다.

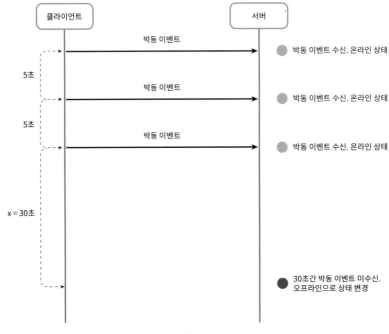

그림 12-18

상태 정보의 전송

그렇다면 사용자 A와 친구 관계에 있는 사용자들은 어떻게 해당 사용자의 상태 변화를 알게 될까? 그림 12-19는 그 원리를 보여준다. 상태정보 서버는 발행-구독 모델(publish-subscribe model)을 사용하는데, 즉 각각의 친구관계마다 채널을 하나씩 두는 것이다. 가령 사용자 A의 접속상태가 변경되었다고 하자. 그 사실을 세 개 채널, 즉 A-B, A-C, A-D에 쓰는 것이다. 그리고 A-B는 사용자 B가 구독하고, A-C는 사용자 C가, 그리고 A-D는 사용자 D가 구독하도록 하는 것이다. 이렇게 하면 친구 관계에 있는 사용자가 상태정보 변화를 쉽게 통지 받을 수 있게 된다. 클라이언트와 서버 사이의 통신에는 실시간 웹소켓을 사용한다.

이 방안은 그룹 크기가 작을 때는 효과적이다. 위챗은 그룹 크기 상한을 500으로 제한하고 있어서 이와 유사한 접근법을 사용할 수 있었다. 그룹 크기가 더 커지면 이런 식으로 접속상태 변화를 알려서는 비용이나 시간이 많이 들게

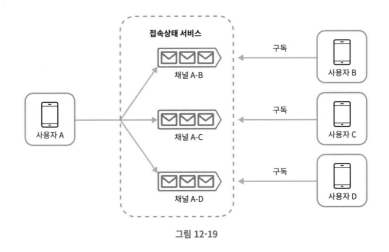

그림 12-19

되므로 좋지 않다. 가령 그룹 하나에 100,000 사용자가 있다고 하자. 그러면 상태변화 1건당 100,000개의 이벤트 메시지가 발생할 것이다. 이런 성능 문제를 해소하는 한 가지 방법은 사용자가 그룹 채팅에 입장하는 순간에만 상태 정보를 읽어가게 하거나, 친구 리스트에 있는 사용자의 접속상태를 갱신하고 싶으면 수동으로(manual) 하도록 유도하는 것이다.

4단계 마무리

이번 장에서 우리는 1:1 채팅과 그룹 채팅을 전부 지원하는 채팅 시스템의 아키텍처를 살펴보았다. 클라이언트와 서버 사이의 실시간 통신을 가능하도록 하기 위해 웹소켓을 사용하였으며, 실시간 메시징을 지원하는 채팅 서버, 접속상태 서버, 푸시 알림 서버, 채팅 이력을 보관할 키-값 저장소, 그리고 이를 제외한 나머지 기능을 구현하는 데 쓰일 API 서버 등이 그 주요 컴포넌트였다.

면접 말미에 시간이 좀 남는다면 면접관과 다음과 같은 내용을 논의해도 좋을 것이다.

- 채팅 앱을 확장하여 사진이나 비디오 등의 미디어를 지원하도록 하는 방법: 미디어 파일은 텍스트에 비해 크기가 크다. 그와 관련하여 압축 방식, 클라우드 저장소, 섬네일(thumbnail) 생성 등을 논의해보면 재미있을 것이다.

- 종단 간 암호화: 왓츠앱은 메시지 전송에 있어 종단 간 암호화를 지원한다. 메시지 발신인과 수신자 이외에는 아무도 메시지 내용을 볼 수 없다는 뜻이다. 관심있는 독자는 [9]를 읽어보기 바란다.

- 캐시: 클라이언트에 이미 읽은 메시지를 캐시해 두면 서버와 주고받는 데이터 양을 줄일 수 있다.

- 로딩 속도 개선: 슬랙(Slack)은 사용자의 데이터, 채널 등을 지역적으로 분산하는 네트워크를 구축하여 앱 로딩 속도를 개선하였다.[10]

- 오류 처리
  - 채팅 서버 오류: 채팅 서버 하나에 수십만 사용자가 접속해 있는 상황을 생각해보자. 그런 서버 하나가 죽으면 서비스 탐색 기능(주키퍼 같은)이 동작하여 클라이언트에게 새로운 서버를 배정하고 다시 접속할 수 있도록 해야 한다.
  - 메시지 재전송: 재시도(retry)나 큐(queue)는 메시지의 안정적 전송을 보장하기 위해 흔히 사용되는 기법이다.

여기까지 성공적으로 마친 여러분, 축하한다. 멋지게 마무리한 스스로를 마음껏 격려하도록 하자!

참고문헌

[1]   Erlang at Facebook: *https://www.erlang-factory.com/upload/presentations/31/EugeneLetuchy-ErlangatFacebook.pdf*

[2]   Messenger and WhatsApp process 60 billion messages a day: *https://www.theverge.com/2016/4/12/11415198/facebook-messenger-whatsapp-number-messages-vs-sms-f8-2016*

[3]   Long tail: *https://en.wikipedia.org/wiki/Long_tail*

[4]   The Underlying Technology of Messages: *https://www.facebook.com/notes/facebook-engineering/the-underlying-technology-of-messages/454991608919/*

[5] How Discord Stores Billions of Messages: *https://blog.discordapp.com/how-discord-stores-billions-of-messages-7fa6ec7ee4c7*

[6] Announcing Snowflake: *https://blog.twitter.com/engineering/en_us/a/2010/announcing-snowflake.html*

[7] Apache ZooKeeper: *https://zookeeper.apache.org/*

[8] From nothing: the evolution of WeChat background system (Article in Chinese): *https://www.infoq.cn/article/the-road-of-the-growth-weixin-background*

[9] End-to-end encryption: *https://faq.whatsapp.com/en/android/28030015/*

[10] Flannel: An Application-Level Edge Cache to Make Slack Scale: *https://slack.engineering/flannel-an-application-level-edge-cache-to-make-slack-scale-b8a6400e2f6b*

13장

검색어 자동완성 시스템

구글 검색 또는 아마존 웹 사이트 검색창에 단어를 입력하다 보면 입력 중인 글자에 맞는 검색어가 자동으로 완성되어 표시되는 것을 볼 수 있다. 이런 기능은 보통 검색어 자동완성(autocomplete, typeahead, search-as-you-type, incremental search)이라 부른다. 그림 13-1의 예제는 구글의 검색창에 dinner를 입력했을 때 자동완성되어 표시되는 검색어들이다. 검색어 자동완성은 많은 제품에 중요하게 사용되는 기능이다. 이번 장에서는 이와 관련하여, 가장

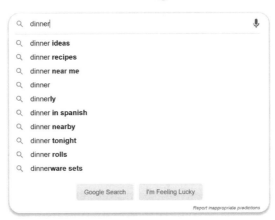

그림 13-1

많이 이용된 검색어 k개를 자동완성하여 출력하는 시스템을 설계해 보도록 하겠다.

1단계 문제 이해 및 설계 범위 확정

시스템 설계 면접의 첫 단계는 적절한 질문을 통해 요구사항을 분명히 하는 것이다. 아래는 본 설계 면접 문제와 관련한 질문과 답변 예제다.

지원자: 사용자가 입력하는 단어는 자동완성될 검색어의 첫 부분이어야 하나요? 아니면 중간 부분이 될 수도 있습니까?

면접관: 첫 부분으로 한정하겠습니다.

지원자: 몇 개의 자동완성 검색어가 표시되어야 합니까?

면접관: 5개입니다.

지원자: 자동완성 검색어 5개를 고르는 기준은 무엇입니까?

면접관: 질의 빈도에 따라 정해지는 검색어 인기 순위를 기준으로 삼겠습니다.

지원자: 맞춤법 검사 기능도 제공해야 합니까?

면접관: 아뇨. 맞춤법 검사나 자동수정은 지원하지 않습니다.

지원자: 질의는 영어입니까?

면접관: 네. 하지만 시간이 허락한다면 다국어 지원을 생각해도 좋습니다.

지원자: 대문자나 특수 문자 처리도 해야 합니까?

면접관: 아뇨. 모든 질의는 영어 소문자로 이루어진다고 가정하겠습니다.

지원자: 얼마나 많은 사용자를 지원해야 합니까?

면접관: 일간 능동 사용자(DAU) 기준으로 천만(10million) 명입니다.

요구사항

아래에 요구사항을 정리해 보았다.

- 빠른 응답 속도: 사용자가 검색어를 입력함에 따라 자동완성 검색어도 충분히 빨리 표시되어야 한다. 페이스북 검색어 자동완성 시스템에 관한 문서를 보면[1] 시스템 응답속도는 100밀리초 이내여야 한다. 그렇지 않으면 시스템

이용이 불편해진다.

- 연관성: 자동완성되어 출력되는 검색어는 사용자가 입력한 단어와 연관된 것이어야 한다.
- 정렬: 시스템의 계산 결과는 인기도(popularity) 등의 순위 모델(ranking model)에 의해 정렬되어 있어야 한다.
- 규모 확장성: 시스템은 많은 트래픽을 감당할 수 있도록 확장 가능해야 한다.
- 고가용성: 시스템의 일부에 장애가 발생하거나, 느려지거나, 예상치 못한 네트워크 문제가 생겨도 시스템은 계속 사용 가능해야 한다.

개략적 규모 추정

- 일간 능동 사용자(DAU)는 천만 명으로 가정한다.
- 평균적으로 한 사용자는 매일 10건의 검색을 수행한다고 가정한다.
- 질의할 때마다 평균적으로 20바이트의 데이터를 입력한다고 가정한다.
  - 문자 인코딩 방법으로는 ASCII를 사용한다고 가정할 것이므로, 1문자 = 1바이트이다.
  - 질의문은 평균적으로 4개 단어로 이루어진다고 가정할 것이며, 각 단어는 평균적으로 다섯 글자로 구성된다고 가정할 것이다.
  - 따라서 질의당 평균 $4 \times 5 = 20$ 바이트이다.
- 검색창에 글자를 입력할 때마다 클라이언트는 검색어 자동완성 백엔드에 요청을 보낸다. 따라서 평균적으로 1회 검색당 20건의 요청이 백엔드로 전달된다. 예를 들어 여러분이 검색창에 dinner라고 입력하면 다음의 6개 요청이 순차적으로 백엔드에 전송된다

search?q=d
search?q=di
search?q=din
search?q=dinn

search?q=dinne

search?q=dinner

- 대략 초당 24,000건의 질의(QPS)가 발생할 것이다(= 10,000,000사용자 × 10질의/일 × 20자/24시간/3600초).
- 최대 QPS＝QPS×2＝대략 48,000
- 질의 가운데 20% 정도는 신규 검색어라고 가정할 것이다. 따라서 대략 0.4GB 정도다(= 10,000,000사용자 × 10질의/일 × 20자 × 20%). 매일 0.4GB 의 신규 데이터가 시스템에 추가된다는 뜻이다.

2단계 개략적 설계안 제시 및 동의 구하기

개략적으로 보면 시스템은 두 부분으로 나뉜다.

- 데이터 수집 서비스(data gathering service): 사용자가 입력한 질의를 실시간으로 수집하는 시스템이다. 데이터가 많은 애플리케이션에 실시간 시스템은 그다지 바람직하지 않지만 설계안을 만드는 출발점으로는 괜찮을 것이다. 상세 설계안을 준비할 때 보다 현실적인 안으로 교체하도록 하겠다.
- 질의 서비스(query service): 주어진 질의에 다섯 개의 인기 검색어를 정렬해 내놓는 서비스이다.

데이터 수집 서비스

데이터 수집 서비스가 어떻게 동작하는지 간단한 예제를 통해 살펴보자. 질의문과 사용빈도를 저장하는 빈도 테이블(frequency table)이 있다고 가정하겠다 (그림 13-2). 처음에 이 테이블은 비어 있는데, 사용자가 'twitch', 'twitter', 'twitter', 'twillo'를 순서대로 검색하면 그 상태가 다음과 같이 바뀌어 나가게 된다.

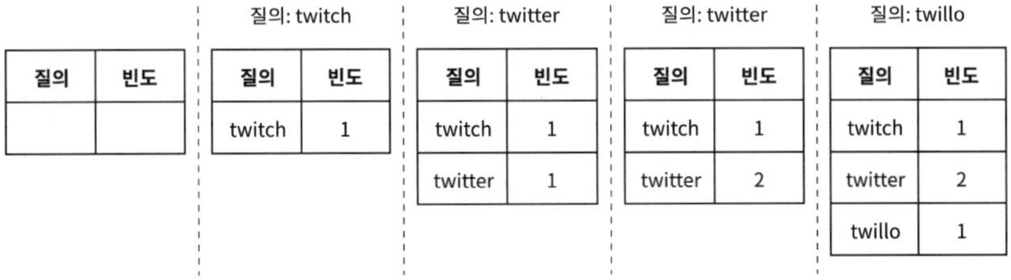

질의	빈도

질의: twitch

질의	빈도
twitch	1

질의: twitter

질의	빈도
twitch	1
twitter	1

질의: twitter

질의	빈도
twitch	1
twitter	2

질의: twillo

질의	빈도
twitch	1
twitter	2
twillo	1

그림 13-2

질의 서비스

표 13-1과 같은 빈도 테이블이 있는 상태라고 하자. 두 개의 필드가 있음을 볼 수 있을 것이다.

- query: 질의문을 저장하는 필드다.
- frequency: 질의문이 사용된 빈도를 저장하는 필드다.

query	freuqency
twitter	35
twitch	29
twilight	25
twin peak	21
twitch prime	18
twitter search	14
twillo	10
twin peak sf	8

표 13-1

이 상태에서 사용자가 "tw"를 검색창에 입력하면 아래의 "top 5" 자동완성 검색어가 표시되어야 한다(그림 13-3). "top 5"는 위의 빈도 테이블에 기록된 수치를 사용해 계산한다고 가정한다.

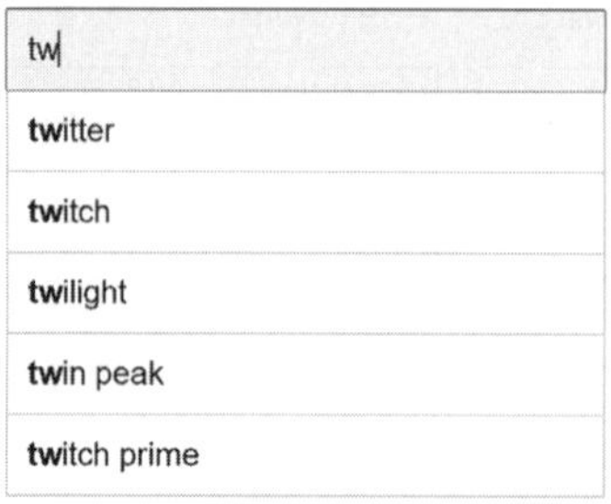

그림 13-3

가장 많이 사용된 5개 검색어("top 5")는 아래의 SQL 질의문을 사용해 계산할 수 있다.

```
SELECT * FROM frequency_table
WHERE query Like `prefix%`
ORDER BY frequency DESC
LIMIT 5
```

그림 13-4

데이터 양이 적을 때는 나쁘지 않은 설계안이다. 하지만 데이터가 아주 많아지면 데이터베이스가 병목이 될 수 있다. 상세 설계안을 준비하면서 이 문제를 해결할 방법을 알아보겠다.

3단계 상세 설계

데이터 수집 서비스와 질의 서비스의 두 부분으로 구성된 개략적 설계안은 최적화된 결과물이라 말하기 어렵지만 출발점으로서는 썩 괜찮은 안이었다. 이번 절에서는 컴포넌트를 몇 개 골라 보다 상세히 설계하고 다음 순서로 최적화 방안을 논의할 것이다.

- 트라이(trie) 자료구조
- 데이터 수집 서비스
- 질의 서비스

- 규모 확장이 가능한 저장소
- 트라이 연산

트라이 자료구조

개략적 설계안에서는 관계형 데이터베이스를 저장소로 사용했다. 하지만 관계형 데이터베이스를 이용해 가장 인기 있었던 다섯 개 질의문을 골라내는 방안은 효율적이지 않다. 이 문제는 트라이(trie, 접두어 트리prefix tree라고도 한다)를 사용해 해결할 것이다. 트라이가 시스템의 핵심적 부분이 될 것이므로, 충분한 시간을 할애하여 주어진 요구사항에 딱 맞는 트라이를 만들도록 할 것이다. 이번 절에서 다루는 핵심 아이디어의 상당 부분은 [2]와 [3]에서 차용하였음을 먼저 밝힌다.

기본적인 트라이 자료구조가 어떻게 동작하는지 알아 두면 면접 시에 도움이 되는 것은 사실이지만 이 책의 주제는 자료구조 문제가 아니라 시스템 설계 문제다. 거기다 트라이 자료구조라면 이미 인터넷에 많은 자료가 있다. 그러므로 이번 장에서는 트라이가 무엇인지 간단하게만 살펴보고, 이 기본 트라이를 어떻게 최적화하면 응답 시간을 줄일 수 있는지에 집중하겠다.

트라이는 문자열들을 간략하게 저장할 수 있는 자료구조다. 트라이라는 이름은 "retrieval"이라는 단어에서 온 것인데, 문자열을 꺼내는 연산에 초점을 맞추어 설계된 자료구조임을 미루어 짐작할 수 있다. 트라이 자료구조의 핵심 아이디어를 살펴보면 다음과 같다.

- 트라이는 트리 형태의 자료구조다.
- 이 트리의 루트 노드는 빈 문자열을 나타낸다.
- 각 노드는 글자(character) 하나를 저장하며, 26개(해당 글자 다음에 등장할 수 있는 모든 글자의 개수)의 자식 노드를 가질 수 있다.
- 각 트리 노드는 하나의 단어, 또는 접두어 문자열(prefix string)을 나타낸다.

그림 13-5는 질의어 'tree', 'try', 'true', 'toy', 'wish', 'win'이 보관된 트라이다. 해당 질의어를 나타내는 노드는 굵은 외곽선으로 표시하였다.

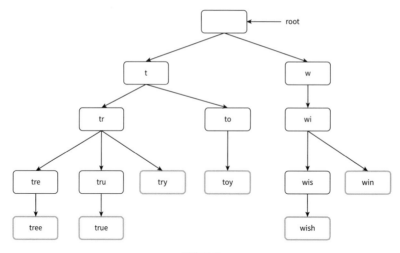

그림 13-5

기본 트라이 자료구조는 노드에 문자들을 저장한다. 이용 빈도에 따라 정렬된 결과를 내놓기 위해서는 노드에 빈도 정보까지 저장할 필요가 있다. 가령 아래와 같은 빈도 테이블이 있다고 하자.

query	frequency
tree	10
try	29
true	35
toy	14
wish	25
win	50

표 13-2

이 빈도 정보를 트라이 노드에 저장하게 되면 그림 13-6과 같은 상태가 될 것이다.

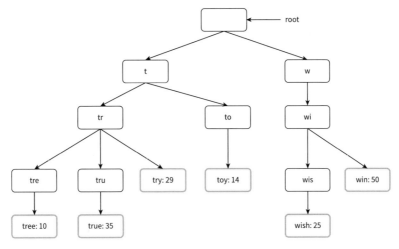

그림 13-6

그렇다면 이 트라이로 검색어 자동완성은 어떻게 구현할 수 있을까? 알고리즘을 살펴보기 전에, 우선 용어만 몇 가지 정의하고 넘어가자.

- p: 접두어(prefix)의 길이
- n: 트라이 안에 있는 노드 개수
- c: 주어진 노드의 자식 노드 개수

가장 많이 사용된 질의어 k개는 다음과 같이 찾을 수 있다.

- 해당 접두어를 표현하는 노드를 찾는다. 시간 복잡도는 $O(p)$이다.
- 해당 노드부터 시작하는 하위 트리를 탐색하여 모든 유효 노드를 찾는다. 유효한 검색 문자열을 구성하는 노드가 유효 노드다. 시간 복잡도는 $O(c)$이다.
- 유효 노드들을 정렬하여 가장 인기 있는 검색어 k개를 찾는다. 시간 복잡도는 $O(c\log c)$이다.

그림 13-7의 예제를 보자. $k=2$이고 사용자가 검색창에 'be'을 입력했다고 하자. 위의 알고리즘은 다음과 같이 동작할 것이다.

1. 접두어 노드 'be'을 찾는다.

2. 해당 노드부터 시작하는 하위 트리를 탐색하여 모든 유효 노드를 찾는다. 그림 13-7의 경우에는 [beer: 10], [best: 35], [bet: 29]가 유효 노드다.

3. 유효 노드를 정렬하여 2개만 골라낸다. [best: 35]와 [bet: 29]가 접두어(즉, 검색어) "tr"에 대해 검색된 2개의 인기 검색어다.

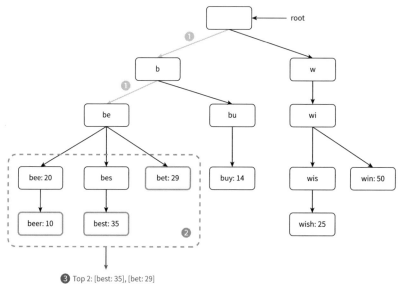

그림 13-7

이 알고리즘의 시간 복잡도는 위의 각 단계에 소요된 시간의 합이다. 즉, $O(p)$ $+O(c)+O(c\log c)$.

이 알고리즘은 직관적이지만 최악의 경우에는 k개 결과를 얻으려고 전체 트라이를 다 검색해야 하는 일이 생길 수 있다. 이 문제를 해결할 방법으로는 다음의 두 가지가 있다.

1. 접두어의 최대 길이를 제한
2. 각 노드에 인기 검색어를 캐시

이 두 가지 최적화 방안을 순서대로 살펴보자.

접두어 최대 길이 제한

사용자가 검색창에 긴 검색어를 입력하는 일은 거의 없다. 따라서 p값은 작은 정숫값(가령 50 같은)이라고 가정해도 안전하다. 검색어의 최대 길이를 제한할 수 있다면 "접두어 노드를 찾는" 단계의 시간 복잡도는 $O(p)$에서 O(작은 상숫값)$=O(1)$로 바뀔 것이다.

노드에 인기 검색어 캐시

각 노드에 k개의 인기 검색어를 저장해 두면 전체 트라이를 검색하는 일을 방지할 수 있다. 5~10개 정도의 자동완성 제안을 표시하면 충분하므로, k는 작은 값이다. 본 예제에서는 다섯 개 질의를 캐시한다고 하겠다.

각 노드에 이렇게 인기 질의어를 캐시하면 'top 5' 검색어를 질의하는 시간 복잡도를 엄청나게 낮출 수 있다. 하지만 각 노드에 질의어를 저장할 공간이 많이 필요하게 된다는 단점도 있다. 그러나 빠른 응답속도가 아주 중요할 때는 이 정도 저장공간을 희생할 만한 가치는 있다.

그림 13-8은 개선된 트라이 구조다. 각 노드에 가장 인기 있는 검색어 다섯 가지를 저장하도록 했다. 예를 들어 접두어 be를 나타내는 노드에는 [best: 35, bet: 29, bee: 20, be: 15, beer: 10]의 다섯 개 검색어를 캐시해 두었다.

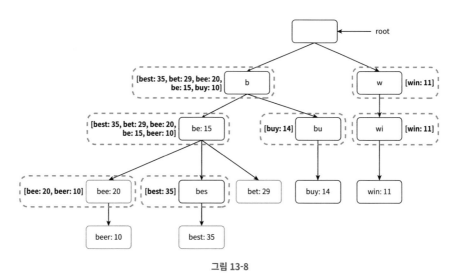

그림 13-8

앞의 두 가지 최적화 기법을 적용하면 시간 복잡도가 어떻게 달라지는지 알아보면 다음과 같다.

1. 접두어 노드를 찾는 시간 복잡도는 $O(1)$로 바뀐다.
2. 최고 인기 검색어 5개를 찾는 질의의 시간 복잡도도 $O(1)$로 바뀐다. 검색 결과가 이미 캐시되어 있어서다.

각 단계의 시간 복잡도가 $O(1)$로 바뀐 덕분에, 최고 인기 검색어 k개를 찾는 전체 알고리즘의 복잡도도 $O(1)$로 바뀌게 된다.

데이터 수집 서비스

지금까지 살펴본 설계안은 사용자가 검색창에 뭔가 타이핑을 할 때마다 실시간으로 데이터를 수정했다. 이 방법은 다음 두 가지 문제로 그다지 실용적이지 못하다.

- 매일 수천만 건의 질의가 입력될 텐데 그때마다 트라이를 갱신하면 질의 서비스는 심각하게 느려질 것이다.
- 일단 트라이가 만들어지고 나면 인기 검색어는 그다지 자주 바뀌지 않을 것이다. 그러니 트라이는 그렇게 자주 갱신할 필요가 없다.

규모 확장이 쉬운 데이터 수집 서비스를 만들려면 데이터가 어디서 오고 어떻게 이용되는지를 살펴야 한다. 트위터 같은 실시간 애플리케이션이라면 제안되는 검색어를 항상 신선하게 유지할 필요가 있을 수 있겠지만 구글 검색 같은 애플리케이션이라면 그렇게 자주 바꿔줄 이유는 없을 것이다.

용례가 달라지더라도 데이터 수집 서비스의 토대는 바뀌지 않을 것이다. 트라이를 만드는 데 쓰는 데이터는 보통 데이터 분석 서비스(analytics)나 로깅 서비스(logging service)로부터 올 것이기 때문이다.

그림 13-9는 데이터 분석 서비스의 수정된 설계안이다. 지금부터 그 각 컴포넌트를 차례로 살펴보겠다.

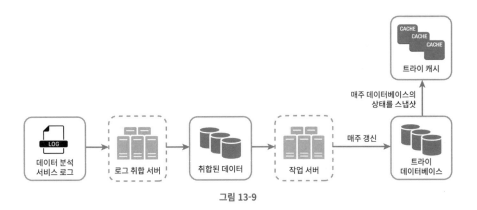

그림 13-9

데이터 분석 서비스 로그

데이터 분석 서비스 로그에는 검색창에 입력된 질의에 관한 원본 데이터가 보관된다. 새로운 데이터가 추가될 뿐 수정은 이루어지지 않으며 로그 데이터에는 인덱스를 걸지 않는다. 표 13-3은 로그 파일 예제다.

query	time
tree	2019-10-01 22:01:01
try	2019-10-01 22:01:05
tree	2019-10-01 22:01:30
toy	2019-10-01 22:02:22
tree	2019-10-02 22:02:42
try	2019-10-03 22:03:03

표 13-3

로그 취합 서버

데이터 분석 서비스로부터 나오는 로그는 보통 그 양이 엄청나고 데이터 형식도 제각각인 경우가 많다. 따라서 이 데이터를 잘 취합하여(aggregation) 우리 시스템이 쉽게 소비할 수 있도록 해야 한다.

데이터 취합 방식은 우리 서비스의 용례에 따라 달라질 수도 있다. 예를 들어 트위터와 같은 실시간 애플리케이션의 경우 결과를 빨리 보여주는 것이 중요하므로 데이터 취합 주기를 보다 짧게 가져갈 필요가 있을 수 있다. 한편 대부분의 경우에는 일주일에 한 번 정도로 로그를 취합해도 충분할 것이다. 따라서 면접장에서 데이터 취합의 실시간성이 얼마나 중요한지 확인하는 것은 중요하다. 본 설계안의 경우에는 일주일 주기로 취합하면 충분하다고 가정할 것이다.

취합된 데이터

표 13-4는 매주 취합한 데이터의 사례다. time 필드는 해당 주가 시작한 날짜를 나타낸다. frequency 필드는 해당 질의가 해당 주에 사용된 횟수의 합이다.

query	time	frequency
tree	2019-10-01	12000
tree	2019-10-08	15000
tree	2019-10-15	9000
toy	2019-10-01	8500
toy	2019-10-08	6256
toy	2019-10-15	8866

표 13-4

작업 서버

작업 서버(worker)는 주기적으로 비동기적 작업(job)을 실행하는 서버 집합이다. 트라이 자료구조를 만들고 트라이 데이터베이스에 저장하는 역할을 담당한다.

트라이 캐시

트라이 캐시는 분산 캐시 시스템으로 트라이 데이터를 메모리에 유지하여 읽기 연산 성능을 높이는 구실을 한다. 매주 트라이 데이터베이스의 스냅샷을 떠서 갱신한다.

트라이 데이터베이스

트라이 데이터베이스는 지속성 저장소다. 트라이 데이터베이스로 사용할 수 있는 선택지로는 다음의 두 가지가 있다.

1. 문서 저장소(document store): 새 트라이를 매주 만들 것이므로, 주기적으로 트라이를 직렬화하여 데이터베이스에 저장할 수 있다. 몽고디비(Mongo DB) 같은 문서 저장소를 활용하면 이런 데이터를 편리하게 저장할 수 있다.[4]

2. 키-값 저장소: 트라이는 아래 로직을 적용하면 해시 테이블 형태로 변환 가능하다.[4]
   ◦ 트라이에 보관된 모든 접두어를 해시 테이블 키로 변환
   ◦ 각 트라이 노드에 보관된 모든 데이터를 해시 테이블 값으로 변환

그림 13-10은 트라이를 해시 테이블로 어떻게 대응시킬 수 있는지 보여준다.

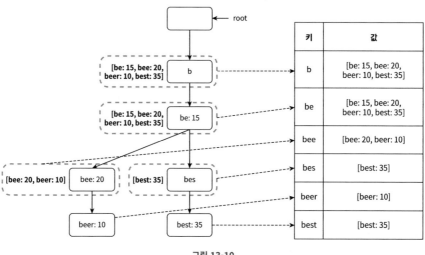

그림 13-10

그림 13-10에서 각 트라이 노드는 하나의 〈키, 값〉 쌍으로 변환된다. 키-값 저장소가 어떻게 동작하는지 분명하지 않다면 제6장 "키-값 저장소 설계"를 참고하기 바란다.

질의 서비스

개략적 설계안에서 살펴본 질의 서비스는 데이터베이스를 활용하여 최고 인기 검색어 다섯 개를 골라냈다. 그림 13-11은 해당 설계안의 비효율성을 개선한 새 설계안이다.

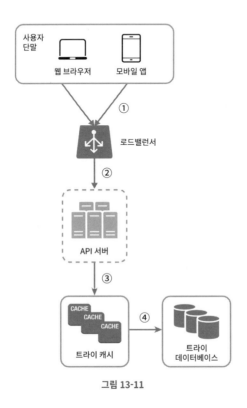

그림 13-11

1. 검색 질의가 로드밸런서로 전송된다.
2. 로드밸런서는 해당 질의를 API 서버로 보낸다.
3. API 서버는 트라이 캐시에서 데이터를 가져와 해당 요청에 대한 자동완성 검색어 제안 응답을 구성한다.
4. 데이터가 트라이 캐시에 없는 경우에는 데이터를 데이터베이스에서 가져와 캐시에 채운다. 그래야 다음에 같은 접두어에 대한 질의가 오면 캐시에 보관된 데이터를 사용해 처리할 수 있다. 캐시 미스(cache miss)는 캐시 서버의 메모리가 부족하거나 캐시 서버에 장애가 있어도 발생할 수 있다.

질의 서비스는 번개처럼 빨라야 한다. 이를 위해 다음과 같은 최적화 방안을 생각해 보기를 제안한다.

- AJAX 요청(request): 웹 애플리케이션의 경우 브라우저는 보통 AJAX 요청을 보내어 자동완성된 검색어 목록을 가져온다. 이 방법의 장점은 요청을 보내고 받기 위해 페이지를 새로고침 할 필요가 없다는 것이다.
- 브라우저 캐싱(browser caching): 대부분 애플리케이션의 경우 자동완성 검색어 제안 결과는 짧은 시간 안에 자주 바뀌지 않는다. 따라서 제안된 검색어들을 브라우저 캐시에 넣어두면 후속 질의의 결과는 해당 캐시에서 바로 가져갈 수 있다. 구글 검색 엔진이 이런 캐시 메커니즘을 사용한다. 그림 13-13은 구글 검색 엔진에 system design interview라고 입력했을 때 날아오는 응답 헤더다. 보다시피 구글은 제안된 검색어를 한 시간 동안 캐시해 둔다. cache-control 헤더 값에 등장하는 private는 해당 응답이 요청을 보낸 사용자의 캐시에만 보관될 수 있으며 공용 캐시에 저장되어서는 안 된다는 뜻이다. max-age=3600은 해당 캐시 항목은 3600초, 즉 한 시간 동안만 유효하다는 뜻이다.

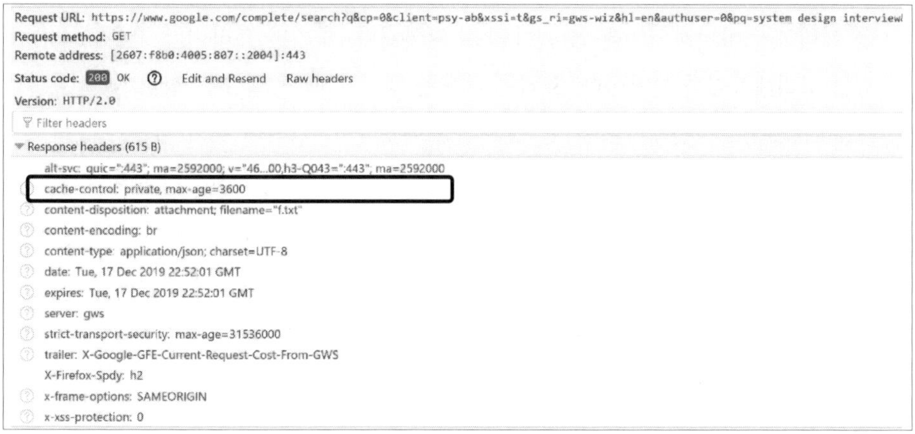

그림 13-12

- 데이터 샘플링(data sampling): 대규모 시스템의 경우, 모든 질의 결과를 로깅하도록 해 놓으면 CPU 자원과 저장공간을 엄청나게 소진하게 된다. 데이

터 샘플링 기법은 그럴 때 유용하다. 즉, N개 요청 가운데 1개만 로깅하도록 하는 것이다.

트라이 연산

트라이는 검색어 자동완성 시스템의 핵심 컴포넌트다. 지금부터 트라이 관련 연산들이 어떻게 동작하는지 살펴보자.

트라이 생성

트라이 생성은 작업 서버가 담당하며, 데이터 분석 서비스의 로그나 데이터베이스로부터 취합된 데이터를 이용한다.

트라이 갱신

트라이를 갱신하는 데는 두 가지 방법이 있다.

1. 매주 한 번 갱신하는 방법. 새로운 트라이를 만든 다음에 기존 트라이를 대체한다.
2. 트라이의 각 노드를 개별적으로 갱신하는 방법. 본 설계안에서는 이 방법을 채택하지 아니하였는데, 성능이 좋지 않아서다. 하지만 트라이가 작을 때는 고려해봄직한 방안이다. 트라이 노드를 갱신할 때는 그 모든 상위 노드(ancestor)도 갱신해야 하는데, 상위 노드에도 인기 검색어 질의 결과가 보관되기 때문이다. 그림 13-13은 이 갱신 연산이 어떻게 동작하는지 보여준다. 트라이의 상태가 왼쪽 그림과 같다고 하자. 그리고 검색어 'beer'의 이용 빈도를 10에서 30으로 갱신해야 한다고 하자. 그러면 해당 노드에 기록된 'beer' 이용 빈도는 오른쪽 그림과 같이 30으로 바뀔 것이다. 아울러 해당 노드의 상위 노드들에 기록된 이용 빈도 수치도 전부 30으로 갱신될 것이다.

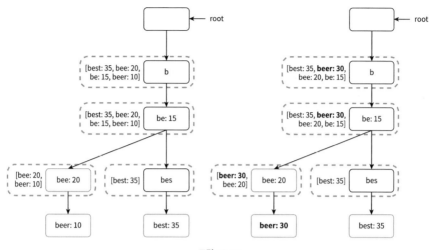

그림 13-13

검색어 삭제

혐오성이 짙거나, 폭력적이거나, 성적으로 노골적이거나, 여러 가지로 위험한 질의어를 자동완성 결과에서 제거해야 한다. 이를 위한 좋은 방법은 그림 13-14와 같이 트라이 캐시 앞에 필터 계층(filter layer)을 두고 부적절한 질의어가 반환되지 않도록 하는 것이다. 필터 계층을 두면 필터 규칙에 따라 검색 결과를 자유롭게 변경할 수 있다는 장점이 있다. 데이터베이스에서 해당 검색어를 물리적으로 삭제하는 것은 다음번 업데이트 사이클에 비동기적으로 진행하면 된다.

그림 13-14

저장소 규모 확장

자동완성된 검색어를 사용자에게 제공하는 시스템의 설계를 마쳤으니, 트라이의 크기가 한 서버에 넣기엔 너무 큰 경우에도 대응할 수 있도록 규모 확장성문제를 해결해보자.

영어만 지원하면 되기 때문에, 간단하게는 첫 글자를 기준으로 샤딩(shard-ing) 하는 방법을 생각해 볼 수 있다. 다음 예제를 보자.

- 검색어를 보관하기 위해 두 대 서버가 필요하다면 'a'부터 'm'까지 글자로 시작하는 검색어는 첫 번째 서버에 저장하고, 나머지는 두 번째 서버에 저장한다.
- 세 대 서버가 필요하다면 'a'부터 'i'까지는 첫 번째 서버에, 'j' 부터 'r'까지는 두 번째 서버에, 나머지는 세 번째 서버에 저장한다.

이 방법을 쓰는 경우 사용 가능한 서버는 최대 26대로 제한되는데, 영어 알파벳에는 26자 밖에 없기 때문이다. 이 이상으로 서버 대수를 늘리려면 샤딩을 계층적으로 해야 한다. 가령 검색어의 첫 번째 글자는 첫 번째 레벨의 샤딩에 쓰고, 두 번째 글자는 두 번째 레벨의 샤딩에 쓰는 것이다. 예를 들어 'a'로 시작하는 검색어를 네 대 서버에 나눠 보관하고 싶다고 해 보자. 그러면 'aa'부터 'ag'까지는 첫 번째 서버에, 'ah' 부터 'an'까지는 두 번째 서버에, 'ao'부터 'au'까지는 세 번째 서버에, 나머지는 네 번째 서버에 보관하면 될 것이다.

얼핏 생각하기에는 그럴싸해 보이겠지만, 'c'로 시작하는 단어가 'x'로 시작하는 단어보다 많다는 것을 감안하면 그렇지 않다. 데이터를 각 서버에 균등하게 배분하기가 불가능하다는 것이다.

이 문제를 해결하기 위해, 본 설계안의 경우에는 과거 질의 데이터의 패턴을 분석하여 샤딩하는, 그림 13-15와 같은 방법을 제안한다. 이 그림에서 검색어 대응 샤드 관리자(shard map manager)는 어떤 검색어가 어느 저장소 서버에 저장되는지에 대한 정보를 관리한다. 예를 들어 's'로 시작하는 검색어의 양이 'u', 'v', 'w', 'x', 'y', 'z'로 시작하는 검색어를 전부 합친 것과 비슷하다면, 's''에 대한 샤드 하나와 'u'부터 'z'까지의 검색어를 위한 샤드 하나를 두어도 충분할 것이다.

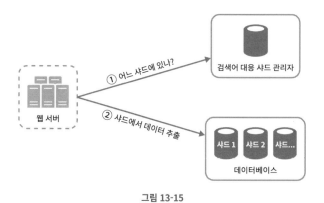

그림 13-15

4단계 마무리

상세 설계를 마치고 나면 면접관은 이런 질문들을 던질지도 모른다.

면접관: 다국어 지원이 가능하도록 시스템을 확장하려면 어떻게 해야 할까요?

비영어권 국가에서 사용하는 언어를 지원하려면 트라이에 유니코드(unicode) 데이터를 저장해야 한다. 유니코드는 "고금을 막론하고 세상에 존재하는 모든 문자 체계를 지원하는 표준 인코딩 시스템"이다.[5]

면접관: 국가별로 인기 검색어 순위가 다르다면 어떻게 해야 하나요?

국가별로 다른 트라이를 사용하도록 하면 된다. 트라이를 CDN에 저장하여 응답속도를 높이는 방법도 생각해볼 수 있다.

면접관: 실시간으로 변하는 검색어의 추이를 반영하려면 어떻게 해야 하나요?

새로운 뉴스 이벤트가 생긴다든가 하는 이유로 특정 검색어의 인기가 갑자기 높아질 수 있다. 현 설계안은 그런 검색어를 지원하기에 적합하지 않다. 이유는 다음과 같다.

- 작업 서버가 매주 한 번씩만 돌도록 되어 있어서 시의 적절하게 트라이를 갱신할 수 없다.

- 설사 때맞춰 서버가 실행된다 해도, 트라이를 구성하는 데 너무 많은 시간이 소요된다.

실시간 검색어 자동완성 시스템을 구축하는 것은 복잡한 문제로 이 책에서 다룰 수 있는 범위를 넘어선다. 다만 도움될 만한 몇 가지 아이디어만 보자면 다음과 같다.

- 샤딩을 통하여 작업 대상 데이터의 양을 줄인다.
- 순위 모델(ranking model)를 바꾸어 최근 검색어에 보다 높은 가중치를 주도록 한다.
- 데이터가 스트림 형태로 올 수 있다는 점, 즉 한번에 모든 데이터를 동시에 사용할 수 없을 가능성이 있다는 점을 고려해야 한다. 데이터가 스트리밍 된다는 것은, 즉 데이터가 지속적으로 생성된다는 뜻이다. 스트림 프로세싱 에는 특별한 종류의 시스템이 필요하다. 아파치 하둡 맵리듀스(Apache Hadoop MapReduce)[6], 아파치 스파크 스트리밍(Apache Spark Streaming)[7], 아파치 스톰(Apache Storm)[8], 아파치 카프카(Apache Kafka)[9] 등이 그런 부류의 시스템이다. 이에 대해 논의하려면 특정한 도메인 지식이 필요하므로, 이 책에서 그 세부를 다루지는 않겠다.

여기까지 성공적으로 마친 여러분, 축하한다. 멋지게 마무리한 스스로를 마음 껏 격려하도록 하자!

참고문헌

[1]   The Life of a Typeahead Query: *https://www.facebook.com/notes/facebook-engineering/the-life-of-a-typeahead-query/389105248919/*

[2]   How We Built Prefixy: A Scalable Prefix Search Service for Powering Autocomplete: *https://medium.com/@prefixyteam/how-we-built-prefixy-a-scalable-prefix-search-service-for-powering-autocomplete-c20f98e2eff1*

[3]   Prefix Hash Tree An Indexing Data Structure over Distributed Hash Tables: *https://people.eecs.berkeley.edu/~sylvia/papers/pht.pdf*

[4]   MongoDB wikipedia: *https://en.wikipedia.org/wiki/MongoDB*

[5]   Unicode frequently asked questions: *https://www.unicode.org/faq/basic_ q.html*

[6]   Apache hadoop: *https://hadoop.apache.org/*

[7]   Spark streaming: *https://spark.apache.org/streaming/*

[8]   Apache storm: *https://storm.apache.org/*

[9]   Apache kafka: *https://kafka.apache.org/documentation/*

14장

유튜브 설계

이번 장에서는 유튜브(YouTube) 시스템을 설계하는 면접 문제를 풀어볼 것이다. 이 문제에 대한 답은 넷플릭스(Netflix)나 훌루(Hulu) 같은 비디오 플랫폼을 설계하는 문제에도 적용 가능하다. 그림 14-1은 유튜브 홈페이지의 모습이다.

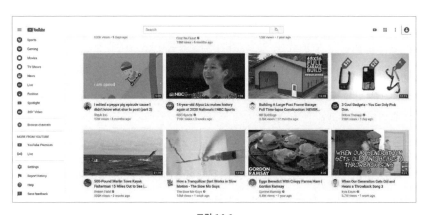

그림 14-1

유튜브 시스템은 언뜻 보기에는 간단하다. 콘텐츠 창작자가 비디오를 올리고, 시청자는 재생 버튼을 누른다. 그런데 정말 그렇게 간단한가? 실제로는 그렇지 않다. 이 단순성 이면에는 엄청나게 복잡한 수많은 기술이 숨어 있다. 유튜브

에 대한 놀라운 통계자료 몇 가지를 살펴보자. 2020년에 조사된 결과다.[1][2]

- 월간 능동 사용자 수: 2십 억(2billion)
- 매일 재생되는 비디오 수: 5십 억(5billion)
- 미국 성인 가운데 73%가 유튜브 이용
- 5천만(50million) 명의 창작자
- 유튜브의 광고 수입은 2019년 기준으로 150억(15.1billion) 달러이며 이는 2018년도 대비 36%가 증가한 수치
- 모바일 인터넷 트래픽 가운데 37%를 유튜브가 점유
- 80개 언어로 이용 가능

엄청난 규모의 전 지구적 서비스로, 정말 많은 돈을 벌어들이고 있음을 알 수 있다.

1단계 문제 이해 및 설계 범위 확정

그림 14-1에서도 알 수 있듯이, 유튜브에서는 단순히 비디오를 보는 것 말고도 많은 일을 할 수 있다. 댓글(comment)을 남길 수도 있고, 비디오를 공유하거나 좋아요 버튼을 누를 수도 있고, 자기 재생목록(playlist)에 저장을 할 수도 있고, 채널을 골라 구독(subscribe)할 수도 있다. 이 모두를 45분에서 60분 가량 진행되는 면접 시간에 설계하는 것은 불가능하다. 그러니 적절한 질문을 통해 설계 범위를 좁히자.

지원자: 어떤 기능이 가장 중요한가요?
면접관: 비디오를 올리는 기능과 시청하는 기능입니다.
지원자: 어떤 클라이언트를 지원해야 하나요?
면접관: 모바일 앱, 웹 브라우저, 그리고 스마트 TV입니다.
지원자: 일간 능동 사용자 수는 몇 명입니까?
면접관: 5백만(5million)입니다.
지원자: 사용자가 이 제품에 평균적으로 소비하는 시간은 얼마인가요?

면접관: 30분입니다.

지원자: 다국어 지원이 필요한가요?

면접관: 네. 어떤 언어로도 이용 가능해야 합니다.

지원자: 어떤 비디오 해상도를 지원해야할까요?

면접관: 현존하는 비디오 종류와 해상도를 대부분 지원해야 합니다.

지원자: 암호화가 필요할까요?

면접관: 네.

지원자: 비디오 파일 크기에 제한이 있습니까?

면접관: 작은 비디오, 혹은 중간 크기 비디오에 초점을 맞추도록 합시다. 비디오 크기는 최대 1GB로 제한합니다.

지원자: 아마존이나 구글, 마이크로소프트가 제공하는 클라우드 서비스를 활용해도 될까요?

면접관: 좋은 질문입니다. 모든 걸 바닥부터 쌓아 올리는 것은 대부분 회사에게는 비현실적인 일이죠. 활용할 수 있다면 하는 것이 바람직할 것입니다.

이번 장에는 아래와 같은 기능을 갖는 비디오 스트리밍 서비스 설계에 초점을 맞출 것이다.

- 빠른 비디오 업로드
- 원활한 비디오 재생
- 재생 품질 선택 기능
- 낮은 인프라 비용(infrastructure cost)
- 높은 가용성과 규모 확장성, 그리고 안정성
- 지원 클라이언트: 모바일 앱, 웹브라우저, 그리고 스마트 TV

개략적 규모 추정

다음 쪽 추정치는 많은 것을 가정한 결과다. 면접장에서는 면접관에게 여러분이 가정한 사항들을 알리고 동의를 구하자.

- 일간 능동 사용자(DAU: Daily Active User) 수는 5백만(5million)
- 한 사용자는 하루에 평균 5개의 비디오를 시청
- 10%의 사용자가 하루에 1비디오 업로드
- 비디오 평균 크기는 300MB
- 비디오 저장을 위해 매일 새로 요구되는 저장 용량＝5백만×10%×300MB ＝150TB
- CDN 비용
  - 클라우드 CDN을 통해 비디오를 서비스할 경우 CDN에서 나가는 데이터의 양에 따라 과금한다.
  - 아마존의 클라우드프론트(CloudFront)[3]를 CDN 솔루션으로 사용할 경우, 100% 트래픽이 미국에서 발생한다고 가정하면 1GB당 $0.02의 요금이 발생한다(그림 14-2). 문제를 단순화하기 위해 비디오 스트리밍 비용만 따지도록 하겠다.
  - 따라서 매일 발생하는 요금은 5백만×5비디오×0.3GB×$0.02＝$150,000 이다.

Per Month	United States & Canada	Europe & Israel	South Africa, Kenya, & Middle East	South America	Japan	Australia	Singapore, South Korea, Taiwan, Hong Kong, & Philippines	India
First 10TB	$0.085	$0.085	$0.110	$0.110	$0.114	$0.114	$0.140	$0.170
Next 40TB	$0.080	$0.080	$0.105	$0.105	$0.089	$0.098	$0.135	$0.130
Next 100TB	$0.060	$0.060	$0.090	$0.090	$0.086	$0.094	$0.120	$0.110
Next 350TB	$0.040	$0.040	$0.080	$0.080	$0.084	$0.092	$0.100	$0.100
Next 524TB	$0.030	$0.030	$0.060	$0.060	$0.080	$0.090	$0.080	$0.100
Next 4PB	$0.025	$0.025	$0.050	$0.050	$0.070	$0.085	$0.070	$0.100
Over 5PB	$0.020	$0.020	$0.040	$0.040	$0.060	$0.080	$0.060	$0.100

그림 14-2

이 추정 결과에 따르면 CDN을 통해 비디오를 서비스하면 비용이 엄청나다. 클라우드 서비스 사업자가 큰 고객에게 비용 할인을 해주는 점을 감안하더라도 만만찮은 비용이다. 이 비용을 줄이는 방법에 대해서는 상세 설계를 진행하면서 보다 자세히 알아보겠다.

2단계 개략적 설계안 제시 및 동의 구하기

앞서 예로 들었던 대화에서 면접관은 기존 클라우드 서비스를 이용해도 좋다고 했었다. 따라서 여기서 제시하는 설계안은 CDN과 BLOB 스토리지(BLOB storage)의 경우에는 기존 클라우드 서비스를 활용할 것이다. 왜 전부 직접 만들지 않느냐고 물을 분도 계시리라. 이유는 다음과 같다.

- 시스템 설계 면접은 모든 것을 밑바닥부터 만드는 것과는 관계가 없다. 주어진 시간 안에 적절한 기술을 골라 설계를 마치는 것이, 그 기술 각각이 어떻게 동작하는지 상세히 설명하는 것보다 중요하다. 예를 들어 비디오를 저장하기 위해 BLOB 저장소를 쓸 것이라면 그 사실만 언급해도 충분하다. BLOB 저장소를 어떻게 구현할지 상세한 설계를 제시하는 것은 지나치다.
- 규모 확장이 쉬운 BLOB 저장소나 CDN을 만드는 것은 지극히 복잡할 뿐 아니라 많은 비용이 드는 일이다. 넷플릭스나 페이스북 같은 큰 회사도 모든 것을 스스로 구축하지는 않는다. 넷플릭스는 아마존의 클라우드 서비스를 사용하고[4], 페이스북은 아카마이(Akamai)의 CDN을 이용한다.[5]

개략적으로 보면 이 시스템은 다음의 세 개 컴포넌트로 구성된다(그림 14-3).

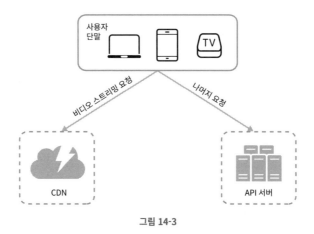

그림 14-3

- 단말(client): 컴퓨터, 모바일 폰, 스마트 TV를 통해서 유튜브를 시청할 수 있다.

- CDN: 비디오는 CDN에 저장한다. 재생 버튼을 누르면 CDN으로부터 스트리밍이 이루어진다.
- API 서버: 비디오 스트리밍을 제외한 모든 요청은 API 서버가 처리한다. 피드 추천(feed recommendation), 비디오 업로드 URL 생성, 메타데이터 데이터베이스와 캐시 갱신, 사용자 가입 등등이 API 서버가 처리하는 작업이다.

면접관이 다음의 두 영역을 설계해 줄 것을 요청하였다고 가정하자.

- 비디오 업로드 절차
- 비디오 스트리밍 절차

지금부터 이 각각을 개략적으로 설계해 볼 것이다.

비디오 업로드 절차

그림 14-4는 비디오 업로드 절차의 개략적 설계안이다.

이 설계안은 다음의 컴포넌트들로 구성되어 있다.

- 사용자: 컴퓨터나 모바일 폰, 혹은 스마트 TV를 통해 유튜브를 시청하는 이용자다.
- 로드밸런서(load balancer): API 서버 각각으로 고르게 요청을 분산하는 역할을 담당한다.
- API 서버: 비디오 스트리밍을 제외한 다른 모든 요청을 처리한다.
- 메타데이터 데이터베이스(metadata db): 비디오의 메타데이터를 보관한다. 샤딩(sharding)과 다중화(replication)를 적용하여 성능 및 가용성 요구사항을 충족한다.
- 메타데이터 캐시(metadata cache): 성능을 높이기 위해 비디오 메타데이터와 사용자 객체(user object)는 캐시한다.
- 원본 저장소(original storage): 원본 비디오를 보관할 대형 이진 파일 저장소(BLOB, 즉 Binary Large Object storage) 시스템이다. [6]에 따르면 BLOB 저장소는 "이진 데이터를 하나의 개체로 보관하는 데이터베이스 관리 시스템"이다.

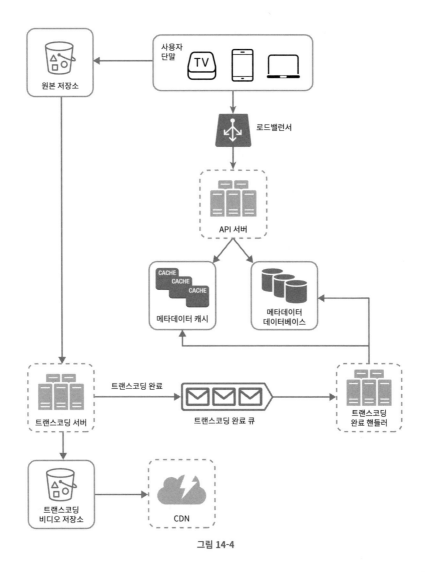

그림 14-4

- 트랜스코딩 서버(transcoding server): 비디오 트랜스코딩은 비디오 인코딩이라 부르기도 하는 절차로, 비디오의 포맷(MPEG, HLS 등)을 변환하는 절차다. 단말이나 대역폭 요구사항에 맞는 최적의 비디오 스트림을 제공하기 위해 필요하다.
- 트랜스코딩 비디오 저장소(transcoded storage): 트랜스코딩이 완료된 비디오를 저장하는 BLOB 저장소다.

- CDN: 비디오를 캐시하는 역할을 담당한다. 사용자가 재생 버튼을 누르면 비디오 스트리밍은 CDN을 통해 이루어진다.
- 트랜스코딩 완료 큐(completion queue): 비디오 트랜스코딩 완료 이벤트들을 보관할 메시지 큐다.
- 트랜스코딩 완료 핸들러(completion handler): 트랜스코딩 완료 큐에서 이벤트 데이터를 꺼내어 메타데이터 캐시와 데이터베이스를 갱신할 작업 서버들이다.

각 컴포넌트가 무슨 일을 하는지는 살펴보았으니, 비디오 업로드가 어떻게 처리되는지를 들여다보자. 다음의 두 프로세스가 병렬적으로 수행된다고 보면 된다.

a. 비디오 업로드.
b. 비디오 메타데이터 갱신. 메타데이터에는 비디오 URL, 크기, 해상도, 포맷, 사용자 정보가 포함된다.

프로세스 a: 비디오 업로드

그림 14-5는 비디오 업로드가 어떻게 이루어지는지를 보여준다. 요약하면 아래와 같다.

1. 비디오를 원본 저장소에 업로드한다.

2. 트랜스코딩 서버는 원본 저장소에서 해당 비디오를 가져와 트랜스코딩을 시작한다.

3. 트랜스코딩이 완료되면 아래 두 절차가 병렬적으로 수행된다.

   3a. 완료된 비디오를 트랜스코딩 비디오 저장소로 업로드한다.

   3b. 트랜스코딩 완료 이벤트를 트랜스코딩 완료 큐에 넣는다.

   　　3a.1. 트랜스코딩이 끝난 비디오를 CDN에 올린다.

   　　3b.1. 완료 핸들러가 이벤트 데이터를 큐에서 꺼낸다.

   　　　　3b.1.a, 3b.1.b. 완료 핸들러가 메타데이터 데이터베이스와 캐시를 갱신한다.

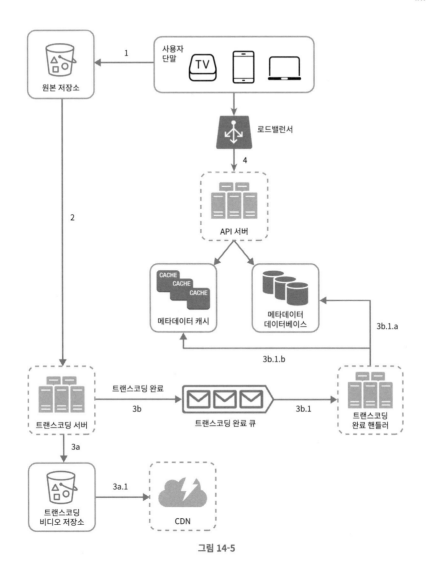

그림 14-5

4. API 서버가 단말에게 비디오 업로드가 끝나서 스트리밍 준비가 되었음을
   알린다.

프로세스 b: 메타데이터 갱신

원본 저장소에 파일이 업로드되는 동안, 단말은 병렬적으로 비디오 메타데이
터 갱신 요청을 API 서버에 보낸다(그림 14-6). 이 요청에 포함된 메타데이터에

는 파일 이름, 크기, 포맷 등의 정보가 들어 있다. API 서버는 이 정보로 메타데이터 캐시와 데이터베이스를 업데이트한다.

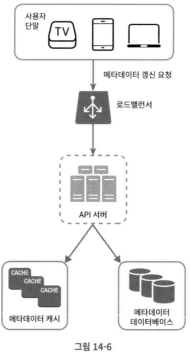

그림 14-6

비디오 스트리밍 절차

유튜브에서 비디오 재생버튼을 누르면 스트리밍은 바로 시작되며 비디오 다운로드가 완료되어야 영상을 볼 수 있다거나 하는 불편함은 없다. 여기서 다운로드라 함은 비디오를 단말로 내려 받는 것을 말하며, 스트리밍은 여러분의 장치가 원격지의 비디오로부터 지속적으로 비디오 스트림을 전송 받아 영상을 재생하는 것을 말한다.

그런데 비디오 스트리밍이 이루어지는 절차를 논하기에 앞서 우리는 먼저 스트리밍 프로토콜(streaming protocol)이라는 중요한 개념을 알아두어야 한다. 스트리밍 프로토콜은 비디오 스트리밍을 위해 데이터를 전송할 때 쓰이는 표준화된 통신방법이다. 널리 사용되는 스트리밍 프로토콜로는 다음과 같은 것이 있다.

- MPEG-DASH. MPEG은 "Moving Picture Experts Group"의 약어이며, DASH 는 "Dynamic Adaptive Streaming over HTTP"의 약어다.
- 애플(Apple) HLS. HLS는 "HTTP Live Streaming"의 약어다.
- 마이크로소프트 스무드 스트리밍(Microsoft Smooth Streaming).
- 어도비 HTTP 동적 스트리밍(Adobe HTTP Dynamic Streaming, HDS).

이 프로토콜의 동작 원리를 정확하게 이해하거나 그 이름들을 외울 필요는 없다. 구현 디테일에 해당하는 부분일 뿐인데다, 확실히 이해하려면 관련 분야의 도메인 지식을 알아야 하기 때문이다. 다만 기억해야 하는 것은 프로토콜마다 지원하는 비디오 인코딩이 다르고 플레이어도 다르다는 것이다. 따라서 비디오 스트리밍 서비스를 설계할 때는 서비스의 용례에 맞는 프로토콜을 잘 골라야 한다. 비디오 스트리밍 프로토콜에 대해 좀 더 알고 싶다면 [7]에 훌륭하게 정리되어 있으니 참고하기 바란다.

비디오는 CDN에서 바로 스트리밍된다. 사용자의 단말에 가장 가까운 CDN 에지 서버(edge server)가 비디오 전송을 담당할 것이다. 따라서 전송지연은 아주 낮다. 그림 14-7은 이 부분의 개략적 설계안이다.

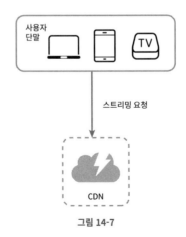

그림 14-7

3단계 상세 설계

지금까지 살펴본 개략적 설계안에서는 전체 시스템을 두 부분, 즉 비디오 업로드를 담당하는 부분과 비디오 스트리밍을 담당하는 부분으로 나눠 살펴봤다. 이번 절에서는 그 두 부분을 최적화 방안과 함께 좀 더 상세히 다듬고 오류 처리 메커니즘에 대해서도 소개할 것이다.

비디오 트랜스코딩

비디오를 녹화하면 단말(보통 전화나 카메라)은 해당 비디오를 특정 포맷으로 저장한다. 이 비디오가 다른 단말에서도 순조롭게 재생되려면 다른 단말과 호환되는 비트레이트(bitrate)와 포맷으로 저장되어야 한다. 비트레이트는 비디오를 구성하는 비트가 얼마나 빨리 처리되어야 하는지를 나타내는 단위다. 비트레이트가 높은 비디오는 일반적으로 고화질 비디오다. 비트레이트가 높은 비디오 스트림을 정상 재생하려면 보다 높은 성능의 컴퓨팅 파워가 필요하고, 인터넷 회선 속도도 빨라야 한다.

비디오 트랜스코딩은 다음과 같은 이유로 중요하다.

- 가공되지 않은 원본 비디오(raw video)는 저장 공간을 많이 차지한다. 가령 초당 60프레임으로 녹화된 HD 비디오는 수백 GB의 저장공간을 차지하게 될 수 있다.
- 상당수의 단말과 브라우저는 특정 종류의 비디오 포맷만 지원한다. 따라서 호환성 문제를 해결하려면 하나의 비디오를 여러 포맷으로 인코딩해 두는 것이 바람직하다.
- 사용자에게 끊김 없는 고화질 비디오 재생을 보장하려면, 네트워크 대역폭이 충분하지 않은 사용자에게는 저화질 비디오를, 대역폭이 충분한 사용자에게는 고화질 비디오를 보내는 것이 바람직하다.
- 모바일 단말의 경우 네트워크 상황이 수시로 달라질 수 있다. 비디오가 끊김 없이 재생되도록 하기 위해서는 비디오 화질을 자동으로 변경하거나 수동으로 변경할 수 있도록 하는 것이 바람직하다.

인코딩 포맷은 아주 다양하다. 하지만 그 대부분은 다음 두 부분으로 구성되어 있다.

- 컨테이너(container): 비디오 파일, 오디오, 메타데이터를 담는 바구니 같은 것이다. 컨테이너 포맷은 .avi, .mov, .mp4 같은 파일 확장자를 보면 알 수 있다.
- 코덱(codec): 비디오 화질은 보존하면서 파일 크기를 줄일 목적으로 고안된 압축 및 압축 해제 알고리즘이다. 가장 많이 사용되는 비디오 코덱으로는 H.264, VP9, HEVC가 있다.

유향 비순환 그래프(DAG) 모델

비디오를 트랜스코딩하는 것은 컴퓨팅 자원을 많이 소모할 뿐 아니라 시간도 많이 드는 작업이다. 게다가 콘텐츠 창작자는 각자 자기만의 비디오 프로세싱 요구사항을 갖고 있다. 가령 어떤 사람은 비디오 위에 워터마크(watermark)를 표시하고 싶어 할 것이고, 어떤 사람은 섬네일 이미지를 자기가 손수 만들어 쓰고 싶어 할 것이고, 어떤 사람은 고화질 비디오를 선호하는 반면 또 다른 어떤 이는 저화질 비디오도 충분하다고 생각할 것이다.

이처럼 각기 다른 유형의 비디오 프로세싱 파이프라인을 지원하는 한편 처리 과정의 병렬성을 높이기 위해서는 적절한 수준의 추상화를 도입하여 클라이언트 프로그래머로 하여금 실행할 작업(task)을 손수 정의할 수 있도록 해야 한다. 예를 들어 페이스북의 스트리밍 비디오 엔진은 유향 비순환 그래프(DAG: Directed Acyclic Graph) 프로그래밍 모델을 도입, 작업을 단계별로 배열할 수 있도록 하여 해당 작업들이 순차적으로 또는 병렬적으로 실행될 수 있도록 하고 있다.[8] 본 설계안에서도 이와 유사한 DAG 모델을 도입하여 유연성과 병렬성을 달성할 수 있도록 할 것이다. 그림 14-8은 비디오 트랜스코딩을 위해 본 설계안이 채택한 DAG 모델이다.

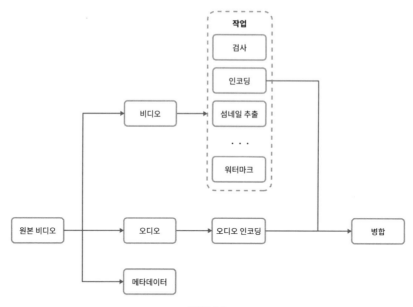

그림 14-8

그림 14-8에서 원본 비디오는 일단 비디오, 오디오, 메타데이터의 세 부분으로 나뉘어 처리된다. 비디오 부분에 적용되는 작업은 다음과 같다.

- 검사(inspection): 좋은 품질의 비디오인지, 손상은 없는지 확인하는 작업 이다.
- 비디오 인코딩(video encoding): 비디오를 다양한 해상도, 코덱, 비트레이트 조합으로 인코딩하는 작업이다. 그림 14-9는 그 결과물의 사례다.

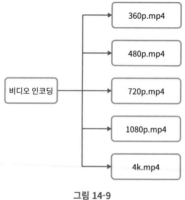

그림 14-9

- 섬네일(thumbnail): 사용자가 업로드한 이미지나 비디오에서 자동 추출된 이미지로 섬네일을 만드는 작업이다.
- 워터마크(watermark): 비디오에 대한 식별정보를 이미지 위에 오버레이(overlay) 형태로 띄워 표시하는 작업이다.

비디오 트랜스코딩 아키텍처

본 설계안에서는 클라우드 서비스를 활용한 비디오 트랜스코딩 아키텍처를 다음과 같이 정의하였다.

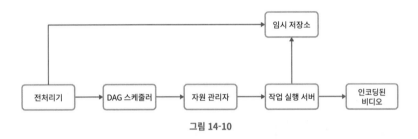

그림 14-10

이 아키텍처는 다섯 개의 주요 컴포넌트로 구성된다. 전처리기(preprocessor), DAG 스케줄러, 자원 관리자(resource manager), 작업 실행 서버(resource worker), 임시 저장소(temporary storage)가 그것이다. 이 아키텍처가 동작한 결과로 인코딩된 비디오가 만들어진다.

전처리기

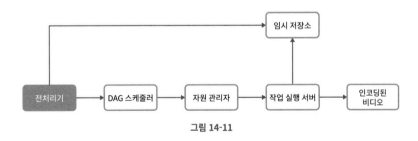

그림 14-11

전처리기가 하는 일은 다음의 세 가지다.

1. 비디오 분할(video splitting): 비디오 스트림을 GOP(Group of Pictures)라고 불리는 단위로 쪼갠다. GOP는 특정 순서로 배열된 프레임(frame) 그룹이다. 하나의 GOP는 독립적으로 재생 가능하며, 길이는 보통 몇 초 정도다. 어떤 종류의 오래된 단말이나 브라우저는 GOP 단위의 비디오 분할을 지원하지 않는다. 그런 단말의 경우에는 전처리기가 비디오 분할을 대신한다.

2. DAG 생성: 클라이언트 프로그래머가 작성한 설정 파일에 따라 DAG를 만들어낸다. 그림 14-12는 2개 노드와 1개 연결선으로 구성된 DAG의 사례다. 이 DAG는 그림 14-13의 두 개 설정 파일로부터 생성된 것이다.

그림 14-12

```
task {
    name 'download-input'
    type 'Download'
    input {
        url config.url
    }
    output { it->
        context.inputVideo = it.file
    }
    next 'transcode'
}
```

```
task {
    name 'transcode'
    type 'Transcode'
    input {
        input context.inputVideo
        config config.transConfig
    }
    output { it->
        context.file = it.outputVideo
    }
}
```

그림 14-13 (출처: [9])

3. 데이터 캐시: 전처리기는 분할된 비디오의 캐시이기도 하다. 안정성을 높이기 위해 전처리기는 GOP와 메타데이터를 임시 저장소(temporary storage)에 보관한다. 비디오 인코딩이 실패하면 시스템은 이렇게 보관된 데이터를 활용해 인코딩을 재개한다.

DAG 스케줄러

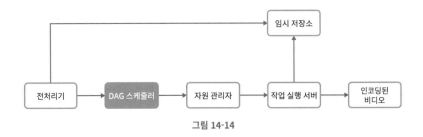

그림 14-14

DAG 스케줄러는 DAG 그래프를 몇 개 단계(stage)로 분할한 다음에 그 각각을
자원 관리자의 작업 큐(task queue)에 집어넣는다. 그림 14-15는 DAG 스케줄
러가 어떻게 동작하는지 보여주는 하나의 사례다.

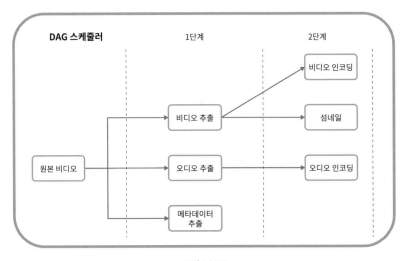

그림 14-15

그림 14-15는 하나의 DAG 그래프를 2개 작업 단계(stage)로 쪼갠 사례다. 첫
단계에서는 비디오, 오디오, 메타데이터를 분리한다. 두 번째 단계에서는 해당
비디오 파일을 인코딩하고 섬네일을 추출하며, 오디오 파일 또한 인코딩한다.

자원 관리자

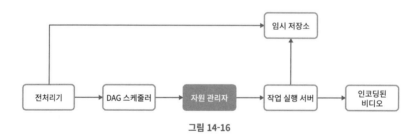

그림 14-16

자원 관리자(resource manager)는 자원 배분을 효과적으로 수행하는 역할을 담당한다. 그림 14-17과 같이, 세 개의 큐와 작업 스케줄러(task scheduler)로 구성된다.

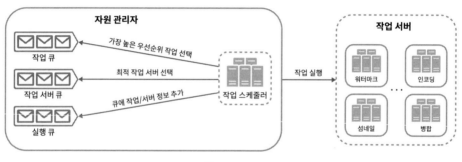

그림 14-17

- 작업 큐(task queue): 실행할 작업이 보관되어 있는 우선순위 큐(priority queue)이다.
- 작업 서버 큐(worker queue): 작업 서버의 가용 상태 정보가 보관되어 있는 우선순위 큐다.
- 실행 큐(running queue): 현재 실행 중인 작업 및 작업 서버 정보가 보관되어 있는 큐다.
- 작업 스케줄러: 최적의 작업/서버 조합을 골라, 해당 작업 서버가 작업을 수행하도록 지시하는 역할을 담당한다.

작업 관리자는 다음과 같이 동작한다.

- 작업 관리자는 작업 큐에서 가장 높은 우선순위의 작업을 꺼낸다.
- 작업 관리자는 해당 작업을 실행하기 적합한 작업 서버를 고른다.
- 작업 스케줄러는 해당 작업 서버에게 작업 실행을 지시한다.
- 작업 스케줄러는 해당 작업이 어떤 서버에게 할당되었는지에 관한 정보를 실행 큐에 넣는다.
- 작업 스케줄러는 작업이 완료되면 해당 작업을 실행 큐에서 제거한다.

작업 서버

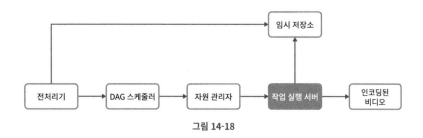

그림 14-18

작업 서버는 DAG에 정의된 작업을 수행한다. 그림 14-19에 제시한 대로, 작업 종류에 따라 작업 서버도 구분하여 관리한다.

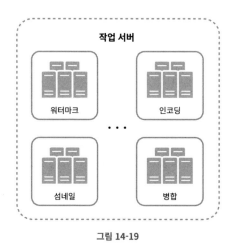

그림 14-19

임시 저장소

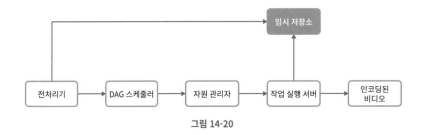

그림 14-20

임시 저장소 구현에는 여러 저장소 시스템을 활용할 수 있다. 어떤 시스템을 선택할 것이냐는 저장할 데이터의 유형, 크기, 이용 빈도, 데이터 유효기간 등에 따라 달라진다. 예를 들어 메타데이터는 작업 서버가 빈번히 참조하는 정보이고 그 크기도 작은 것이 보통이다. 따라서 메모리에 캐시해 두면 좋을 것이다. 그러나 비디오/오디오 데이터는 BLOB 저장소에 두는 것이 바람직하다. 임시 저장소에 보관한 데이터는 비디오 프로세싱이 완료되면 삭제한다.

인코딩된 비디오

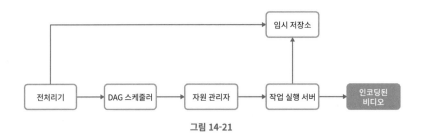

그림 14-21

인코딩된 비디오는 인코딩 파이프라인의 최종 결과물이다. funny_720p.mp4 같은 이름을 갖는다.

시스템 최적화

여기까지 읽었다면 비디오를 업로드하는 과정, 스트리밍하고 트랜스코딩하는 절차에 대해서는 충분히 알게 되었을 것이다. 이제 속도, 안전성, 그리고 비용 측면에서 이 시스템을 최적화해보도록 하겠다.

속도 최적화: 비디오 병렬 업로드

비디오 전부를 한 번의 업로드로 올리는 것은 비효율적이다. 하나의 비디오는 그림 14-22와 같이 작은 GOP들로 분할할 수 있다.

그림 14-22

이렇게 분할한 GOP를 병렬적으로 업로드하면 설사 일부가 실패해도 빠르게 업로드를 재개할 수 있다. 따라서 비디오를 GOP 경계에 맞춰 분할하는 작업을 단말이 수행하면 그림 14-23과 같이 업로드 속도를 높일 수 있다.

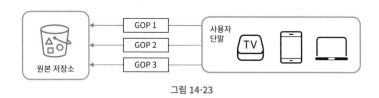

그림 14-23

속도 최적화: 업로드 센터를 사용자 근거리에 지정

업로드 속도를 개선하는 또 다른 방법은 업로드 센터를 여러 곳에 두는 것이다 (그림 14-24). 즉, 미국 거주자는 비디오를 북미 지역 업로드 센터로 보내도록 하고, 중국 사용자는 아시아 업로드 센터로 보내도록 하는 것이다. 이를 위해서 본 설계안은 CDN을 업로드 센터로 이용한다.

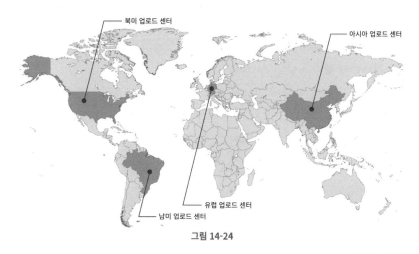

그림 14-24

속도 최적화: 모든 절차를 병렬화

낮은 응답지연을 달성하는 것은 어려운 일이다. 이를 위해 시도해 볼 수 있는
또 하나의 방법은, 느슨하게 결합된 시스템을 만들어서 병렬성을 높이는 것
이다.

이를 위해서는 지금까지의 설계안을 조금 변경해야 한다. 비디오를 원본 저
장소에서 CDN으로 옮기는 절차를 조금 더 자세히 들여다보자. 이 절차는 그림
14-25와 같다. 어떤 단계의 결과물은 이전 단계의 결과물을 입력으로 사용하
여 만들어진다는 것을 알 수 있다. 이런 의존성이 있으면 병렬성을 높이기 어
렵다.

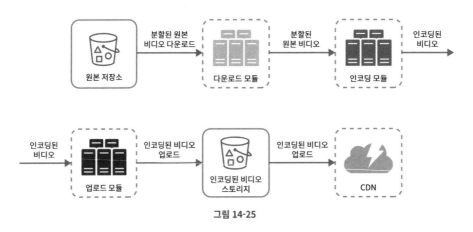

그림 14-25

이 시스템의 결합도를 낮추기 위해, 그림 14-26과 같이 메시지 큐를 도입한다.
이 메시지 큐가 어떻게 시스템 결합도를 낮추는지, 예를 들어 살펴보자.

- 메시지 큐를 도입하기 전에 인코딩 모듈은 다운로드 모듈의 작업이 끝나기
  를 기다려야 했다.
- 메시지 큐를 도입한 뒤에 인코딩 모듈은 다운로드 모듈의 작업이 끝나기를
  더 이상 기다릴 필요가 없다. 메시지 큐에 보관된 이벤트 각각을 인코딩 모
  듈은 병렬적으로 처리할 수 있다.

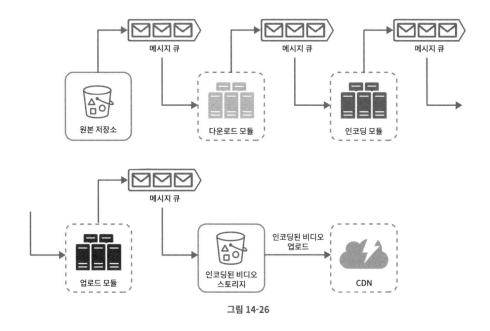

그림 14-26

안전성 최적화: 미리 사인된 업로드 URL

안전성은 모든 제품의 가장 중요한 측면 가운데 하나일 것이다. 허가받은(authorized) 사용자만이 올바른 장소에 비디오를 업로드할 수 있도록 하기 위해, 여기서는 그림 14-27과 같이 미리 사인된(pre-signed) 업로드 URL을 이용한다.

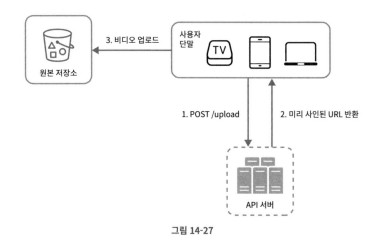

그림 14-27

이를 위해 업로드 절차는 다음과 같이 변경한다.

1. 클라이언트는 HTTP 서버에 POST 요청을 하여 미리 사인된 URL을 받는다. 해당 URL이 가리키는 객체(object)에 대한 접근 권한이 이미 주어져 있는 상태다. '미리 사인된 URL'이라는 용어는 사실 아마존 S3에서 쓰이는 용어다. 다른 클라우드 업체는 다른 이름을 사용할 수도 있다. 가령 마이크로소프트 애저(Azure)가 제공하는 BLOB 저장소는 같은 기능을 "접근 공유 시그니처(Shared Access Signature)"라 부른다.
2. API 서버는 미리 사인된 URL을 돌려준다.
3. 클라이언트는 해당 URL이 가리키는 위치에 비디오를 업로드한다.

안전성 최적화: 비디오 보호

많은 콘텐츠 제작자가 비디오를 인터넷에 업로드하기를 주저하는데, 비디오 원본을 도난 당할까 우려해서다. 비디오의 저작권을 보고하기 위해, 다음 세 가지 선택지 가운데 하나를 채택할 수 있다.

- 디지털 저작권 관리(DRM: Digital Rights Management) 시스템 도입: 이 부문에서 가장 널리 사용되는 시스템으로는 애플의 페어플레이(FairPlay), 구글의 와이드바인(Widevine), 마이크로소프트의 플레이레디(PlayReady)가 있다.
- AES 암호화(encryption): 비디오를 암호화하고 접근 권한을 설정하는 방식이다. 암호화된 비디오는 재생 시에만 복호화한다. 허락된 사용자만 암호화된 비디오를 시청할 수 있다.
- 워터마크(watermark): 비디오 위에 소유자 정보를 포함하는 이미지 오버레이를 올리는 것이다. 회사 로고나 이름 등을 이 용도에 사용할 수 있다.

비용 최적화

CDN은 우리 시스템의 핵심 부분이다. 세계 어디서도 끊김 없이 빠르게 비디오를 시청할 수 있도록 해 준다. 하지만 개략적인 추정치에서도 알 수 있듯, CDN

은 비싸다. 데이터 크기가 크면 클수록 더하다. 이 비용은 어떻게 낮출 수 있을까?

연구 결과에 따르면, 유튜브의 비디오 스트리밍은 롱테일(long-tail) 분포를 따른다.[11][12] 인기 있는 비디오는 빈번히 재생되는 반면, 나머지는 거의 보는 사람이 없다는 것이다. 이에 착안하여 몇 가지 최적화를 시도해 볼 수 있다.

1. 인기 비디오는 CDN을 통해 재생하되 다른 비디오는 비디오 서버를 통해 재생하는 것이다(그림 14-28).

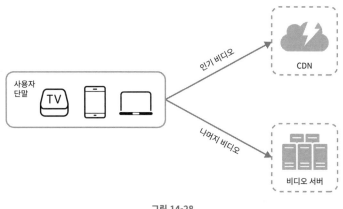

그림 14-28

2. 인기가 별로 없는 비디오는 인코딩 할 필요가 없을 수도 있다. 짧은 비디오라면 필요할 때 인코딩하여 재생할 수 있다.
3. 어떤 비디오는 특정 지역에서만 인기가 높다. 이런 비디오는 다른 지역에 옮길 필요가 없다.
4. CDN을 직접 구축하고 인터넷 서비스 제공자(ISP: Internet Service Provider)와 제휴한다. CDN을 직접 구축하는 것은 초대형 프로젝트다 (대규모 스트리밍 사업자라면 이렇게 할 필요가 있을 수도 있다). ISP로는 컴캐스트(Comcast), AT&T, 버라이즌(Verizon) 등이 있다. ISP는 전세계 어디나 있으며 사용자와 가깝다. 이들과 제휴하면 사용자 경험을 향상시킬 수 있고 인터넷 사용 비용을 낮출 수 있을 것이다.

이 모든 최적화는 콘텐츠 인기도, 이용 패턴, 비디오 크기 등의 데이터에 근거한 것이다. 최적화를 시도하기 전에 시청 패턴을 분석하는 것은 중요하다. 이에 대한 자료 [12][13]은 읽어 둘 만하다.

오류 처리

시스템 오류는 대형 시스템에서는 불가피하다. 장애를 아주 잘 감내하는(highly fault-tolerant) 시스템을 만들려면 이런 오류를 우아하게 처리하고 빠르게 회복해야 한다. 시스템 오류에는 두 가지 종류가 있다.

- 회복 가능 오류(recoverable error): 특정 비디오 세그먼트를 트랜스코딩하다 실패했다든가 하는 오류는 회복 가능한 오류에 속한다. 일반적으로 보자면 이런 오류는 몇 번 재시도(retry)하면 해결된다. 하지만 계속해서 실패하고 복구가 어렵다 판단되면 클라이언트에게 적절한 오류 코드를 반환해야 한다.
- 회복 불가능 오류(non-recoverable error): 비디오 포맷이 잘못되었다거나 하는 회복 불가능한 오류가 발견되면 시스템은 해당 비디오에 대한 작업을 중단하고 클라이언트에게 적절한 오류 코드를 반환해야 한다.

시스템 컴포넌트 각각에 발생할 수 있는 오류에 대한 전형적 해결 방법을 아래에 요약해 두었다.

- 업로드 오류: 몇 회 재시도한다.
- 비디오 분할 오류: 낡은 버전의 클라이언트가 GOP 경계에 따라 비디오를 분할하지 못하는 경우라면 전체 비디오를 서버로 전송하고 서버가 해당 비디오 분할을 처리하도록 한다.
- 트랜스코딩 오류: 재시도한다.
- 전처리 오류: DAG 그래프를 재생성한다.
- DAG 스케줄러 오류: 작업을 다시 스케줄링한다.
- 자원 관리자 큐에 장애 발생: 사본(replica)을 이용한다.
- 작업 서버 장애: 다른 서버에서 해당 작업을 재시도한다.

- API 서버 장애: API 서버는 무상태 서버이므로 신규 요청은 다른 API 서버로 우회될 것이다.
- 메타데이터 캐시 서버 장애: 데이터는 다중화되어 있으므로 다른 노드에서 데이터를 여전히 가져올 수 있을 것이다. 장애가 난 캐시 서버는 새로운 것으로 교체한다.
- 메타데이터 데이터베이스 서버 장애:
  - 주 서버가 죽었다면 부 서버 가운데 하나를 주 서버로 교체한다.
  - 부 서버가 죽었다면 다른 부 서버를 통해 읽기 연산을 처리하고 죽은 서버는 새것으로 교체한다.

4단계 마무리

이번 장에서 우리는 유튜브와 같은 비디오 서비스를 만들기 위해 어떤 설계가 필요한지 살펴보았다. 설계를 마치고 시간이 좀 남는다면 면접관과 다음과 같은 내용을 논의해도 좋을 것이다.

- API 계층의 규모 확장성 확보 방안: API 서버는 무상태 서버이므로 수평적 규모 확장이 가능하다는 사실을 언급하면 좋을 것이다.
- 데이터베이스 계층의 규모 확장성 확보 방안: 데이터베이스의 다중화와 샤딩 방법에 대해 이야기하자.
- 라이브 스트리밍(live streaming): 라이브 스트리밍은 비디오를 실시간으로 녹화하고 방송하는 절차를 말한다. 이번 장에서 설계한 시스템은 라이브 스트리밍용으로 설계한 게 아니긴 하지만, 라이브 스트리밍 시스템과 비-라이브 스트리밍 시스템 간에는 비슷한 점도 많다. 둘 다 비디오 업로드, 인코딩, 스트리밍이 필요하다는 점에서는 같다. 가장 중요한 차이는 다음과 같다.
  - 라이브 스트리밍의 경우에는 응답지연이 좀 더 낮아야 한다. 따라서 스트리밍 프로토콜 선정에 유의해야 한다.
  - 라이브 스트리밍의 경우 병렬화 필요성은 떨어질 텐데, 작은 단위의 데이터를 실시간으로 빨리 처리해야 하기 때문이다.

- 라이브 스트리밍의 경우 오류 처리 방법을 달리해야 한다. 너무 많은 시간이 걸리는 방안은 사용하기 어렵다.

- 비디오 삭제(takedown): 저작권을 위반한 비디오, 선정적 비디오, 불법적 행위에 관계된 비디오는 내려야 한다. 내릴 비디오는 업로드 과정에서 식별해 낼 수도 있지만, 사용자의 신고 절차를 통해 판별할 수도 있다.

여기까지 성공적으로 마친 여러분, 축하한다. 멋지게 마무리한 스스로를 마음껏 격려하도록 하자!

참고문헌

[1]   YouTube by the numbers: *https://www.omnicoreagency.com/youtube-statistics/*

[2]   2019 YouTube Demographics: *https://blog.hubspot.com/marketing/youtube-demographics*

[3]   Cloudfront Pricing: *https://aws.amazon.com/cloudfront/pricing/*

[4]   Netflix on AWS: *https://aws.amazon.com/solutions/case-studies/netflix/*

[5]   Akamai homepage: *https://www.akamai.com/*

[6]   Binary large object: *https://en.wikipedia.org/wiki/Binary_large_object*

[7]   Here's What You Need to Know About Streaming Protocols: *https://www.dacast.com/blog/streaming-protocols/*

[8]   SVE: Distributed Video Processing at Facebook Scale: *https://www.cs.princeton.edu/~wlloyd/papers/sve-sosp17.pdf*

[9]   Weibo video processing architecture (in Chinese): *https://www.upyun.com/opentalk/399.html*

[10]   Delegate access with a shared access signature: *https://docs.microsoft.com/en-us/rest/api/storageservices/delegate-access-with-shared-access-signature*

[11]   YouTube scalability talk by early YouTube employee: *https://www.you*

tube.com/watch?v=w5WVu624fY8

[12] Understanding the characteristics of internet short video sharing: A you-
tube-based measurement study. *https://arxiv.org/pdf/0707.3670.pdf*

[13] Content Popularity for Open Connect: *https://netflixtechblog.com/con
tent-popularity-for-open-connect-b86d56f613b*

15장

S y s t e m   D e s i g n   I n t e r v i e w

구글 드라이브 설계

구글 드라이브, 드롭박스, 마이크로소프트 원드라이브, 애플 아이클라우드 등의 클라우드 저장소 서비스는 최근 높은 인기를 누리게 된 대표적 클라우드 서비스다. 이번 장에서는 그 가운데 구글 드라이브 서비스를 설계해 보도록 할 것이다.

설계에 들어가기 앞서 일단 구글 드라이브 서비스가 어떤 서비스인지 알아보자. 구글 드라이브는 파일 저장 및 동기화 서비스로, 문서, 사진, 비디오, 기타 파일을 클라우드에 보관할 수 있도록 한다. 이 파일은 컴퓨터, 스마트폰, 태블릿 등 어떤 단말에서도 이용 가능해야 한다. 아울러 보관된 파일은 친구, 가족, 동료 들과 손쉽게 공유할 수 있어야 한다.[1] 그림 15-1과 15-2는 각각 웹브라우저와 모바일 앱에서 구글 드라이브에 접속한 화면이다.

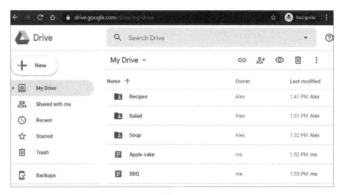

그림 15-1

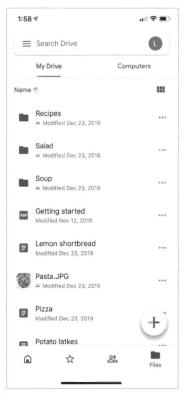

그림 15-2

1단계 문제 이해 및 설계 범위 확정

구글 드라이브를 설계하는 것은 큰 프로젝트다. 그러니 질문을 통해 설계 범위를 좁혀야 한다.

지원자: 가장 중요하게 지원해야 할 기능들은 무엇인가요?
면접관: 파일 업로드/다운로드, 파일 동기화, 그리고 알림(notification)입니다.
지원자: 모바일 앱이나 웹 앱 가운데 하나만 지원하면 되나요, 아니면 둘 다 지원해야 합니까?
면접관: 둘 다 지원해야 합니다.
지원자: 파일을 암호화해야 할까요?

면접관: 네.

지원자: 파일 크기에 제한이 있습니까?

면접관: 10GB 제한이 있습니다.

지원자: 사용자는 얼마나 됩니까?

면접관: 일간 능동 사용자(DAU) 기준으로 천만(10Million) 명입니다.

이번 장에서는 다음 기능의 설계에 집중할 것이다.

- 파일 추가. 가장 쉬운 방법은 파일을 구글 드라이브 안으로 떨구는(drag-and-drop) 것이다.
- 파일 다운로드.
- 여러 단말에 파일 동기화. 한 단말에서 파일을 추가하면 다른 단말에도 자동으로 동기화되어야 한다.
- 파일 갱신 이력 조회(revision history).
- 파일 공유.
- 파일이 편집되거나 삭제되거나 새롭게 공유되었을 때 알림 표시.

이번 장에서는 다음 기능은 논의하지 않을 것이다.

- 구글 문서(Google doc) 편집 및 협업(collaboration) 기능. 구글 문서는 여러 사용자가 같은 문서를 동시에 편집할 수 있도록 하는데, 이 부분은 설계 범위에서 제외한다.

기능적 요구사항 이외에, 다음의 비-기능적 요구사항을 이해하는 것도 중요하다.

- 안정성: 저장소 시스템에서 안정성은 아주 중요하다. 데이터 손실은 발생하면 안 된다.
- 빠른 동기화 속도: 파일 동기화에 시간이 너무 많이 걸리면 사용자는 인내심을 잃고 해당 제품을 더 이상 사용하지 않게 될 것이다.
- 네트워크 대역폭: 이 제품이 네트워크 대역폭을 불필요하게 많이 소모한다

면 사용자는 좋아하지 않을 것이다. 모바일 데이터 플랜을 사용하는 경우라면 더욱 그렇다.

- 규모 확장성: 이 시스템은 아주 많은 양의 트래픽도 처리 가능해야 한다.
- 높은 가용성: 일부 서버에 장애가 발생하거나, 느려지거나, 네트워크 일부가 끊겨도 시스템은 계속 사용 가능해야 한다.

개략적 추정치

- 가입 사용자는 오천만(50million) 명이고 천만 명의 DAU 사용자가 있다고 가정
- 모든 사용자에게 10GB의 무료 저장공간 할당
- 매일 각 사용자가 평균 2개의 파일을 업로드한다고 가정. 각 파일의 평균 크기는 500KB
- 읽기:쓰기 비율은 1:1
- 필요한 저장공간 총량=5천만 사용자×10GB=500페타바이트(Petabyte)
- 업로드 API QPS=1천만 사용자×2회 업로드/24시간/3600 초=약 240
- 최대 QPS=QPS×2=480

2단계 개략적 설계안 제시 및 동의 구하기

개략적 설계안의 다이어그램을 제시하고 시작하는 대신, 이번에는 다른 접근법을 취해보겠다. 모든 것을 담은 한 대 서버에서 출발해 점진적으로 천만 사용자 지원이 가능한 시스템으로 발전시켜 나가는 것이다. 이 연습문제를 풀어나가다 보면 앞에서 다룬 여러 가지 중요한 주제들이 다시 떠오를 것이다.

우선 아래와 같은 구성의 서버 한 대로 시작해 보자.

- 파일을 올리고 다운로드 하는 과정을 처리할 웹 서버
- 사용자 데이터, 로그인 정보, 파일 정보 등의 메타데이터를 보관할 데이터베이스
- 파일을 저장할 저장소 시스템. 파일 저장을 위해 1TB의 공간을 사용할 것이다.

몇 시간 정도 들여서 아파치 웹 서버를 설치하고, MySQL 데이터베이스를 깔고, 업로드되는 파일을 저장할 drive/라는 디렉터리를 준비한다. drive/ 디렉터리 안에는 네임스페이스(namespace)라 불리는 하위 디렉터리들을 둔다. 각 네임스페이스 안에는 특정 사용자가 올린 파일이 보관된다. 이 파일들은 원래 파일과 같은 이름을 갖는다. 각 파일과 폴더는 그 상대 경로를 네임스페이스 이름과 결합하면 유일하게 식별해 낼 수 있다.

그림 15-3은 drive/ 디렉터리에 실제 파일이 보관된 사례다. 오른쪽 그림은 왼쪽의 디렉터리 구조를 완전히 확장(expand), 즉 풀어서 표시한 결과다.

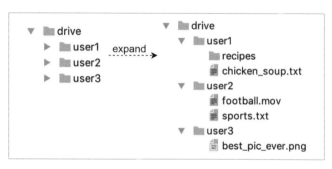

그림 15-3

API

이 시스템은 어떤 API를 제공해야 할까? 기본적으로 세 가지 API가 필요하다. 파일 업로드 API, 다운로드 API, 그리고 파일 갱신 히스토리 제공 API다.

1. 파일 업로드 API

이 시스템은 두 가지 종류의 업로드를 지원한다.

- 단순 업로드: 파일 크기가 작을 때 사용한다.
- 이어 올리기(resumable upload): 파일 사이즈가 크고 네트워크 문제로 업로드가 중단될 가능성이 높다고 생각되면 사용한다.

이어 올리기 API의 예

https://api.example.com/files/upload?uploadType=resumable

인자

- uploadType=resumable
- data: 업로드할 로컬 파일

이어 올리기는 다음 세 단계 절차로 이루어진다.[2]

- 이어 올리기 URL을 받기 위한 최초 요청 전송
- 데이터를 업로드하고 업로드 상태 모니터링
- 업로드에 장애가 발생하면 장애 발생시점부터 업로드를 재시작

2. 파일 다운로드 API

예: *https://api.example.com/files/download*

인자

- path: 다운로드할 파일의 경로

  예
  ```
  {
    "path": "/recipes/soup/best_soup.txt"
  }
  ```

3. 파일 갱신 히스토리 API

예: *https://api.example.com/files/list_revisions*

인자

- path: 갱신 히스토리를 가져올 파일의 경로
- limit: 히스토리 길이의 최대치

  예
  ```
  {
    "path": "/recipes/soup/best_soup.txt",
    "limit": 20
  }
  ```

지금까지 나열한 모든 API는 사용자 인증을 필요로 하고 HTTPS 프로토콜을

사용해야 한다. SSL(Secure Socket Layer)를 지원하는 프로토콜을 이용하는 이유는 클라이언트와 백엔드 서버가 주고받는 데이터를 보호하기 위한 것이다.

한 대 서버의 제약 극복

업로드되는 파일이 많아지다 보면 결국에는 파일 시스템은 가득 차게 된다. 그림 15-4를 보자.

/drive

10 MB free of 1 TB

그림 15-4

이 그림의 파일 시스템은 딱 10MB의 여유공간밖에는 남지 않은 상태다. 이렇게 되면 사용자는 더 이상 파일을 올릴 수 없게 되므로, 긴급히 문제를 해결해야 한다. 가장 먼저 떠오르는 해결책은 데이터를 샤딩(sharding)하여 여러 서버에 나누어 저장하는 것이다. 그림 15-5에 user_id를 기준으로 샤딩한 예제를 보였다.

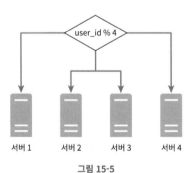

user_id % 4

서버 1   서버 2   서버 3   서버 4

그림 15-5

밤새워 시스템 구성을 변경하고 주의 깊게 모니터링하는 상황을 떠올려보자. 모든 것이 다시 안정적으로 움직일 것이다. 급한 불은 껐지만, 아마 여러분은 서버에 장애가 생기면 데이터를 잃게 되지 않을까 여전히 걱정하고 있을 것이다. 해결책을 알아보려 백엔드 전문가인 친구에게 물었더니, 넷플릭스나 에어

비엔비 같은 시장 주도 기업들은 저장소로 아마존 S3를 사용한다고 한다. 아마존 S3(Simple Storage Service)는 업계 최고 수준의 규모 확장성, 가용성, 보안, 성능을 제공하는 객체 저장소 서비스다.[3] 좀 더 알아보니 우리 서비스에도 잘 어울릴 것 같다는 생각이 든다.

많은 자료를 검토한 결과 S3 서비스에 대해 잘 알게 되었고, 결국 우리 서비스의 파일도 S3에 저장하기로 한다. S3는 다중화를 지원하는데, 같은 지역 안에서 다중화를 할 수도 있고 여러 지역에 걸쳐 다중화를 할 수도 있다. AWS 서비스 지역(region)은 아마존 AWS가 데이터 센터를 운영하는 지리적 영역이다. 그림 15-6에 나오듯이, 데이터를 다중화 할 때는 같은 지역 안에서만 할 수도 있고(왼쪽 그림) 여러 지역에 걸쳐 할 수도 있다(오른쪽 그림). 여러 지역에 걸쳐 다중화하면 데이터 손실을 막고 가용성을 최대한 보장할 수 있으므로 그렇게 하기로 한다. S3 버킷(bucket)은 마치 파일 시스템의 폴더와도 같은 것이다.

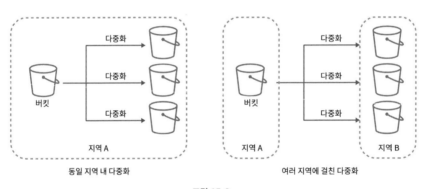

그림 15-6

파일을 S3에 넣고 나니 이제 데이터 손실 걱정 없이 잠을 청할 수 있다. 그러나 미래에 비슷한 문제가 벌어지는 것을 막기 위해, 개선할 부분을 좀 더 찾아보기로 한다. 그리고 다음과 같은 부분을 좀 더 연구해 보기로 결정했다.

- 로드밸런서: 네트워크 트래픽을 분산하기 위해 로드밸런서를 사용한다. 로드밸런서는 트래픽을 고르게 분산할 수 있을 뿐 아니라, 특정 웹 서버에 장애가 발생하면 자동으로 해당 서버를 우회해준다.
- 웹 서버: 로드밸런서를 추가하고 나면 더 많은 웹 서버를 손쉽게 추가할 수

있다. 따라서 트래픽이 폭증해도 쉽게 대응이 가능하다.

- 메타데이터 데이터베이스: 데이터베이스를 파일 저장 서버에서 분리하여 SPOF(Single Point of Failure)를 회피한다. 아울러 다중화 및 샤딩 정책을 적용하여 가용성과 규모 확장성 요구사항에 대응한다.
- 파일 저장소: S3를 파일 저장소로 사용하고 가용성과 데이터 무손실을 보장 하기 위해 두 개 이상의 지역에 데이터를 다중화한다.

이 모든 부분을 개선하고 나면 웹 서버, 메타데이터 데이터베이스, 파일 저장 소가 한 대 서버에서 여러 서버로 잘 분리되었을 것이다. 그림 15-7은 이에 맞 게 수정한 설계안이다.

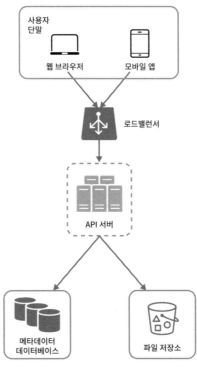

그림 15-7

동기화 충돌

구글 드라이브 같은 대형 저장소 시스템의 경우 때때로 동기화 충돌이 발생할 수 있다. 두 명 이상의 사용자가 같은 파일이나 폴더를 동시에 업데이트하려고 하는 경우다. 이런 충돌은 어떻게 해소할 수 있을까? 여기서는 다음 전략을 사용할 것이다. 먼저 처리되는 변경은 성공한 것으로 보고, 나중에 처리되는 변경은 충돌이 발생한 것으로 표시하는 것이다. 그림 15-8이 그 사례다.

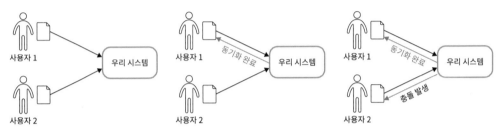

그림 15-8

그림 15-8에서 사용자 1과 2는 같은 파일을 동시에 갱신하려 한다. 하지만 이 시스템은 사용자 1의 파일을 먼저 처리했다. 따라서 사용자 1의 파일 갱신 시도는 정상적으로 처리되지만 사용자 2에 대해서는 동기화 충돌 오류가 발생할 것이다. 이 오류는 어떻게 해결해야 하나? 오류가 발생한 시점에 이 시스템에는 같은 파일의 두 가지 버전이 존재하게 된다. 즉, 사용자 2가 가지고 있는 로컬 사본(local copy)과 서버에 있는 최신 버전이 그것이다(그림 15-9). 이 상태에서 사용자는 두 파일을 하나로 합칠지 아니면 둘 중 하나를 다른 파일로 대체할지를 결정해야 한다.

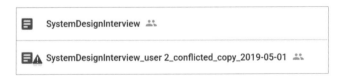

그림 15-9

여러 사용자가 같은 문서를 편집할 때 발생할 수 있는 동기화 문제를 해결하는 것은 흥미로운 과제다. 관심 있는 독자는 [4][5]를 읽어보기 바란다.

개략적 설계안

그림 15-10은 이번 면접 문제에 대한 개략적 설계안이다. 지금부터 각각의 컴포넌트에 대해 조금 더 상세히 알아보자.

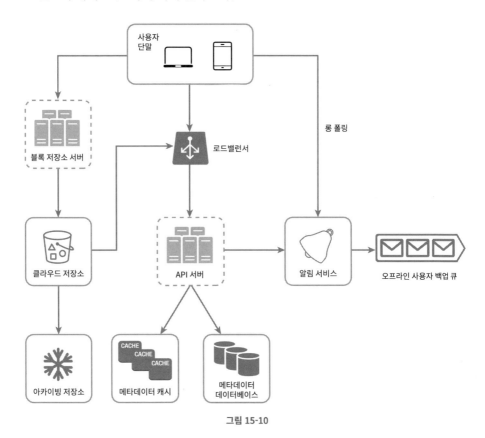

그림 15-10

사용자 단말: 사용자가 이용하는 웹브라우저나 모바일 앱 등의 클라이언트.

블록 저장소 서버(block server): 파일 블록을 클라우드 저장소에 업로드하는 서버다. 블록 저장소는 블록 수준 저장소(block-level storage)라고도 하며, 클라우드 환경에서 데이터 파일을 저장하는 기술이다. 이 저장소는 파일을 여러 개의 블록으로 나눠 저장하며, 각 블록에는 고유한 해시값이 할당된다. 이 해시값은 메타데이터 데이터베이스에 저장된다. 각 블록은 독립적인 객체로 취급되며 클라우드 저장소 시스템(본 설계안의 경우에는 S3)에 보관된다. 파일을 재구성하려면 블록들을 원래 순서대로 합쳐야 한다. 예시한 설계안의 경우 한 블록은 드롭박스의 사례를 참고하여 최대 4MB로 정했다.[4]

클라우드 저장소: 파일은 블록 단위로 나눠져 클라우드 저장소에 보관된다.

아카이빙 저장소(cold storage): 오랫동안 사용되지 않은 비활성(inactive) 데이터를 저장하기 위한 컴퓨터 시스템이다.

로드밸런서: 요청을 모든 API 서버에 고르게 분산하는 구실을 한다.

API 서버: 파일 업로드 외에 거의 모든 것을 담당하는 서버다. 사용자 인증, 사용자 프로파일 관리, 파일 메타데이터 갱신 등에 사용된다.

메타데이터 데이터베이스: 사용자, 파일, 블록, 버전 등의 메타데이터 정보를 관리한다. 실제 파일은 클라우드에 보관하며, 이 데이터베이스에는 오직 메타데이터만 둔다는 것을 명심하자.

메타데이터 캐시: 성능을 높이기 위해 자주 쓰이는 메타데이터는 캐시한다.

알림 서비스: 특정 이벤트가 발생했음을 클라이언트에게 알리는데 쓰이는 발생/구독 프로토콜 기반 시스템이다. 예시 설계안의 경우에는 클라이언트에게 파일이 추가되었거나, 편집되었거나, 삭제되었음을 알려, 파일의 최신 상태를 확인하도록 하는 데 쓰인다.

오프라인 사용자 백업 큐(offline backup queue): 클라이언트가 접속 중이 아니라서 파일의 최신 상태를 확인할 수 없을 때는 해당 정보를 이 큐에 두어 나중에 클라이언트가 접속했을 때 동기화될 수 있도록 한다.

지금까지 구글 드라이브의 개략적 설계안을 살펴보았다. 핵심 컴포넌트 가운데 어떤 것은 복잡해서 좀 더 자세하게 들여다 볼 필요가 있다. 이에 대해서 다음 절에서 다룰 것이다.

3단계 상세 설계

이번 절에서는 블록 저장소 서버, 메타데이터 데이터베이스, 업로드 절차, 다운로드 절차, 알림 서비스, 파일 저장소 공간 및 장애 처리 흐름에 대해 좀 더 자세히 알아볼 것이다.

블록 저장소 서버

정기적으로 갱신되는 큰 파일들은 업데이트가 일어날 때마다 전체 파일을 서 버로 보내면 네트워크 대역폭을 많이 잡아먹게 된다. 이를 최적화하는 방법으로는 두 가지 정도를 생각해 볼 수 있다.

- 델타 동기화(delta sync): 파일이 수정되면 전체 파일 대신 수정이 일어난 블록만 동기화하는 것이다.[7][8]
- 압축(compression): 블록 단위로 압축해 두면 데이터 크기를 많이 줄일 수 있다. 이때 압축 알고리즘은 파일 유형에 따라 정한다. 예를 들어 텍스트 파일을 압축할 때는 gzip이나 bzip2를 쓰고, 이미지나 비디오를 압축할 때는 다른 압축 알고리즘을 쓰는 것이다.

이 시스템에서 블록 저장소 서버는 파일 업로드에 관계된 힘든 일을 처리하는 컴포넌트다. 클라이언트가 보낸 파일을 블록 단위로 나눠야 하고, 각 블록에 압축 알고리즘을 적용해야 하고, 암호화까지 해야 한다. 아울러 전체 파일을 저장소 시스템으로 보내는 대신 수정된 블록만 전송해야 한다.

새 파일이 추가되었을 때 블록 저장소 서버가 어떻게 동작하는지 그림 15-11 에 나와 있다.

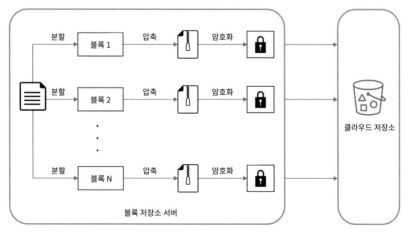

그림 15-11

- 주어진 파일을 작은 블록들로 분할한다.
- 각 블록을 압축한다.
- 클라우드 저장소로 보내기 전에 암호화한다.
- 클라우드 저장소로 보낸다.

그림 15-12는 델타 동기화 전략이 어떻게 동작하는지를 보여준다. 검정색으로 표시된 블록 2와 5는 수정된 블록이다. 갱신된 부분만 동기화해야 하므로 이 두 블록만 클라우드 저장소에 업로드하면 된다.

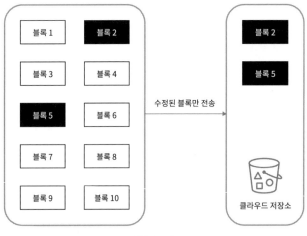

그림 15-12

블록 저장소 서버에 델타 동기화 전략과 압축 알고리즘을 도입하였으므로, 네트워크 대역폭 사용량을 절감할 수 있다.

높은 일관성 요구사항

이 시스템은 강한 일관성(strong consistency) 모델을 기본으로 지원해야 한다. 같은 파일이 단말이나 사용자에 따라 다르게 보이는 것은 허용할 수 없다는 뜻이다. 메타데이터 캐시와 데이터베이스 계층에도 같은 원칙이 적용되어야 한다.

메모리 캐시는 보통 결과적 일관성(eventual consistency) 모델을 지원한다. 따라서 강한 일관성을 달성하려면 다음 사항을 보장해야 한다.

- 캐시에 보관된 사본과 데이터베이스에 있는 원본(master)이 일치한다.
- 데이터베이스에 보관된 원본에 변경이 발생하면 캐시에 있는 사본을 무효화한다.

관계형 데이터베이스는 ACID(Atomicity, Consistency, Isolation, Durability)를 보장하므로 강한 일관성을 보장하기 쉽다.[9] 하지만 NoSQL 데이터베이스는 이를 기본으로 지원하지 않으므로, 동기화 로직 안에 프로그램해 넣어야 한다. 본 설계안에서는 ACID를 기본 지원하는 관계형 데이터베이스를 채택하여 높은 일관성 요구사항에 대응할 것이다.

메타데이터 데이터베이스

그림 15-13은 이 데이터베이스의 스키마 설계안이다. 중요한 것만 간추린, 아주 단순화된 형태의 스키마임에 유의하자.

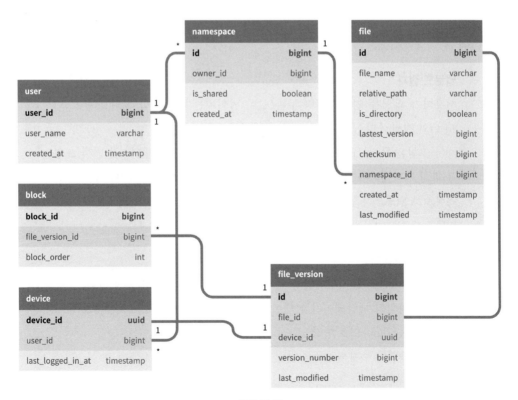

그림 15-13

user: user 테이블에는 이름, 이메일, 프로파일 사진 등 사용자에 관계된 기본적 정보들이 보관된다.

device: device 테이블에는 단말 정보가 보관된다. push_id는 모바일 푸시 알림을 보내고 받기 위한 것이다. 한 사용자가 여러 대의 단말을 가질 수 있음에 유의하자.

namespace: namespace 테이블에는 사용자의 루트 디렉터리 정보가 보관된다.

file: file 테이블에는 파일의 최신 정보가 보관된다.

file_version: 파일의 갱신 이력이 보관되는 테이블이다. 이 테이블에 보관되는 레코드는 전부 읽기 전용이다. 이는 갱신 이력이 훼손되는 것을 막기 위한 조치다.

block: 파일 블록에 대한 정보를 보관하는 테이블이다. 특정 버전의 파일은 파일 블록을 올바른 순서로 조합하기만 하면 복원해 낼 수 있다.

업로드 절차

사용자가 파일을 업로드하면 무슨 일이 벌어지는지 자세히 살펴보자. 그림 15-14의 시퀀스 다이어그램을 이용해 설명하겠다.

이 그림은 두 개 요청이 병렬적으로 전송된 상황을 보여준다. 첫 번째 요청은 파일 메타데이터를 추가하기 위한 것이고, 두 번째 요청은 파일을 클라우드 저장소로 업로드하기 위한 것이다. 이 두 요청은 전부 클라이언트 1이 보낸 것이다.

- 파일 메타데이터 추가
  1. 클라이언트 1이 새 파일의 메타데이터를 추가하기 위한 요청 전송
  2. 새 파일의 메타데이터를 데이터베이스에 저장하고 업로드 상태를 대기 중(pending)으로 변경
  3. 새 파일이 추가되었음을 알림 서비스에 통지

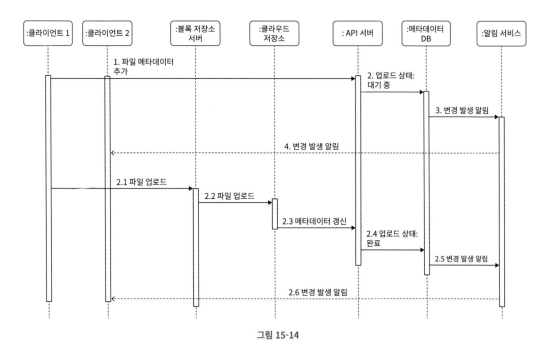

그림 15-14

4. 알림 서비스는 관련된 클라이언트(클라이언트 2)에게 파일이 업로드되고 있음을 알림

- 파일을 클라우드 저장소에 업로드

2.1 클라이언트 1이 파일을 블록 저장소 서버에 업로드

2.2 블록 저장소 서버는 파일을 블록 단위로 쪼갠 다음 압축하고 암호화 한 다음에 클라우드 저장소에 전송

2.3 업로드가 끝나면 클라우드 스토리지는 완료 콜백(callback)을 호출. 이 콜백 호출은 API 서버로 전송됨

2.4 메타데이터 DB에 기록된 해당 파일의 상태를 완료(uploaded)로 변경

2.5 알림 서비스에 파일 업로드가 끝났음을 통지

2.6 알림 서비스는 관련된 클라이언트(클라이언트 2)에게 파일 업로드가 끝났음을 알림

파일을 수정하는 경우에도 흐름은 비슷하다. 따라서 따로 설명하지는 않겠다.

다운로드 절차

파일 다운로드는 파일이 새로 추가되거나 편집되면 자동으로 시작된다. 그렇다면 클라이언트는 다른 클라이언트가 파일을 편집하거나 추가했다는 사실을 어떻게 감지하는 것일까? 두 가지 방법을 사용한다.

- 클라이언트 A가 접속 중이고 다른 클라이언트가 파일을 변경하면 알림 서비스가 클라이언트 A에게 변경이 발생했으니 새 버전을 끌어가야 한다고 알린다.
- 클라이언트 A가 네트워크에 연결된 상태가 아닐 경우에는 데이터는 캐시에 보관될 것이다. 해당 클라이언트의 상태가 접속 중으로 바뀌면 그때 해당 클라이언트는 새 버전을 가져갈 것이다.

어떤 파일이 변경되었음을 감지한 클라이언트는 우선 API 서버를 통해 메타데이터를 새로 가져가야 하고, 그 다음에 블록들을 다운받아 파일을 재구성해야한다. 그림 15-15는 자세한 흐름을 보여준다. 지면 한계상 가장 중요한 컴포넌트들만 그렸음에 유의하자.

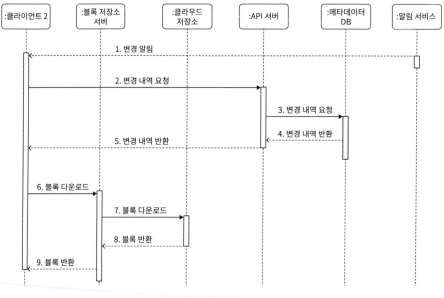

그림 15-15

1. 알림 서비스가 클라이언트 2에게 누군가 파일을 변경했음을 알림

2. 알림을 확인한 클라이언트 2는 새로운 메타데이터를 요청

3. API 서버는 메타데이터 데이터베이스에게 새 메타데이터 요청

4. API 서버에게 새 메타데이터가 반환됨

5. 클라이언트 2에게 새 메타데이터가 반환됨

6. 클라이언트 2는 새 메타데이터를 받는 즉시 블록 다운로드 요청 전송

7. 블록 저장소 서비는 클라우드 저장소에서 블록 다운로드

8. 클라우드 저장소는 블록 서버에 요청된 블록 반환

9. 블록 저장소 서버는 클라이언트에게 요청된 블록 반환. 클라이언트 2는 전송된 블록을 사용하여 파일 재구성

알림 서비스

파일의 일관성을 유지하기 위해, 클라이언트는 로컬에서 파일이 수정되었음을 감지하는 순간 다른 클라이언트에 그 사실을 알려서 충돌 가능성을 줄여야 한다. 알림 서비스는 그 목적으로 이용된다. 단순하게 보자면 알림 서비스는 이벤트 데이터를 클라이언트들로 보내는 서비스다. 따라서 다음 두 가지 정도의 선택지가 있다.

- 롱 폴링(long polling). 드롭박스가 이 방식을 채택하고 있다.[10]
- 웹소켓(WebSocket). 클라이언트와 서버 사이에 지속적인 통신 채널을 제공한다. 따라서 양방향 통신이 가능하다.

둘 다 좋은 방안이지만 본 설계안의 경우에는 롱 폴링을 사용할 것인데 이유는 다음과 같다.

- 채팅 서비스와는 달리, 본 시스템의 경우에는 알림 서비스와 양방향 통신이 필요하지 않다. 서버는 파일이 변경된 사실을 클라이언트에게 알려주어야 하지만 반대 방향의 통신은 요구되지 않는다.
- 웹소켓은 실시간 양방향 통신이 요구되는 채팅 같은 응용에 적합하다. 구글 드라이브의 경우 알림을 보낼 일은 그렇게 자주 발생하지 않으며, 알림을 보내야 하는 경우에도 단시간에 많은 양의 데이터를 보낼 일은 없다.

롱 폴링 방안을 쓰게 되면 각 클라이언트는 알림 서버와 롱 폴링용 연결을 유지하다가 특정 파일에 대한 변경을 감지하면 해당 연결을 끊는다. 이때 클라이언트는 반드시 메타데이터 서버와 연결해 파일의 최신 내역을 다운로드 해야 한다. 해당 다운로드 작업이 끝났거나 연결 타임아웃 시간에 도달한 경우에는 즉시 새 요청을 보내어 롱 폴링 연결을 복원하고 유지해야 한다.

저장소 공간 절약

파일 갱신 이력을 보존하고 안정성을 보장하기 위해서는 파일의 여러 버전을 여러 데이터센터에 보관할 필요가 있다. 그런 상황에서 모든 버전을 자주 백업하게 되면 저장용량이 너무 빨리 소진될 가능성이 있다. 이런 문제를 피하고 비용을 절감하기 위해서는 보통 아래 세 가지 방법을 사용한다.

- 중복 제거(de-dupe): 중복된 파일 블록을 계정 차원에서 제거하는 방법이다. 두 블록이 같은 블록인지는 해시 값을 비교하여 판단한다.
- 지능적 백업 전략을 도입한다. 다음과 같은 전략을 생각해 볼 수 있다.
  - 한도 설정: 보관해야 하는 파일 버전 개수에 상한을 두는 것이다. 상한에 도달하면 제일 오래된 버전은 버린다.
  - 중요한 버전만 보관: 어떤 파일은 아주 자주 바뀐다. 예를 들어 편집 중인 문서가 업데이트될 때마다 새로운 버전으로 관리한다면 짧은 시간 동안 1000개가 넘는 버전이 만들어질 수도 있다. 불필요한 버전과 사본이 만들어지는 것을 피하려면 그 가운데 중요한 것만 골라내야 한다.
- 자주 쓰이지 않는 데이터는 아카이빙 저장소(cold storage)로 옮긴다. 몇달 혹은 수년간 이용되지 않은 데이터가 이에 해당한다. 아마존 S3 글래시어 (glacier) 같은 아카이빙 저장소 이용료는 S3보다 훨씬 저렴하다.[11]

장애 처리

장애는 대규모 시스템이라면 피할 수 없는 것으로, 설계 시 그 점을 반드시 고려해야 한다. 면접관이 관심 있어 할 만한 부류의 장애로는 다음과 같은 것이 있다.

- 로브밸런서 장애: 로드밸런서에 장애가 발생할 경우 부(secondary) 로드밸런서가 활성화되어 트래픽을 이어받아야 한다. 로드 밸런서끼리는 보통 박동(heartbeat) 신호를 주기적으로 보내서 상태를 모니터링한다. 일정 시간 동안 박동 신호에 응답하지 않은 로드밸런서는 장애가 발생한 것으로 간주한다.

- 블록 저장소 서버 장애: 블록 저장소 서버에 장애가 발생하였다면 다른 서버가 미완료 상태 또는 대기 상태인 직업을 이어받아야 한다.

- 클라우드 저장소 장애: S3 버킷은 여러 지역에 다중화할 수 있으므로, 한 지역에서 장애가 발생하였다면 다른 지역에서 파일을 가져오면 된다.

- API 서버 장애: API 서버들은 무상태 서버다. 따라서 로드밸런서는 API 서버에 장애가 발생하면 트래픽을 해당 서버로 보내지 않음으로써 장애 서버를 격리할 것이다.

- 메타데이터 캐시 장애: 메타데이터 캐시 서버도 다중화한다. 따라서 한 노드에 장애가 생겨도 다른 노드에서 데이터를 가져올 수 있다. 장애가 발생한 서버는 새 서버로 교체하면 된다.

- 메타데이터 데이터베이스 장애
  - 주 데이터베이스 서버 장애: 부 데이터베이스 서버 가운데 하나를 주 데이터베이스 서버로 바꾸고, 부 데이터베이스 서버를 새로 하나 추가한다.
  - 부 데이터베이스 서버 장애: 다른 부 데이터베이스 서버가 읽기 연산을 처리하도록 하고 그동안 장애 서버는 새 것으로 교체한다.

- 알림 서비스 장애: 접속 중인 모든 사용자는 알림 서버와 롱 폴링 연결을 하나씩 유지한다. 따라서 알림 서비스는 많은 사용자와의 연결을 유지하고 관리해야 한다. 2012년도에 있었던 드롭박스 행사의 발표자료에 따르면[6], 한 대의 드롭박스 알림 서비스 서버가 관리하는 연결의 수는 1백만 개가 넘는다. 따라서 한 대 서버에 장애가 발생하면 백만 명 이상의 사용자가 롱 폴링 연결을 다시 만들어야 한다. 주의할 것은 한 대 서버로 백만 개 이상의 접속

을 유지하는 것은 가능하지만, 동시에 백만 개 접속을 '시작'하는 것은 불가능하다는 점이다. 따라서 롱 폴링 연결을 복구하는 것은 상대적으로 느릴 수 있다.

- 오프라인 사용자 백업 큐 장애: 이 큐 또한 다중화해 두어야 한다. 큐에 장애가 발생하면 구독 중인 클라이언트들은 백업 큐로 구독 관계를 재설정해야 할 것이다.

4단계 마무리

이번 장에서 우리는 구글 드라이브 시스템을 설계해 보았다. 높은 수준의 일관성, 낮은 네트워크 지연, 그리고 빠른 동기화가 요구된다는 점이 설계 과정을 흥미진진하게 만들었다. 이번 장에서 만든 설계안은 크게 두 가지 부분으로 구성된다. 파일의 메타데이터를 관리하는 부분과, 파일 동기화를 처리하는 부분이 그것이다. 알림 서비스는 이 두 부분과 병존하는 또 하나의 중요 컴포넌트다. 롱 폴링을 사용하여 클라이언트로 하여금 파일의 상태를 최신으로 유지할 수 있도록 한다.

다른 시스템 설계 면접 문제와 마찬가지로, 이번 장에서 다룬 문제에도 정답은 없다. 회사마다 요구하는 제약조건이 달라질 테니 그에 맞게 설계를 진행해야 한다. 그 과정에서 내린 결정들과 선택한 기술들 이면에 어떤 생각이 있었는지 면접관에게 설명할 수 있도록 잘 기억해 두도록 하자. 설계를 마치고 시간이 좀 남는다면, 설계안에 어떤 다른 선택지가 있었는지 논의해보면 좋을 것이다.

예를 들어, 블록 저장소 서버를 거치지 않고 파일을 클라우드 저장소에 직접 업로드한다면? 이 방법의 장점은, 파일 전송을 클라우드 저장소로 직접 하면 되니까 업로드 시간이 빨라질 수 있다는 것이다. 하지만 이 방법에는 몇 가지 단점이 있다.

- 분할, 압축, 암호화 로직을 클라이언트에 두어야 하므로 플랫폼별로 따로 구현해야 한다(iOS, 안드로이드, 웹 등). 당초 설계안에서는 이 모두를 블록 저

장소 서버라는 곳에 모아 뒀으므로 그럴 필요가 없었다.

- 클라이언트가 해킹 당할 가능성이 있으므로 암호화 로직을 클라이언트 안에 두는 것은 적절치 않은 선택일 수 있다.

또 하나 생각해 볼 만한 것은, 접속상태를 관리하는 로직을 별도 서비스로 옮기는 것이다. 그렇게 해서 관련 로직을 알림 서비스에서 분리해 내면, 다른 서비스에서도 쉽게 활용할 수 있게 되므로 좋을 것이다.

여기까지 성공적으로 마친 여러분, 축하한다. 멋지게 마무리한 스스로를 마음껏 격려하도록 하자!

참고문헌

[1]   Google Drive: *https://www.google.com/drive/*

[2]   Upload file data: *https://developers.google.com/drive/api/v2/manage-up loads*

[3]   Amazon S3: *https://aws.amazon.com/s3*

[4]   Differential Synchronization: *https://neil.fraser.name/writing/sync/*

[5]   Differential Synchronization YouTube talk: *https://www.youtube.com/ watch?v=S2Hp_1jqpY8*

[6]   How We've Scaled Dropbox: *https://youtu.be/PE4gwstWhmc*

[7]   Tridgell, A., & Mackerras, P. (1996). The rsync algorithm.

[8]   Librsync. (n.d.). Retrieved April 18, 2015: *https://github.com/librsync/ librsync*

[9]   ACID: *https://en.wikipedia.org/wiki/ACID*

[10]   Dropbox security white paper: *https://www.dropbox.com/static/business/ resources/Security_Whitepaper.pdf*

[11]   Amazon S3 Glacier: *https://aws.amazon.com/glacier/faqs/*

16장

System Design Interview

배움은 계속된다

좋은 시스템을 설계하려면 다년간 많은 지식을 쌓아야 한다. 지식을 쌓는 한 가지 지름길은, 실세계에서 쓰이는 시스템의 구조를 공부하는 것이다. 아래에 도움될 만한 자료들을 정리해 보았다. 여기 언급된 설계 원칙들이나 사용된 기술들을 주의 깊게 볼 것을 강력 추천한다. 각각의 기술을 공부하고 그 기술이 어떤 문제를 푸는지 이해하는 것은, 여러분 지식의 토대를 견고하게 하고 설계 프로세스를 다듬는 아주 좋은 방법이다.

실세계 시스템들

아래는 여러 회사에서 실제로 사용되는 시스템이 어떻게 설계되었는지 감을 잡는 데 도움이 될 만한 자료들이다.

- 페이스북 타임라인: 비정규화의 힘

  Facebook Timeline: Brought To You By The Power Of Denormalization

  https://goo.gl/FCNrbm

- 페이스북에서의 규모 확장성

  Scale at Facebook

  https://goo.gl/NGTdCs

- 타임라인: 한 사람의 인생을 담기에 충분한 규모 확장성

  Building Timeline: Scaling up to hold your life story

  https://goo.gl/8p5wDV

- 페이스북에서 Erlang을 사용하는 방법

  Erlang at Facebook (Facebook chat)

  https://goo.gl/zSLHrj

- 페이스북 채팅

  Facebook Chat

  https://goo.gl/qzSiWC

- 건초더미에서 바늘 찾기: 페이스북의 사진 저장소

  Finding a needle in Haystack: Facebook's photo storage

  https://goo.gl/edj4FL

- 페이스북 멀티피드

  Serving Facebook Multifeed: Efficiency, performance gains through re- design

  https://goo.gl/adFVMQ

- 페이스북 멤캐시 시스템의 규모 확장성

  Scaling Memcache at Facebook

  https://goo.gl/rZiAhX

- TAO: 페이스북의 소셜 그래프 분산 저장소

  TAO: Facebook's Distributed Data Store for the Social Graph

  https://goo.gl/Tk1DyH

- 아마존 아키텍처

  Amazon Architecture

  https://goo.gl/k4feoW

- 다이나모: 아마존의 고가용성 키-값 저장소

  Dynamo: Amazon's Highly Available Key-value Store

  https://goo.gl/C7zxDL

- 넷플릭스 기술 스택을 모든 각도에서 살펴보기

  A 360 Degree View Of The Entire Netflix Stack

  https://goo.gl/rYSDTz

- 결국 A/B 테스팅 문제: 넷플릭스의 실험 지원 플랫폼

  It's All A/Bout Testing: The Netflix Experimentation Platform

  https://goo.gl/agbA4K

- 넷플릭스 추천 시스템 (1부)

  Netflix Recommendations: Beyond the 5 stars (Part 1)

  https://goo.gl/A4FkYi

- 넷플릭스 추천 시스템 (2부)

  Netflix Recommendations: Beyond the 5 stars (Part 2)

  https://goo.gl/XNPMXm

- 구글 아키텍처

  Google Architecture

  https://goo.gl/dvkDiY

- 구글 파일 시스템

  The Google File System (Google Docs)

  https://goo.gl/xj5n9R

- 차이 기반 동기화(델타 동기화)

  Differential Synchronization (Google Docs)

  https://goo.gl/9zqG7x

- 유튜브 아키텍처

  YouTube Architecture

  https://goo.gl/mCPRUF

- 유튜브의 규모 확장성

  Seattle Conference on Scalability YouTube Scalability

  https://goo.gl/dH3zYq

- 빅테이블: 구조화된 데이터를 위한 분산 저장소 시스템

  Bigtable: A Distributed Storage System for Structured Data

  https://goo.gl/6NaZca

- 인스타그램 아키텍처: 천사백만 사용자, 테라바이트 규모의 사진, 수백 대 규모의 서버, 수십 가지 기술

  Instagram Architecture: 14 Million Users, Terabytes Of Photos, 100s Of Instances, Dozens Of Technologies

  https://goo.gl/s1VcW5

- 트위터는 어떻게 150M 활성 사용자를 감당할 시스템을 만들었나

  The Architecture Twitter Uses To Deal With 150M Active Users

  https://goo.gl/EwvfRd

- 트위터 규모 확장하기: 트위터를 10000배 빠르게 만든 비결

  Scaling Twitter: Making Twitter 10000 Percent Faster

  https://goo.gl/nYGC1k

- 스노플레이크

  Announcing Snowflake (Snowflake is a network service for generating unique ID numbers at high scale with some simple guarantees)

  https://goo.gl/GzVWYm

- 타임라인과 규모 확장성 문제

  Timelines at Scale

  https://goo.gl/8KbqTy

- 우버는 실시간 마켓 플랫폼의 규모를 어떻게 늘렸나

  How Uber Scales Their Real-Time Market Platform

  https://goo.gl/kGZuVy

- 핀터레스트의 규모확장성

  Scaling Pinterest

  https://goo.gl/KtmjW3

- 핀터레스트 아키텍처 업데이트

  Pinterest Architecture Update

  https://goo.gl/w6rRsf

- 링크드인이 규모 확장성을 어떻게 성취해 왔는지에 대한 간략한 보고서

  A Brief History of Scaling LinkedIn

  https://goo.gl/8A1Pi8

- 플리커 아키텍처

  Flickr Architecture

  https://goo.gl/dWtgYa

- 우리는 드롭박스의 규모를 어떻게 확장했나

  How We've Scaled Dropbox

  https://goo.gl/NjBDtC

- 페이스북이 $19B에 사들인 왓츠앱의 아키텍처

  The WhatsApp Architecture Facebook Bought For $19 Billion

  https://bit.ly/2AHJnFn

회사별 엔지니어링 블로그

특정한 회사와 면접을 보기 전에 해당 회사가 운영하는 엔지니어링 블로그를 훑어보고 사용된 기술이나 도입된 시스템, 혹은 새로 구현된 시스템에 대해 알아두면 좋다. 굳이 면접 때문이 아니더라도, 특정 영역에 대한 귀중한 통찰도 얻을 수 있어서 좋다. 정기적으로 살펴보는 습관을 들여 놓으면 더 나은 엔지니어가 되는 데 많은 도움을 얻을 수 있을 것이다.

다음은 대형 IT 업체들이 운영하는 기술 블로그 목록이다.

- 구글Google *https://developers.googleblog.com*
- 그루폰Groupon *https://engineering.groupon.com*
- 깃허브GitHub *https://githubengineering.com*
- 넥스트도어Nextdoor *https://engblog.nextdoor.com*
- 넷플릭스Netflix *https://medium.com/netflix-techblog*
- 도커Docker *https://blog.docker.com*
- 드롭박스Dropbox *https://blogs.dropbox.com/tech*
- 레딧Reddit *https://redditblog.com*
- 링크드인Linkedin *https://engineering.linkedin.com/blog*
- 믹스패널Mixpanel *https://mixpanel.com/blog*
- 비트토렌트Bittorrent *http://engineering.bittorrent.com*

- 사운드클라우드Soundcloud *https://developers.soundcloud.com/blog*
- 섬택Thumbtack *https://www.thumbtack.com/engineering*
- 세일즈포스Salesforce *https://developer.salesforce.com/blogs/engineering*
- 쇼피파이Shopify *https://engineering.shopify.com*
- 슬랙Slack *https://slack.engineering*
- 스트라이프Stripe *https://stripe.com/blog/engineering*
- 스포티파이Spotify *https://labs.spotify.com*
- 아마존Amazon *https://developer.amazon.com/blogs*
- 아사나Asana *https://blog.asana.com/category/eng*
- 아틀라시안Atlassian *https://developer.atlassian.com/blog*
- 야후Yahoo *https://yahooeng.tumblr.com*
- 에어비엔비Airbnb *https://medium.com/airbnb-engineering*
- 우버Uber *http://eng.uber.com*
- 옐프Yelp *https://engineeringblog.yelp.com*
- 이베이eBay *http://www.ebaytechblog.com*
- 인스타그램Instagram *https://engineering.instagram.com*
- 인스타카트Instacart *https://tech.instacart.com*
- 줌Zoom *https://medium.com/zoom-developer-blog*
- 큐오라Quora *https://engineering.quora.com*
- 클라우데라Cloudera *https://blog.cloudera.com*
- 트위터Twitter *https://blog.twitter.com/engineering/en_us.html*
- 페이스북Facebook *https://code.facebook.com/posts*
- 페이팔PayPal *https://www.paypal-engineering.com*
- 핀터레스트Pinterest *https://engineering.pinterest.com*
- 하이스케일러빌리티Highscalability *http://highscalability.com*

아래는 시스템 설계 문제에 관한 링크를 모아둔 곳이다.

- 시스템디자인프라이머System design primer *https://github.com/donnemartin/system-design-primer*

후기

이 면접 가이드를 끝까지 읽어낸 여러분, 축하한다. 이제 여러분은 시스템 설계 면접에 임할 기술과 지식을 고루 갖추었다. 모든 엔지니어가 여러분과 같은 수준의 성취를 이루지는 않는다. 그러니 잠시 멈추고, 이 여정을 끈기 있게 마무리한 스스로를 아낌없이 격려하도록 하자. 그간의 노고는 반드시 보상 받을 것이다.

꿈꾸던 직업으로 가는 여정은 단순하지 않다. 많은 시간과 노력이 필요한 길이다. 명심하자. 완벽함을 달성하는 방법은 연습뿐이다. 부디 그 여정에 행운이 함께 하기를.

이 책을 구입하고 읽어준 데 감사의 뜻을 전한다. 여러분 같은 독자가 없다면 이런 책도 만들어질 수 없었을 것이다. 부디 이 책을 즐기셨기를.

그리고 괜찮다면 아마존(*http://tinyurl.com/y7d3ltbc*)을 비롯해 이 책이 유통되는 사이트에 들러 리뷰를 해 주기를 부탁드린다. 이런 내용에 관심 있을 많은 다른 독자에게 도움이 될 것이다.

이 책에서 다룬 내용에 대해 질문이나 의견이 있다면 언제든 systemdesign insider@gmail.com으로 이메일 부탁드린다. 교정이 필요한 내용도 알려주시면 다음 판에 반영하도록 하겠다.